DIE GROSSEN RÄTSEL

Mythen und Mysterien

Graham Hancock, Roel Oostra u. a.

DIE GROSSEN RÄTSEL

Mythen und Mysterien

Herausgegeben von
Roel Oostra

vgs

Die Deutsche Bibliothek – CIP-Einheitsaufnahme

Die großen Rätsel : Mythen und Mysterien /
Graham Hancock ... Hrsg. von Roel Oostra.
[Ins Dt. übertr. von Susanne George ...].
– 1. Aufl. – Köln : vgs, 1994
ISBN 3-8025-1281-2
NE: Oostra, Roel [Hrsg.]; Hancock, Graham

1. Auflage November 1994, 2. Auflage Januar 1995

Das Buch basiert auf einer Sendung
des Westdeutschen Rundfunks Köln.

Ins Deutsche übertragen von Susanne George
(Roel Oostra), Tilman Lang (Graham Hancock,
Ian Wilson), Dagmar Lorenzen (Paul de Saint-
Hilaire) und Bettina Lob-Preis (Herman Vuijsje).

Textredaktion und Lektorat: Kurt-Jürgen Heering,
Katharina Tilemann, vgs, Köln
Bildredaktion: Irina Mirabaud, MVG, Luzern
Gestaltung und Produktion: MVG, Luzern

Umschlaggestaltung: Papen Werbeagentur, Köln
Schutzumschlagfoto: Duncan Willets

Satz: F. X. Stückle, Ettenheim
Fotolitho: Sele & Color, Gorle / Bergamo
Druck und Verarbeitung: Trilogy, Mailand

ISBN 3-8025-1281-2
Printed in Italy

Inhalt

Vorhergehende Seite: *König Artus und die zwölf Ritter der Artusrunde. Die Geschichten, die sich seit dem 6. Jahrhundert um den sagenumwobenen König ranken, haben im Mittelalter in ganz Europa Verbreitung gefunden, und in der Literatur wurde das Leben der Artusritter zum Ideal höfischen Rittertums erhoben. Als Chrétien de Troyes, Wolfram von Eschenbach und andere Dichter die die Artussage mit der Gralslegende verbanden, wurden die Artusritter zu edlen Suchern nach dem Geheimnis der heiligen Grals. – Bibliothèque Nationale, Paris*

Links: *Pilger auf dem* Camino de Santiago de Compostela, *kurz vor Hontanas.*

Das Abenteuer des Unerklärlichen

In dem vorliegenden Buch, das parallel zu der Fernsehserie »Die großen Rätsel« entstand, entführen namhafte Wissenschaftler und Journalisten aus aller Welt den Leser in die aufregende Welt der Mythen und Mysterien. Angetrieben durch die Faszination, die von jedem *großen Rätsel* ausgeht, suchen Graham Hancock, Paul de Saint-Hilaire, Herman Vuijsje und Ian Wilson, die, wie der Herausgeber dieses Bandes, zugleich auch im Mittelpunkt der Dokumentarfilme stehen, nach Antworten auf Fragen, die seit Jahrhunderten, wenn nicht Jahrtausenden die Phantasie der Menschen beschäftigen. Und dieser Faszination hat sich auch Robert Eisenman ergeben, auf dessen Hypothesen über die Geschichte des Urchristentums in dem Beitrag über die »Schriftrollen vom Toten Meer« näher eingegangen wird. Nicht zuletzt das große Aufsehen, das Eisenmans frühere Arbeiten erregten, belegt, das selbst in unserer »aufgeklärten« Zeit immer mehr Menschen von uralten Mythen und Mysterien fasziniert sind. Woher aber rührt dieses Interesse, wo doch heutzutage bei allem zunächst die Frage gestellt wird: Was habe ich davon?

Der Mythos droht in Vergessenheit zu geraten. Wir stehen über den natürlichen Mächten, über der Natur. Die Sterne interessieren uns allenfalls noch als exotische Kuriosa oder im Zusammenhang mit der Raumfahrt. Doch können die Menschen wirklich auf den Mythos verzichten? Das Mysterium, das Rätsel, sagt der Kulturphilosoph John Campbell, »läßt uns dessen bewußt werden, welches Wunder das Weltall ist oder welches Wunder der Mensch selbst darstellt. Man bekommt Respekt vor diesem Geheimnis und vor dem Erkennen des Mysteriums ...«

Nach Auschwitz, Hiroshima und dem »Tod Gottes«, nach Tschernobyl und dem »Ende der Geschichte«, so scheint es, kann nur noch das »real Greifbare« Anspruch erheben, als existierend anerkannt zu werden, und in der Sphäre der Zeit besitzt einzig der Augenblick noch Gültigkeit. Das Ergebnis ist eine Menschheit ohne Geschichte, ohne Vergangenheit und ohne Zukunft. »Der Horizont ist aufgezehrt«, seufzte einst ein Geschichtenerzähler. Trotzdem gibt es in unseren zugebauten Städten immer mehr Menschen, die wissen wollen, was hinter dem Horizont liegt.

An die Stelle des einstigen Reichtums an Mythen und Geschichten sind zum Teil große Rätsel getreten. Jedes Mysterium beinhaltet eine Geschichte, die sich unserem Bedürfnis zu begreifen, zu beherrschen und zu manipulieren zwar anpaßt, die zugleich aber ihr Faszinosum nicht preisgibt. Denn das Rätsel bleibt - und muß bleiben. Wie sehr wir auch predigen, erklären, philosophieren und analysieren mögen, letztlich kann der Mensch doch nicht ohne das Mysterium leben, ohne das Abenteuer des Unerklärlichen.

Gegenüber: *In den Höhlen bei Qumran am Toten Meer wurden zwischen 1947–1956 zahlreiche Schriftrollen gefunden, die ein neues Licht auf die Ursprünge des Christentums werfen. Die Auslegung der Texte ist bis heute Gegenstand heftiger Diskussionen.*

»Es gibt für jedes Rätsel eine Lösung!« predigt man seit Beginn der Moderne. Doch stimmt das wirklich? Wir glauben, daß die Wissenschaft die Antworten auf all unsere Fragen liefern könnte. Doch bedeutende Gelehrte werden bestätigen, daß dies nicht zutrifft. Wir mögen wohl wissen, *wie* etwas funktioniert, aber *was* es ist, wissen wir damit noch lange nicht. Das Mysterium läßt uns erkennen, daß es noch immer Wunder gibt und daß jeder einzelne das Abenteuer des Unerklärlichen erleben kann. Und würde nicht jeder, der sich intensiv mit einer der Geschichten in diesem Buch beschäftigt, es in tiefster Seele bedauern, wenn er tatsächlich die Lösung des Rätsels fände, das

Oben: *»Der Horizont ist aufgezehrt.« Geschichtenerzähler, wie hier in Ägypten, sind selten geworden in einer Zeit, die nur noch das unmittelbar Erfahrbare anerkennt und einzig dem Heute Gültigkeit zuspricht.*

Rechts: *Das südfranzösische Languedoc, das im 12. und 13. Jahrhundert zu den kulturell blühendsten Regionen Europas gehörte und Zentrum der Katharer war, hat sich von dem verheerenden Kreuzzug der römischen Kirche gegen die »Ketzer« niemals wieder ganz erholt.*

ihn so sehr gefesselt hat? Dies gilt beispielsweise für Robert Eisenman und seine bahnbrechenden Forschungen über die Geschichte des frühen Christentums nicht weniger als für den Genter Polizeikommissar Karel Mortier, der schon seit vierzig Jahren einem auf mysteriöse Weise verschwundenen Kunstwerk nachjagt. Und es gilt ebenso für Graham Hancock, der sich auf die Suche nach der verlorenen Bundeslade begab ... und doch die letzte Schwelle nicht übertreten mochte. Als er im äthiopischen Aksum vor jener Kapelle stand, in der sich der sagenumwobene Schrein befinden müßte und die nur dem »geheimnisvollen Wächter der Bundeslade« zugänglich ist, hielt er inne: »Wir werden niemals völlige Gewißheit erlangen können«, sagt er. »Aber für mich selbst weiß ich es: Die Bundeslade ist hier.«

Das Rätsel bleibt, und das ist auch gut so! Wie schreibt doch Jorge Luis Borges: »Das Lösen ist immer viel weniger fesselnd als das Rätsel selbst. Rätsel enthalten das Übernatürliche, fast etwas Göttliches. Die Lösung ist nur Handwerk ...«

Auf der Suche nach der verlorenen Bundeslade

Oben: *In Karfarnaum wurde dieses in Stein gehauene Bildnis einer reich verzierten Truhe auf Rädern gefunden, das als Darstellung der Bundeslade gedeutet wurde. In Wahrheit weiß jedoch niemand, wie der heiligste Kultgegenstand des jüdischen Volkes wirklich aussah.*

Als im Jahr 587 v. Chr. der Tempel in Jerusalem zerstört wird, verliert sich endgültig die Spur eines der größten Heiligtümer des Judentums und der gesamten abendländischen Welt: Die Bundeslade, jener sagenumwobene Schrein aus Akazienholz, in dem Moses auf Gottes Befehl hin die Steintafeln mit den Zehn Geboten in das ihnen verheißene Land Kanaan bringen sollte, tauchte seitdem nie wieder auf. Doch während all der Jahre und Jahrtausende, die seitdem verstrichen, wollten die Gerüchte, daß die Reliquie noch existiere, nie gänzlich verstummen. Der »verlorene Schatz«, so hieß es immer wieder, befinde sich an einem geheimen Ort dieser Erde, um eines Tages von einer hierfür auserwählten Person wiedergefunden zu werden. Allerdings waren diese Weissagungen nicht selten mit beunruhigenden, bisweilen erschütternden Visionen verknüpft. In der Offenbarung des Johannes beispielsweise wird das Wiederauftauchen der Bundeslade mit der *letzten Schlacht von Armageddon* und der Vorstellung des *Jüngsten Gerichts* verbunden: *Und der Tempel Gottes im Himmel ward aufgetan, und die Lade seines Bundes ward in seinem Himmel zu sehen; und es geschahen Blitze und Stimmen und Donner und Erdbeben und ein großer Hagel ...* (Offb. 11,19)

Oben: *Der Autor Graham Hancock mit Einwohnern des Hochlands von Tigre bei der* Timkat-*Zeremonie in Aksum.*

An jenem verhängnisvollen Tag, so warnt der Prophet weiterhin (vgl. Offb. 16), werde sich ein Teil der Meere in Blut verwandeln und alle lebendige Kreatur darin vernichtet, *die Menschen versengt von großer Hitze,* würde sich die Sonne verdunkeln und Himmel und Erde untergehen. Erst dann werde das *tausendjährige Reich* dämmern *und die heilige Stadt, das neue Jerusalem, von Gott aus dem Himmel herabfahren, bereitet wie eine geschmückte Braut ihrem Manne* (Offb. 21,2).

Es gibt nicht wenige, die glauben, daß die in der *Offenbarung* prophezeite Apokalypse bald über uns kommen werde. Ihrer Ansicht nach lassen sich in der jüngeren Vergangenheit etliche jener Anzeichen identifizieren, die laut biblischen Texten das nahende Weltende ankündigen. Es liegt mir fern, darüber zu urteilen, ob diese »modernen Apokalyptiker« recht haben oder nicht, mich interessiert ganz allein die Frage, was mit der verschollenen Reliquie geschehen ist. Eine Reihe von überaus merkwürdigen Ereignissen in den achtziger und neunziger Jahren dieses Jahrhunderts weckte mein Interesse an dem Geheimnis um die Bundeslade und brachte mich schließlich zu der Überzeugung, daß das biblische Heiligtum möglicherweise nicht für immer verloren ist – auch wenn niemand voraussagen kann, ob man es jemals finden und öffnen wird.

Was war oder ist nun eigentlich die Bundeslade? Das zweite Buch Mose (Exodus) erzählt, daß sie gebaut wurde, um die zwei Steintafeln mit den Zehn Geboten aufzunehmen, die Moses auf dem Berg Sinai von Gott erhalten hatte. Andere Passagen des gleichen Buches beschreiben genau die Dimension der heiligen Reliquie: *zwei und eine halbe Elle lang, anderthalb Ellen breit und ebenso hoch* (2. Mose, 37), was umgerechnet etwa den Maßen von einhundertzwölf Zentimetern Länge und achtundsechzig Zentimetern Breite und Tiefe entsprechen würde. Darüber hinaus ist bekannt, daß die Bundeslade die Form einer Truhe hatte, aus unverwüstlichem Akazienholz gefertigt und innen wie außen mit einem *goldenen Kranz* versehen war. Schließlich wird berichtet, daß sie mit einem

schweren vergoldeten Deckel verschlossen wurde, gekrönt von zwei goldenen Figuren, den *zwei Cherubim*.

Handelte es sich bei der Bundeslade also um nicht mehr als eine reich verzierte, kostbare goldene Truhe? Wohl kaum, denn biblische und andere Quellen sprechen davon, daß von ihr Feuer und Licht ausgingen. Sie sei dazu angetan gewesen, den Feinden Israels schwelende Wunden beizubringen oder sie zu verbrennen, sie könne sogar Berge einebnen, Flüsse austrocknen, ganze Armeen vernichten und Städte wie Jericho dem Erdboden gleichmachen. Nachdem die Lade um das Jahr 1250 v. Chr. gebaut worden war, wurde das Heiligtum von speziell ausgewählten Trä-

Oben: *Blick vom Kidrontal aus auf den Felsendom in Jerusalem, der an der Stelle erbaut worden ist, wo ursprünglich der Tempel Salomos stand.*

Oben: *Auf dieser Münze, die aus der Zeit Simeon Bar-Kochbas stammt, ist der Tempel in Jerusalem abgebildet. – Bibliothèque Nationale, Paris.*

Unten: *König David, der Vater Salomos. Auf diesem Holzschnitt von Johann Grüninger (1485) beobachtet David Bathseba beim Bade.*

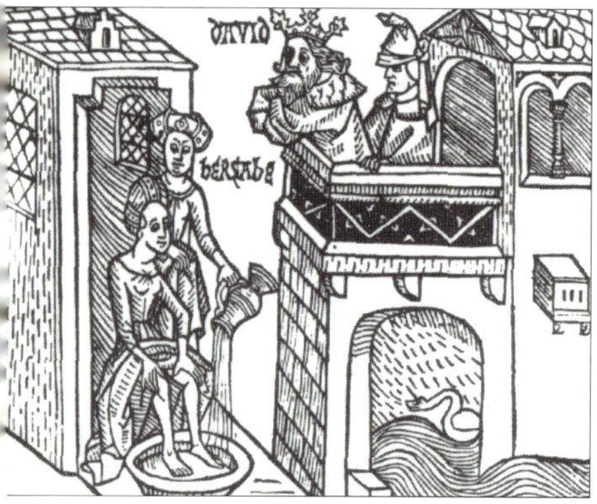

Rechts oben: *Ein Modell des Tempels Salomos in Jerusalem, der 587 v. Chr. von Nebukadnezars Truppen zerstört wurde.*

gern mit Hilfe vergoldeter Stangen aus Akazienholz, die durch vier goldene Ringe an den Ecken der Lade gesteckt wurden, vom Berg Sinai aus durch die Wüste transportiert. Sie sicherte den Sieg in jeder Schlacht und spielte in den zwei Jahrhunderten zwischen 1200 und 1000 v. Chr. eine entscheidende Rolle bei der Eroberung Palästinas durch das *auserwählte Volk*.

Um das Jahr 1000 v. Chr. brachte dann König David die Reliquie nach Jerusalem, der neuen Hauptstadt Palästinas. König Salomo, der Sohn und Nachfolger Davids, ließ dann wenig später auf dem Gipfel des Berges Morija, auch *Tempelberg* genannt, ein Gotteshaus errichten, in dem das Heiligtum aufbewahrt werden sollte. Dieser Tempel, der erste in der Geschichte des Judentums überhaupt, war ausschließlich als *Ruhestätte der Bundeslade des Herrn* gedacht. Er wurde um 955 v. Chr. fertiggestellt und die Bundeslade im Allerheiligsten, dem Zentrum dieses heiligen Bezirks, aufgestellt.

Irgendwann zwischen dem 10. und 6. Jahrhundert v. Chr. jedoch verschwand der Schrein aus dem Tempel – ein Ereignis, das seltsamerweise nirgendwo im jüdischen Schrifttum Erwähnung findet, fast so, als hätte es die Reliquie niemals gegeben. Einige Indizien deuten allerdings darauf hin, daß die Lade bereits seit einiger Zeit verschwunden war, als die Truppen Nebukadnezars 587 v. Chr. Jerusalem und den Tempel niederbrannten und die letzten Spuren des Heiligtums verwischten. In dem neuen Tempel, der auf den Ruinen des alten errichtet wurde, nachdem das jüdische Volk seit 538 v. Chr. aus dem babylonischen Exil nach Jerusalem zurückkehrte, hat sich die Lade mit Sicherheit nie befunden; aber es deutet auch nichts darauf hin, daß die Babylonier den »Schatz« möglicherweise als Beute einbehielten.

1987 verlieh Richard Elliot Friedman, Professor für Hebräisch und vergleichende Religionswissenschaft, einer Ansicht Ausdruck, die von vielen Gelehrten geteilt wird. Friedman zufolge ist das Verschwinden der Reliquie »eines der größten Mysterien der Bibel«: »Es findet sich keinerlei Hinweis darauf, daß die Bundeslade weggeschafft, zerstört oder versteckt wurde. Man findet nicht mal eine beiläufige Bemerkungen etwa der Art: ›... und eines Tages war die Bundeslade verschwunden, niemand weiß, was mit ihr geschehen ist ...‹ Eines der wichtigsten religiösen Objekte der jüdischen Welt, zumindest aus biblischer Perspektive, hört schlicht auf, ein Bestandteil der Überlieferungsgeschichte zu sein.«

Ein Studium der alten Schriften bestätigt diese These. Eine genaue Lektüre des Alten Testaments ergibt mehr als zweihundert voneinander unabhängige Erwähnungen der Bundeslade – und zwar ziemlich genau bis zur Regierungszeit König Salomos (ungefähr 970–931 v. Chr.); doch in den folgenden Jahrhunderten wird das Heiligtum so gut wie gar nicht mehr erwähnt. In diesem Sachverhalt liegt das eigentliche Problem – oder, genauer: hier liegt das eigentliche Rätsel begründet. Das Mysterium der Bundeslade ist nicht ihr bloßer Verlust – dafür, daß eine immens wertvolle, goldene Truhe verlorengeht, ließen sich zahlreiche Erklärungen finden –, sondern vielmehr der Umstand, daß sie ungeachtet ihres schier unermeßlichen religiösen Wertes plötzlich im Nichts eines undurchdringlichen Schweigens verschwindet. Wie ein schwarzes Loch im

Unten: *Salomo empfängt die Königin von Saba mit ihrem Gefolge. Sie befiehlt ihren Dienern, die Geschenke vor dem Thron des Königs auszubreiten. – Gemälde von Iacopo Tintoretto, 1542/43.*

Ganz unten: *»König Salomo gab der Königin von Saba alles, was ihr gefiel und was sie erbat ... Und sie wandte sich und zog in ihr Land mit ihrem Gefolge.« (1. Kön. 10, 13) – Detail aus einem Gemälde von Piero della Francesca (1416–1492).*

Gegenüber, oben: *In einem spektakulären Kinofilm suchte Indiana Jones (Harrison Ford) 1980/81 den »verlorenen Schatz«. – Szenenfoto aus* Jäger des verlorenen Schatzes von Steven Spielberg.

Unten: *Moses mit den Gesetzestafeln in der Hand, von lodernden Flammen umgeben. – Buchmalerei aus der Sarajewo-Haggada aus Katalonien, 14. Jahrhundert.*

Weltall ist die Reliquie in den jüngeren Büchern des Alten Testamentes nur noch in Form ihrer Abwesenheit präsent. Kein Wunder also, daß sich förmlich die Annahme aufdrängt, irgend jemand habe etwas verheimlichen, habe wichtige Informationen verschleiern wollen. Könnte es sein, daß Priester und Schriftgelehrte das Schicksal des höchsten jüdischen Heiligtums ganz bewußt im dunkeln ließen, um zu gewährleisten, daß der Ort, an dem es sich befand – und möglicherweise noch heute befindet – für immer geheim bleiben würde? Eben diese Annahme inspirierte jedenfalls zu allen Zeiten Abenteurer und Schatzsucher, bisweilen ganze Expeditionen, nach dem »verlorenen Schatz« zu suchen, jedoch bislang ohne zählbaren Erfolg.

Rechts: *König David betet die Bundeslade an. – Gemälde in der Kirche von Kiriath Jearim (in der Nähe Jerusalems), die der »Heiligen Jungfrau Maria von der Bundeslade« geweiht ist.*

Unten: *Die* Kinder Israel, *ein Nomadenvolk, stellten auch die »Wohnung« ihres Gottes als Zelt dar (vgl. 2. Mos. 25–26). – Rekonstruktion der Stiftshütte, um 1600.*

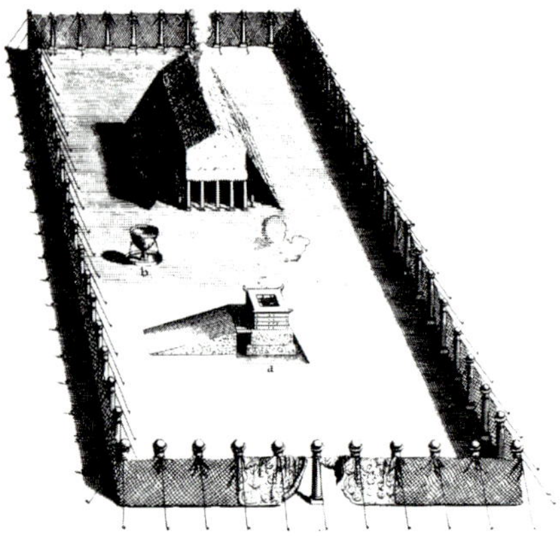

Vor nicht allzulanger Zeit stachelte die längst zur Legende gewordene Annahme, die Bundeslade würde noch existieren, die Phantasie von Hollywoods erfolgreichsten Filmemacher unserer Tage an: 1980/81 ließ Steven Spielberg seinen Abenteurer Indiana Jones (gespielt von Harrison Ford) in dem Film *Jäger des verlorenen Schatzes* der alttestamentlichen Reliquie nachspüren. Ich lebte damals in Kenia und hatte keine Gelegenheit, den Film zu sehen, bis er zwei Jahre später endlich auch in die Kinos von Nairobi kam. Die Verbindung von Action, Abenteuer und Archäologie gefiel mir so gut, daß ich mir ausmalte, welch eine Sensation es doch wäre, wenn tatsächlich jemand die Bundeslade fände.

Einige Monate später hielt ich mich für längere Zeit in Äthiopien auf und unternahm eine Reise in den Nordwesten der vom Bürgerkrieg zerrissenen Provinz Tigre. Dort stieß ich in Aksum, der sogenannten »heiligen Stadt der Äthiopier«, auf eine ungewöhnliche Geschichte, welche die Bundeslade betraf. Auf der Suche nach genaueren Informationen über den »verlorenen Schatz« hatte ich kurz darauf eine Begegnung, die mein Leben verändern sollte.

Es wurde bereits dunkel, und die Luft über dem äthiopischen Hochland hatte sich merklich abgekühlt. Ich sah den Mönch schon von weitem, gebeugt und auf einen Stock gestützt schlurfte er durch den Eingang der kleinen Kapelle auf mich zu. Er wirkte müde, doch er hörte aufmerksam zu, als ich ihm vorgestellt wurde. Dann stellte er mir in Tigriña, der Sprache seiner Heimatregion, verschiedene Fragen: Aus welchem Land ich käme? Was für einen Beruf ich hätte? Ob ich Christ sei? Und was ich denn eigentlich von ihm wolle.

Ich bemühte mich, jede Frage erschöpfend zu beantworten, und versuchte währenddessen, in der Dämmerung das Gesicht meines Inquisitors etwas genauer zu studieren. Die Augen des alten Mannes unter den herabhängenden Lidern waren getrübt vom grauen Star und sein pechschwarzes Gesicht von unzähligen tiefen Falten durchzogen. Er hatte einen langen, silbrig-weißen Bart und war allem Anschein nach völlig zahnlos. Denn seine Stimme klang zwar kräftig und resolut, aber seine Artikulation war ziemlich undeutlich. Das Einzige, was ich mit Sicherheit feststellen konnte, war, daß mein Gegenüber ein Mann von wachem Verstand war und seine bohrenden Fragen nicht nur aus bloßer Neugier heraus stellte. Als er endlich genug von mir erfahren hatte, reichte er mir

Links: *Die Bundeslade enthielt die zwei Steintafeln mit den Zehn Geboten, die Gott seinem Diener Moses übergeben hatte. Die Israeliten sahen in dem Heiligtum eine direkte Verkörperung Gottes.*

die Hand. Sie wirkte zerbrechlich, ein wenig erinnerte sie mich an das Gefühl, wenn man Papyrus anfaßt. Von der dicken Robe, die er trug, ging ein schwacher, unverwechselbarer Geruch nach Weihrauch aus.

Ich kam ohne Umschweife zur Sache, deutete auf das Gebäude, das hinter ihm in der Dunkelheit aufragte, und erklärte: »Ich habe von einer äthiopischen Legende gehört, derzufolge hier, in dieser Kapelle, die Bundeslade des Alten Testaments aufbewahrt wird. Und Sie sind angeblich der Wächter des Heiligtums. Sind diese Geschichten wahr?«

Oben: *Turm der Kirche der »Heiligen Jungfrau Maria von der Bundeslade« in Kiriath Jearim, in der die Reliquie für einige Zeit aufbewahrt wurde. Die Verbindung Marias mit der Bundeslade wird in der mittelalterlichen Literatur auf die Weise hergestellt, daß Maria als Trägerin des Neuen Gesetzes betrachtet wurde, während die Bundeslade als Trägerin des Alten Gesetzes galt.*

Links: *Die Eroberung Jerichos. Durch den Schall der Posaunen stürzen die Mauern ein. – Mosaik aus dem 5. Jahrhundert, Santa Maria Maggiore, Rom.*

Gegenüber oben: *Moses bestimmte Josua zu seinem Nachfolger und befahl ihm, das Volk der Juden in das ihnen verheißene Land Kanaan zu führen. Sieben Priester trugen die Bundeslade mit den Gesetzestafeln dem Zug des auserwählten Volkes voran. Als man Jericho erreichte, sandte Josua zwei Kundschafter in die Stadt. Die Hure Rahab gewährte Josuas Boten Unterschlupf und rettete sie so vor den Feinden des Volkes Israel.*

Einige Augenblicke lang herrschte eine bedrückende Stille in dem dunklen, kühlen Raum. Dann, nach vielleicht zehn Sekunden, die mir wie eine kleine Ewigkeit vorkamen, erwiderte der Alte knapp: »Ja, sie sind wahr!«

Diese Begegnung war für mich eine Art Initiation in das Geheimnis um den »verlorenen Schatz«. Wie bereits erwähnt, fand dieses Zusammentreffen 1983 statt, während meines ersten Aufenthaltes in der alten Stadt Aksum in der äthiopischen Provinz Tigre. Kurz zuvor war mir jene Legende zu Ohren gekommen, auf die ich den Mönch ansprach. Die Geschichte handelte von der Königin von Saba, einer äthiopischen Herr-

Oben: *Nach sieben Tagen der Belagerung fielen die Mauern von Jericho. Hier sieht man den Einzug der Kinder Israels mit der Bundeslade.*

Oben: *Als das Volk Israel auf seinem Weg nach Kanaan den Jordan erreicht, staut sich das Wasser des Flusses, und die Israeliten gehen trockenen Fußes durch den Jordan. – Kupferstich aus der* Biblia Sacra, *1754, Venedig.*

Oben rechts: *Der See Genezareth, auch Galiläisches Meer genannt.*

scherin, die einst, wie auch die Bibel berichtet, Jerusalem besuchte und von König Salomo schwanger wurde. Nach ihrer Rückkehr in die damalige Hauptstadt ihres Reiches, eben jenes »heilige« Aksum, brachte sie einen Sohn zur Welt, dem sie den Namen Menelik gab. Zwanzig Jahre später reiste der junge äthiopische Prinz der Überlieferung zufolge nach Jerusalem, um ein Jahr am Hof seines Vaters zu verbringen. Vor seiner Rückreise nach Äthiopien fand er dann einen Weg, die Bundeslade aus dem Allerheiligsten des von Salomo errichteten Tempels zu stehlen und die Reliquie mit nach Aksum zu nehmen. »Auf diese Weise«, so wurde mir berichtet, »kam die Reliquie nach Äthiopien, in die heilige Stadt Aksum ... und seitdem hat sie sich immer hier befunden.«

Unten links und rechts: *Über unheimlichen Abgründen wurde in der Nähe von Jericho ein Kloster aus dem Felsen gehauen.*

Ganz unten: *Der Davidsstern, das Glaubenssymbol des Judentums. Die zwei Dreiecke, aus denen er geformt ist, versinnbildlichen die Durchdringung der sichtbaren und der unsichtbaren Welt. – Hier ein Mauerteil aus Jericho.*

Natürlich war meine Neugier sofort angestachelt, und ich ließ es mir nicht nehmen, den vermeintlichen Wächter der Lade aufzusuchen und nach dem Wahrheitsgehalt dieser Geschichte zu befragen. Die Antwort des Mönches war, wie gesehen, überraschend eindeutig. Und der Alte fügte noch hinzu: »Es ist keine Legende, es ist Geschichte.«

»Und woher wissen Sie das so sicher?« hakte ich nach.

»Weil ich der Wächter bin. Ich kenne doch die Natur und die Geschichte des heiligen Gegenstands, der in meine Obhut gegeben wurde.«

Der alte Mann, der mir so bereitwillig Auskunft gab, ist der jüngste in einer Folge von auserwählten Mönchen, denen die Aufgabe, die Bundeslade zu bewachen, bereits vor Jahrhunderten zufiel. Während des folgen-

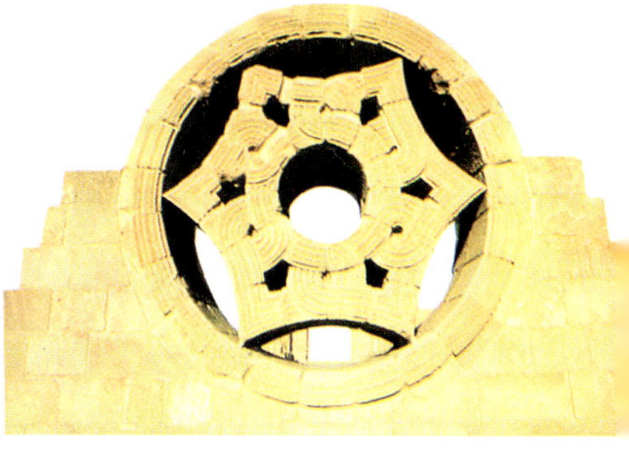

den Gesprächs beeindruckte mich dieser Mann ungemein, sowohl durch die Ruhe und Sicherheit, die er ausstrahlte, als auch durch die ungeheure Opferbereitschaft, die er an den Tag legen mußte, um seine Aufgabe zu bewältigen. Wie er weiter berichtete, verlangt sein Orden von ihm, daß er die Reliquie, von der man glaubt, es sei die Bundeslade, mit absoluter Hingabe und Ausnahmslosigkeit hütet. Als Hüter des Schatzes ist er verpflichtet, Tag und Nacht Weihrauch zu verbrennen und sich immer in der Nähe des Heiligtums aufzuhalten. Seit seiner Ernennung zum Wächter der Lade hatte er das Gelände der kleinen Kapelle, in der dieser wertvolle Schatz aufbewahrt wird, niemals verlassen.

War ich zunächst überaus skeptisch gewesen, kamen mir im Verlauf

Oben: *Während der Kreuzzüge ins Heilige Land entstanden die ersten geistlichen Ritterorden, die sich neben der Versorgung der Kreuzfahrer auch den Kampf gegen die »Ungläubigen« zur Aufgabe gemacht hatten. Auf dieser Miniatur sieht man einen Ritter des Deutschen Ordens, über ihm Helm und Schild. – Große Heidelberger Liederhandschrift (Manessische Handschrift), Universitätsbibliothek Heidelberg.*

Rechts: *Blick auf die Kreuzfahrerstadt Akko mit einem Schiffswrack im Vordergrund.*

dieser Begegnung zunehmend Zweifel an meiner »Ungläubigkeit«: Würde ein Mann tatsächlich soviel persönliche Freiheit für einen ausgeklügelten Betrug aufgeben? War es nicht doch möglich, daß dieser Mönch tatsächlich mit der Bewachung eines wertvollen alten Kunstwerkes betraut war? Und wer wollte ausschließen, daß es sich dabei nicht doch um das seit Jahrtausenden verschollene Heiligtum der Juden handelte?

In den folgenden Monaten legte ich diese Fragen einer Reihe von führenden akademischen Experten vor, die mir einhellig bestätigten, daß die Legende von Salomo, der Königin von Saba und Menelik in der Tat eine zentrale Stellung in der Kultur und Mythologie Äthiopiens einnimmt. Allerdings hätten diese Erzählungen keinerlei historische Substanz und seien deshalb dazu angetan, die Behauptung, die kostbarste Reliquie des

Ganz oben: *Das Siegel (mit griechischer Inschrift) des Tempels am Grab Christi. – 11. Jahrhundert.*

Oben: *Das Siegel des Tempelritter-Ordens. Der 1118/19 gegründete Orden leitete seinen Namen vom Sitz des Großmeisters im ehemaligen Tempelbezirk in Jerusalem her.*

Oben links: *Detail aus einer Karte des Mittelmeerraums, auf der der Kreuzzug König Ludwigs IX. von Frankreich (1248–54) aufgezeichnet ist. – Metropolitan Museum of Art.*

Alten Testaments befinde sich in Aksum, ihrerseits als Legende zu entlarven. In diesem Zusammenhang wurden mir einige vernichtende Argumente genannt, die eindeutig gegen die Behauptungen des alten Mönches sprachen. Den überzeugendsten Einwand legte mir ein Archäologe vor: Er erklärte, die Stadt Aksum könne nicht vor dem zweiten vorchristlichen Jahrhundert gegründet worden sein, das heißt, mehrere Jahrhunderte nach der Herrschaftszeit von König Salomo. Demzufolge gab es Aksum auch noch nicht, als Salomos Sohn Menelik das Heiligtum nach seiner Rückkehr aus Jerusalem mit nach Äthopien gebracht haben soll. Einigermaßen desillusioniert von diesen niederschmetternden Aussagen, kam ich zu der Einsicht, daß es wenig sinnvoll war, noch weitere Zeit damit zu verbringen, einem Phantom nachzujagen.

Oben: *Ein Relief am Nordportal der Kathedrale von Chartres stellt die Königin von Saba* (Mitte) *mit einem äthiopischen Sklaven zu ihren Füßen dar.*

Mein Interesse an dem geheimnisvollen Verbleib des Schreins erwachte erst wieder im Jahr 1989. Damals entdeckte ich während eines Frankreichaufenthaltes durch Zufall in einem verborgenen Winkel des Nordportals der berühmten gotischen Kathedrale von Chartres eine seltsame Skulptur. Sie zeigt die Königin von Saba und ihr zu Füßen einen äthiopischen Sklaven. Ganz in der Nähe findet sich auf einer stützenden Säule eine kleine Serie von Skulpturen, die den Transport der Bundeslade in die Heimat der sagenhaften Königin darstellen. Und unter diesem Fries besagt eine Inschrift in mittelalterlichem Latein, daß die Reliquie von den Äthiopiern mitgenommen und irgendwo in ihrem Land versteckt worden sei. Auf einer weiteren Skulptur ist schließlich eine verhüllte biblische Figur zu erkennen, die einen Kelch umklammert hält, aus dem ein Stein hervortritt.

Weitere Nachforschungen ergaben, daß jene Skulpturen, die ich am Nordportal der Kathedrale von Chartres entdeckt hatte, im späten 12. und beginnenden 13. Jahrhundert entstanden waren, das heißt in der Zeit der Kreuzzüge – und in einer Periode, in der verschiedene literarische Werke dem Abendland eines seiner langlebigsten Mysterien stifteten: den *Gral*. Die Dichtungen berichten von der Suche der Artusritter nach diesem geheimnisumwitterten heiligen Gegenstand; heute wird zumeist angenommen, daß es sich dabei um jenen Kelch handelte, mit dem Joseph von Arimathäa das Blut des gekreuzigten Christus auffing.

Bei der Durchsicht historischer Dokumente entdeckte ich zu meiner Überraschung erstaunliche Parallelen zwischen den Aussagen über den Gral und jenen über die Bundeslade. Beiden Heiligtümern wurden beispielsweise orakelhafte, weissagende Funktionen für die Gemeinschaften, die sie verehrten und ihnen dienten, zugeschrieben. Von beiden sagte

man, daß sie aus der Reinheit des Herzens geboren und so schwer seien, daß *die ganze sündige Menschheit [sie] nicht von der Stelle bewegen könne* (Parz. II, 9). Sowohl der Gral als auch die Lade wurden als Quellen aller Segnungen und Wohltaten verehrt, welche *die köstlichsten Getränke und Speisen dieser Erde in überströmender Fülle* (Parz. II, 9) darböten. Von beiden Reliquien glaubte man, daß ihnen die Kraft innewohnte, unwürdige Pilger, die sich ihnen näherten, mit dem Tode zu strafen. Und schließlich stimmten die Überlieferungen in noch einem Punkt seltsam überein: Von der Lade wie vom Gral wird gesagt, daß von ihnen ein blendendes, übernatürliches Funkeln ausging, ein überirdisches Licht.

Diese merkwürdigen Übereinstimmungen ermutigten mich zu einer detaillierteren Analyse der zwei frühesten Versionen der Geschichte vom heiligen Gral: Das unvollendet gebliebene Werk *Le Roman de Perceval ou Le Conte du Graal (Der Percevalroman oder die Erzählung vom Gral)* des Chrétien de Troyes entstand um das Jahr 1180 am Hof des Grafen Philipp von Flandern; und ungefähr drei Jahrzehnte später, zwischen 1200 und 1210, wurde der *Parzival*, die ausführlichere und in einigen Punkten von der Vorlage erheblich abweichende Version des Wolfram von Eschenbach, fertiggestellt. Beide Werke entstanden fast zur gleichen Zeit wie das Nordportal der Kathedrale von Chartres.

Beim Lesen der beiden Artusromane stellte ich zu meinem großen Erstaunen fest, daß der Gral von keinem der beiden Dichter in irgendeine Beziehung zu jenem Kelch gesetzt wird, in dem das Blut Christi aufgefangen wurde. Chrétien beschreibt den heiligen Gegenstand als ein geheimnisvolles goldenes Gefäß von nicht genauer bestimmter Form, während Wolfram, noch rätselhafter, den Gral schlicht als einen Stein beschreibt.

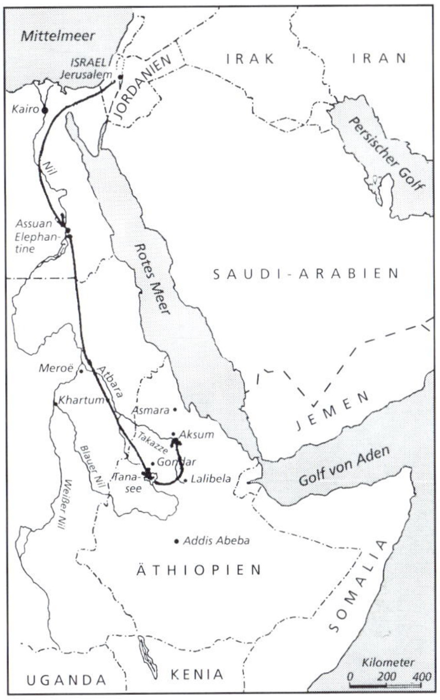

Oben: *Der Weg des »verlorenen Schatzes« nach Graham Hancock.*

Unten: *Die typischen zweimastigen* Feluken *auf dem Nil bei Assuan.*

Woher rührt diese offensichtliche Geheimniskrämerei? Je länger ich darüber nachdachte, desto stärker reizte es mich, eine gleichermaßen verblüffende wie bestürzende Möglichkeit in Betracht zu ziehen: Sollte es sich bei dem Heiligen Gral und der Bundeslade womöglich um ein und denselben mysteriösen Gegenstand handeln? Oder, mit anderen Worten: Haben Chrétien und Wolfram ihren Gral jeweils so gestaltet, daß er als ein Symbol oder als eine Art literarischer Code für die reale, historisch belegte Bundeslade und die in ihr aufbewahrten Steintafeln mit den Zehn Geboten gelesen werden konnte – oder gar mußte? Sämtliche Gralslegenden sind zugleich auch Geschichten einer Suche, vordergründig nach der sagenhaften Gralsburg und darüber hinaus nach einer Art von höherer

Oben: *Der Nil ist die einzige Wasserquelle Ägyptens. Noch heute beziehen die Bewohner einiger ländlicher Gebiete das Wasser direkt aus dem Strom, und die Frauen – hier im oberägyptischen Kena – transportieren das kostbare Gut wie in biblischen Zeiten in Krügen auf dem Kopf.*

Oben rechts: *Die Ruinen der jüdischen Siedlung auf der Insel Elephantine in Oberägypten. Etwa 650 v. Chr. wurde hier der damals einzige jüdische Tempel außerhalb Jerusalems errichtet, um die Bundeslade eine Zeitlang dort aufzubewahren, nachdem sie während der Herrschaft von König Manasse aus Jerusalem weggeschafft worden war.*

Weihe. Doch war es nicht auch denkbar, daß selbst das Faktum des Suchens als solches Bestandteil eines Codes war, der, hatte man ihn einmal »geknackt«, vielleicht den Weg zum Aufbewahrungsort der Bundeslade weisen würde? Ich konzentrierte meine Bemühungen im weiteren ganz auf Wolframs *Parzival* und die Forschung zu diesem großartigen Werk. Dabei stieß ich auf eine Arbeit der Mediävistin Helen Adolf aus dem Jahr 1947, in der ausdrücklich festgestellt wird, die poetische Darstellung des Grals bei Wolfram müsse auf noch unbekannte Weise von der äthiopischen Überlieferung der Geschichte um die Bundeslade beeinflußt sein. Ich begann mit meinen eigenen Nachforschungen an dem Punkt, wo Helen Adolf aufgehört hatte, und kam am Ende zu folgendem Schluß: Wolfram war nicht allein von äthiopischen Überlieferungen beeinflußt, sondern er verfügte auch über das Wissen, daß sich die Bundeslade tatsächlich in Äthiopien befand.

Diese frappierende Folgerung ergab sich aus einer Reihe von Beweisen und Deutungen historischer Zeugnisse, die zu vielfältig und komplex sind, um auf diesem begrenzten Raum entfaltet zu werden. Nur soviel sei angedeutet: Sie hatte maßgeblich zu tun mit dem Wissen um eine geheime Exkursion der Tempelritter nach Äthiopien während des 12. und 13. Jahrhunderts. Wolfram stand bekanntlich in enger Verbindung zu diesem Orden, der auch am Bau der Kathedrale von Chartres beteiligt war. Die Templer werden mehrfach in den Werken des mittelalterlichen deutschen Dichters erwähnt. Meine Untersuchungen legten nun nahe, daß die Templer Wolfram von der Behauptung der Äthiopier, sie seien im Besitz der Lade, in Kenntnis setzten. Und sie überzeugten ihn offenbar davon, daß es keinen vernünftigen Grund gab, an der Behauptung, die Reliquie befinde sich wirklich dort, zu zweifeln.

Angespornt und gefesselt von diesen neuen Hinweisen, wurde mir klar, daß ich mich zuvor allzuleicht von den akademischen Kapazitäten hatte entmutigen lassen. Ende 1989 kehrte ich also nach Äthiopien zurück, um dem Rätsel ein weiteres Mal nachzugehen. Selbst die Tatsache, daß zu jener Zeit in Äthopien ein Bürgerkrieg tobte, der Aksum und die Provinz

Die Klosterinsel Tana Kirkos im Tanasee im Hochland von Äthiopien, wo die Bundeslade etwa achthundert Jahre lang verwahrt wurde, bevor sie schließlich von König Ezana zu ihrem jetzigen Aufbewahrungsort in die heilige Stadt Aksum überführt wurde.

Tigre vom Rest der Welt fast völlig abgeschnitten hatte, konnte mich nicht aufhalten. Bevor ich London verließ, führte ich noch ein langes Gespräch mit dem Erzpriester der äthiopisch-orthodoxen Kirche in England. Der Geistliche gab mir Informationen, die für mich von besonderem Interesse waren. Er erzählte, daß die Lade in der Vergangenheit zu Kriegszeiten und besonders bei einer Bedrohung von Aksum gelegentlich aus der »heiligen Stadt« an einen anderen Ort gebracht worden war, nämlich auf die Klosterinsel Daga Stephanos inmitten des Tanasees. Dies sei möglicherweise auch im Laufe des vergangenes Jahres geschehen, da der bewaffnete Konflikt zwischen Regierung und Rebellen zunehmend auch die Region um Aksum erfaßt hatte.

Da ich zunächst wegen des Bürgerkrieges keine Möglichkeit sah, Aksum aufzusuchen, beschloß ich, zunächst nach Daga Stephanos zu reisen; denn die Insel lag zu dieser Zeit noch in dem von der Regierung kontrollierten Territorium. Nach einer dreistündigen Bootsfahrt traf ich dort ein, mußte jedoch zu meiner Enttäuschung feststellen, daß sich im Kloster keine Spur vom Objekt meiner Suche fand. Die Mönche stritten jegliche Verbindung mit der Bundeslade entschieden ab, und ich hatte nicht den Eindruck, daß sie mich in irgendeiner Weise zu täuschen suchten oder mir irgend etwas verheimlichen wollten. Ich war schon drauf und dran, Daga Stephanos wieder zu verlassen, da stieß ich zufällig doch noch auf eine neue Spur: Ein alter Einsiedler teilte mir mit, daß sich die

Bundeslade auf Tana Kirkos befinden würde, einer weiteren Insel, die weit entfernt auf der östlichen Seite des Tanasees liegt.

Neugierig, wenngleich nicht sonderlich optimistisch, setzte ich meine Bootsreise fort und erreichte mein Ziel am späten Nachmittag. Doch auch die Mönche hier bestritten, daß sich die Bundeslade in ihrer Obhut befinde. Soweit sie informiert seien, habe man sie nicht aus Aksum weggeschafft. Allerdings, so erzählten sie mir unter Berufung auf alte Schriften, sei die Reliquie, als sie in ferner Vergangenheit nach Äthiopien kam, tatsächlich zuerst auf ihre Insel gebracht worden: »Die heilige Bundeslade wurde auf Tana Kirkos in einem Zelt aufbewahrt. Dort blieb sie etwa achthundert Jahre. Wir waren zu der Zeit jüdischen Glaubens. Als wir später Christen wurden, nahm König Ezana die Lade mit nach Aksum und verwahrte sie in der großen Kirche der Stadt.«

König Ezana war, wie ich wußte, eine der entscheidenden Figuren in der Geschichte Äthiopiens. Nach seiner Konversion zum Christentum im Jahr 331 n. Chr. – ein »Erfolg« syrischer Missionare – hatte er das Schicksal seines Landes maßgeblich mitbestimmt und beispielsweise das Königreich von Aksum um ein Vielfaches erweitert. Dieser Überlieferung zufolge kam also die Bundeslade etwa im Jahr 470 v. Chr. nach Tana Kirkos in Äthopien, rund achthundert Jahre vor der Regentschaft des Königs Ezana und der Christianisierung des Landes. Das bedeutete, daß die Legenden um König Salomo, die Königin von Saba und deren gemeinsamen Sohn Menelik nicht wörtlich zu nehmen waren. Allenfalls konnte man sie als metaphorische Umschreibungen der historischen Wahrheit betrachten, als phantasievoll ausgemalte Geschichten, denen doch ein wahrer Kern zugrunde lag: nämlich die Tatsache, daß sich das jüdische Heiligtum tatsächlich in Äthiopien befand.

Eine Wandmalerei in der Kirche Maria Zion in Aksum stellt den heiligen Yared mit Sistrum und Gebetsstock vor König Gebre Maskal, dem Sohn des christlichen Königs Kaleb von Aksum, dar. Nach äthiopischer Überlieferung lebte der heilige Yared im 6. Jahrhundert und gilt als »Erfinder« der äthiopischen Kirchenmusik. Bei langen Gottesdiensten stützten sich die Gläubigen auf den Gebetsstock.

Bei weiteren Nachforschungen auf Tana Kirkos stieß ich auf einen enormen Fundus an Legenden und Erzählungen, die der Behauptung, die Bewohner jener Insel seien bis zur Konversion des ganzen Landes zum Christentum jüdischen Glaubens gewesen, Nachdruck verliehen. Und das von ihnen praktizierte Judentum, auch das ging aus den Erzählungen sowie diversen archäologischen Funden eindeutig hervor, war entscheidend durch die Anbetung und Verehrung der Bundeslade geprägt gewesen.

Im folgenden widmete ich mich eingehender dem Studium der Geschichte des Judentums in Äthiopien. Die einzigen noch verbliebenen praktizierenden Juden in Äthiopien sind die *Falaschen*, die sogenannten »schwarzen Juden«, deren Herkunft den Gelehrten lange Zeit ein Rätsel war. Im Verlauf meiner Nachforschungen stellte ich fest, daß die Religion dieser Volksgruppe ihrer Form nach sehr archaisch ist, was darauf schließen läßt, daß ihre Vorfahren bereits zu einem sehr frühen Zeitpunkt den Kontakt zur übrigen jüdischen Welt verloren – möglicherweise bereits um das Jahr 400 v. Chr., als die Bundeslade vermeintlich nach Äthiopien kam. Eine weitere meiner Hypothesen besagte, daß die Gegend um den Tanasee seit Urzeiten die Heimat der Falaschen war. Denn dieser See ist zugleich der Ursprung des Blauen Nil, was die Annahme nahelegt, daß die ersten jüdischen Einwanderer in Äthiopien diesem Strom oder einem seiner Seitenarme folgten und auf diesem Weg in die fragliche Region gelangten. Diese Mutmaßung wurde durch spezifische Elemente, die Kultur und Tradition der Falaschen aufweisen, untermauert. Sollten meine Überlegungen zutreffen, was sich als immer wahrscheinlicher herausstellte, so waren die Vorfahren der letzten Äthiopier jüdischen Glaubens den Blauen Nil entlang in ihre neue Heimat gezogen und hatten ihre Reise vermutlich in Assuan in Oberägypten und später noch einmal in Meroë im Sudan unterbrochen, ehe sie schließlich auf den Flüssen Atbara und Takazze nach Äthiopien weiterzogen.

Links: *Die Kirche Maria Zion in Aksum wurde im 17. Jahrhundert auf dem Fundament des Gebäudes aus dem 4. Jahrhundert wiederaufgebaut.*

Oben links: *Eine Wandmalerei in der Kirche Maria Zion in Aksum stellt den Besuch eines fremden Herrschers in der heiligen Stadt der Äthiopier dar. Das Gotteshaus im Hintergrund ist die Kirche Maria Zion selbst.*

In den folgenden Monaten setzte ich mich intensiv auch mit dem äthiopischen Christentum auseinander. Durch die aufmerksame Beobachtung wichtiger christlicher Zeremonien fand ich heraus, daß diese nur so durchsetzt waren mit Versatzstücken jüdischer Rituale.

Am auffälligsten war jedoch für mich die Tatsache, daß in jeder der mehr als zwanzigtausend christlichen Kirchen Äthiopiens im Allerheiligsten eine Nachbildung der Bundeslade zu finden ist. Bekannt unter dem Namen *Tabots*, spielen diese Gegenstände bei nahezu jedem religiösen Ereignis im Lande eine entscheidende Rolle. Die Tabots der wichtigsten Kirchen beispielsweise werden, in dicke Tücher gehüllt, im Zuge fröhlicher Prozessionen, die bis ins Detail alttestamentarischen Ritualen entsprechen, durch die Städte getragen.

Vieles deutete also darauf hin, daß das Christentum in Äthiopien nicht viel mehr ist als die dünne Überlagerung einer alten jüdischen Substruktur. Offenkundig wird dieses ur-jüdische Element nicht nur durch die Tabots, sondern auch in den seltsamen Tänzen der Priester, der Verherrlichung des Laienstandes oder den merkwürdig archaischen Klängen der

Sistrums und der Tambourine, der Trompeten, Trommeln und Zimbeln. All diese Elemente und Instrumente gehören einer weit zurückliegenden und in anderen Regionen längst vergessenen Zeit an.

Fast alle der von mir recherchierten komplexen und überaus verwickelten Zusammenhänge verwiesen auf die durch das Alte Testament bezeugten Formen einer Verehrung der Bundeslade. Immer stärker verdichtete sich meine Überzeugung, daß dieses archaische Erbe kaum mit einer solchen Inbrunst und Treue über so viele Jahrhunderte hin bewahrt worden wäre, wenn es sich hierbei um bloße Nachahmung gehandelt hätte. Die Vermutung, daß die Gläubigen jeglichen Bezug zu Sinn und Zweck ihrer religiösen Rituale verloren hätten, war nicht sehr wahrscheinlich. Anders gesagt: Die meisten meiner Beobachtungen und Hypothesen sprachen dafür, daß sich die Bundeslade tatsächlich in Äthiopien befindet.

In dieser Situation entschied ich mich nun, ungeachtet aller Schwierigkeiten und der Gefahren des Bürgerkrieges doch die Reise nach Aksum zu wagen, um erneut die Kapelle aufzusuchen, in der die Bundeslade angeblich aufbewahrt wurde. Allerdings dauerte es bis Januar 1991, ehe ich diese Expedition in den Norden realisieren konnte.

Einen Teil des Jahres, das vor meiner Reise verstrich, verbrachte ich damit, einige konkurrierende »Theorien« über den Verbleib des Heilig-

Das Innere der Kirche Maria Zion in Aksum.

tums zu prüfen. Eine von ihnen besagt, der ägyptische Pharao Sheshonq (oder Sisak) habe die Reliquie im späten 10. Jahrhundert v. Chr. an sich genommen; einer anderen These nach raubte König Joas die Lade im achten vorchristlichen Jahrhundert während des Bürgerkrieges in Israel; einer dritten, weitverbreiteten Überlieferung nach wurde das Heiligtum schließlich im 6. Jahrhundert v. Chr., als die Babylonier unter Nebukadnezar den Jerusalemer Tempel dem Erdboden gleichmachten, entweder ebenfalls vernichtet oder von den Eindringlingen als Beute mit in ihre Heimat genommen.

Am Ende meiner Studien war ich insofern befriedigt, als meiner Meinung nach keine dieser »Theorien« haltbar war. Alles schien für die Äthiopien-These zu sprechen, denn sie wurde unterstützt durch die Belege von lebendigen Formen der Verehrung des »verlorenen Schatzes« und den archaischen Relikten im Glauben einer ganzen Kultur. Die Legenden um die Königin von Saba sowie die erfundene Geschichte, sie habe einen Sohn König Salomos zur Welt gebracht, der später die Bundeslade aus Jerusalem entführte, hatten bislang jedoch den klaren Blick auf den wahren Sachverhalt verstellt und ernsthaften Nachforschungen über den Verbleib der Reliquie den Boden entzogen. In dieser Hinsicht stimmte ich mit der in der wissenschaftlichen Welt gängigen Auffassung überein; allerdings nur in dieser Hinsicht …

Auf einer bemalten Schafshaut wird in Einzelszenen die äthiopische Version der Legende um die Königin von Saba und ihren Besuch bei König Salomo erzählt. In der oberen Reihe wird gezeigt, wie ein Abgesandter der Königin nach Israel segelt und von Salomo empfangen wird. Die Königin folgt ihrem Boten und trifft mit dem israelitischen König zusammen (untere Reihe). – Die Darstellung geht zurück auf die alte Legendensammlung Kebra Negest (Herrlichkeit der Könige), *die von dem Mönch Jeschak im 14. Jahrhundert zusammengestellt wurde. Seine Absicht war, zu beweisen, daß Äthiopien der wahre Erbe und Nachfolger Israels sei. Laut dieser äthiopischen Legende war Salomo von der Besucherin derart angetan, daß er sofort beschloß, ein Kind mit ihr zu zeugen. Er veranstaltete zu Ehren der Königin ein Festmahl und bat sie in sein Gemach. Dort verführte er sie. Nach der Rückkehr in ihre Heimat gebar die Königin von Saba einen Sohn, den sie Menelik nannte und den man nach einem Besuch bei seinem Vater, von dem er in den mosaischen Glauben eingeführt wurde, zum König von Äthiopien salbte.*

Wenn sich die Bundeslade nun tatsächlich in Aksum befände, dann bliebe immer noch die Frage zu klären, wie sie dort hin gelangt war. Meiner Meinung nach stand die Antwort darauf in Zusammenhang mit jenen historischen Berichten, von denen ich auf Tana Kirkos erfahren hatte. Mit anderen Worten: Man mußte noch einmal ansetzen bei den Erzählungen über die vermeintliche Ankunft des Heiligtums auf jener Insel, die sich im fünften vorchristlichen Jahrhundert, also ein halbes Jahrtausend nach der Regierungszeit Salomos, ereignet haben sollte. Wie ließ sich dieser Chronologie Sinn verleihen?

Das Alte Testament enthält, um es noch einmal zu wiederholen, bis zur Zeit Salomos mehr als zweihundert Verweise auf die Bundeslade. Danach findet sie bis zum Jahr 620 v. Chr. keinerlei Erwähnung mehr. Plötzlich aber wird im zweiten Buch der Chronik und beim Propheten Jeremia berichtet, die Reliquie sei aus dem Tempel verschwunden. Ich hatte es also mit einem Zeitraum von ungefähr dreihundert Jahren zu tun, während derer sie sich in Luft aufgelöst zu haben schien. Gab es möglicherweise im Alten Testament bislang noch unberücksichtigte Passagen, die helfen könnten, diese rätselhafte Lücke zu schließen?

Um diese Frage zu beantworten, machte ich mir ein unschätzbares Instrument der modernen Wissenschaft zunutze: eine Computerfassung der Bibel, die es mir erlaubte, den umfangreichen Text wieder und wieder nach ganz bestimmten Wortkombinationen durchsuchen zu lassen. Da ich bereits wußte, daß es in der für mich interessanten Phase keinerlei direkte Erwähnungen der Bundeslade gab, versuchte ich es mit Worten oder Textsequenzen, die bereits in früheren Schriften in irgendeiner Weise mit dem Heiligtum in Verbindung gebracht wurden. Auf diese Weise, so hoffte ich, würde ich vielleicht zumindest indirekte Hinweise auf das Schicksal und womöglich sogar den Verbleib des »Schatzes« finden.

Tatsächlich gelang mir mit Hilfe dieser Technik der Nachweis, daß sich die Bundeslade noch im Jahr 740 v. Chr. im Allerheiligsten des Jerusalemer Tempels befunden haben muß. Denn in Zeugnissen aus dieser Zeit taucht eine der Schlüsselphrasen wieder auf. Kurz darauf erhielt ich bei der Suche nach einem weiteren dieser Begriffe eindeutige Hinweise darauf, daß die Reliquie selbst 701 v. Chr. voraussichtlich noch nicht verlorengegangen war. Demnach mußte sie also in dem verhältnismäßig kurzen Zeitraum zwischen 701 und 620 v. Chr. verschwunden sein. Was mochte während dieser acht Jahrzehnte geschehen sein, das eine Begründung für die Entfernung des kostbaren heiligen Objekts von seinem angestammten Platz lieferte?

Oben: *Die Original-Bundeslade wird nie aus dem Allerheiligsten der Kapelle in Aksum entfernt. Bei öffentlichen Zeremonien, wie hier der* Timkat-*Prozession, wird immer eine Replik der Reliquie (im Bild unter den Regenschirmen) verwendet.*

Die Antwort auf diese entscheidende Frage gab mir der renommierte israelische Bibelforscher Dr. Menahem Haran von der Hebräischen Universität in Jerusalem. Bei einem Treffen im Oktober 1990 in Israel stimmte er meiner zeitlichen Eingrenzung des vermeintlichen Verschwindens der Bundeslade begeistert zu. Er selber konnte die Angaben sogar noch etwas präzisieren und mit Bestimmtheit festlegen, daß die Reliquie zwischen 696 und 642 v. Chr., das heißt während der Regierungszeit von König Manasse, aus dem Allerheiligsten entfernt wurde. Harans Auffassung nach gibt es hierfür nur eine Erklärung: Der jüdischen Tradition gegenüber loyale Priester hätten die Bundeslade an sich genommen, weil der notorische Sünder und Renegat Manasse die Abscheulichkeit beging, im Allerheiligsten ein riesiges Bildnis der heidnischen Fruchtbarkeitsgöttin *Aschera* aufzustellen. Entsetzt über die Vorstellung, die Bundeslade könnte durch die Anwesenheit einer solchen Monstranz verunreinigt werden, hätten die Priester sie an einen sicheren Ort geschafft.

Wo sich dieser sichere Ort befunden haben könnte, wußte allerdings auch Dr. Haran nicht zu sagen. Bald darauf ergab sich jedoch eine mögliche Erklärung wie von selbst. Während der Jahre um 650 v. Chr. war weit weg von Jerusalem ein zweiter jüdischer Tempel errichtet worden – auf der Insel Elephantine im Oberlauf des Nils in Ägypten, zu dieser Zeit der weltweit einzige jüdische Tempel außerhalb von Jerusalem überhaupt. Salomos Gotteshaus war als *Ruhestätte für die Bundeslade des Herrn* errichtet worden – konnte es da nicht sein, daß der Tempel von Elephantine zu genau demselben Zweck gebaut worden war? Mit anderen Worten: Waren die gesetzestreuen Priester womöglich mit ihrem höchsten Heiligtum vor Manasses Abscheulichkeiten aus Jerusalem nach Ägypten geflohen und hatten ihm dort eine neue Heimstatt geschaffen?

Die Insel Elephantine liegt genau in der Mitte des Nils, gegenüber der alten Stadt Assuan. Interessanterweise nun hatten die Vorfahren der Falaschen auf ihrem Weg von Israel nach Äthiopien angeblich an eben diesem Ort Station gemacht.

In dem Gefühl, daß sich meine Nachforschungen in eine höchst vielversprechende Richtung bewegten, stattete ich der Insel einen Besuch ab und führte einige Gespräche mit Archäologen, die mit der Ausgrabung des alten jüdischen Tempels beschäftigt waren. Die Wissenschaftler wußten zwar nichts von der Verbindung zu den Falaschen, meinten jedoch, daß ich mit meinen Spekulationen durchaus recht haben könnte. Zumindest bestätigten ihre Funde, daß der Tempel mit hoher Wahrscheinlichkeit um 650 v. Chr. von jüdischen Priestern errichtet worden war, die vor Manasses Angriffen auf ihre religiöse Tradition geflohen waren.

Die Archäologen lieferten noch ein weiteres Indiz für die Richtigkeit meiner Überlegungen: Im 5. Jahrhundert v. Chr., das heißt zwei Jahrhunderte nach seiner Erbauung wurde der Tempel im Zuge heftiger Auseinandersetzungen der Einwanderer mit den Ägyptern zerstört. Zur gleichen Zeit verlaufen sich auch die Spuren, die die Juden auf der Insel im Nil hinterließen. Allerdings weist nichts darauf hin, daß die Fremden getötet wurden; vielmehr scheint es so, als seien sie weitergezogen. Wohin ihr zweiter Exodus führte, blieb allerdings zunächst ein Geheimnis.

Auf einmal setzte sich das Puzzle, an dem ich seit langem herumrätselte, wie von selbst zusammen. Denn die Mönche auf Tana Kirkos hatten behauptet, die Bundeslade sei im 5. Jahrhundert v. Chr. auf ihre Insel gekommen – zu der Zeit also, als die Juden von Elephantine vertrieben wurden. Die Vermutung lag nahe, daß der Weg der Emigranten über den Blauen Nil und einen seiner Nebenflüsse nach Tana Kirkos geführt hatte

Unten: *Das Kloster Maria Zion in Aksum, wo die Bundeslade in einer extra für sie errichteten Kapelle unter Verschluß gehalten wird.*

Folgende Doppelseite: *Der Kult um die Bundeslade ist bei den Gläubigen in ganz Äthiopien verbreitet. Nahezu dreißig Millionen Christen verehren dort bis heute Nachbildungen der Bundeslade. Im Bild eine Aufnahme von der jährlichen* Timkat-*Feier in Aksum.*

Rechts: *Ein Priester aus Aksum.*

Ganz rechts: *Priester aus Aksum mit einer kunstvoll gebundenen Bibel.*

Oben: *Diakone bei der* Timkat-*Prozession in Aksum.*

– und daß die Neuankömmlinge ihr höchstes Heiligtum mit auf diese kleine Insel in Äthiopien brachten. Auch wenn viele Gelehrte diese Indizienkette als zu intuitiv ablehnen würden, war ich nun davon überzeugt, das Rätsel gelöst zu haben. Denn meine »Entdeckungen« beantworteten nicht nur die Frage nach dem Verbleib der Juden von Elephantine, sondern klärten überdies das Mysterium um die Herkunft der »schwarzen Juden« Äthiopiens, der Falaschen, auf. Und schließlich wurde vor dem Hintergrund dieser Beweisführung auch verständlich, weshalb dreißig Millionen äthiopische Christen bis heute Nachbildungen der Bundeslade verehren, obwohl dieses Objekt der Anbetung mit ihrem Glauben eigentlich überhaupt nichts zu tun hat.

Bei meinem neuerlichen Aufenthalt in der heiligen Stadt Aksum im Januar 1991, während der letzten Tage des furchtbaren Bürgerkrieges, konnte ich feststellen, daß auch dort eine dieser Nachbildungen bei religiösen Zeremonien verwendet wird. In der jährlich stattfindenden *Timkat*-Prozession, einer überaus ungewöhnlichen Mischung aus christlichen und alttestamentarischen Ritualen, findet die Verehrung der Bundeslade ihren umfassendsten und ekstatischsten Ausdruck. Der heilige Gegenstand, der im Zuge dieser Prozession aus einer Kapelle herausgetragen wird, ist eine sperrige, rechteckige, in Tücher gehüllte Truhe. Ich wußte sofort, daß es sich nicht um die wirkliche Bundeslade handeln konnte, das verriet mir das Verhalten von Gebra Mikail, des Wächters der Lade, dessen Aufgabe es war, sich bis zu seinem Tode nicht von der Reliquie zu entfernen. Als sich die *Timkat*-Prozession in Marsch setzte, blieb der Mönch seelenruhig an die graue Granitwand der Kapelle gelehnt zurück. Er schaute nicht einmal auf, als die Priester und Gläubigen außer Sichtweite gerieten; die Truhe, die sie mit sich trugen, hatte offenbar keinerlei Bedeutung für ihn.

Als der Zug schließlich ganz verschwunden war, zog sich Gebra Mikail ins Innere der Kapelle zurück, und kurz darauf vernahm ich wieder seinen langsamen, arhythmischen Gesang. Vermutlich brachte er in eben diesen Minuten vor der *Heiligen Lade des Bundes* dem Herrn ein Weihrauchopfer dar. Eines jedenfalls stand außer Frage: Unter der Voraussetzung, daß die Erzählungen des Mönches stimmten und meine bisherige Rekonstruktion des Schicksals der Bundeslade zutrafen, mußte sich die Reliquie auch jetzt in der Kapelle befinden.

Fast acht Jahre, nachdem ich mich für das große Mysterium um den »verlorenen Schatz« zu interessieren begonnen hatte, glaubte ich zu wissen, weshalb das Rätsel bis heute nicht gelöst werden konnte, obwohl doch so viele vagabundierende Zeichen und Symbole den Weg zu dem geheimen Versteck des Heiligtums weisen. Die Äthiopier wissen, daß die einfachste Lösung, einen Baum zu verstecken, darin besteht, ihn in einem Wald anzupflanzen. Und was sind die Abertausende von Nachbildungen der Bundeslade in den annähernd zwanzigtausend Kirchen Äthiopiens anderes als ein »Wald von Zeichen«, in dem das Objekt, auf das sie verweisen, für den nicht Eingeweihten verborgen ist? Im Inneren dieses Waldes, davon bin ich überzeugt, liegt die Bundeslade selbst. Und da nur der Wächter Einblick in das Allerheiligste dieser Kapelle hat, wird er wohl auch der einzige Mensch auf der ganzen Welt bleiben, der die Wahrheit über die äußere Erscheinung und innere Natur jener Reliquie kennt, der die Menschheit seit Jahrtausenden nachspürt.

Als 1993 der Bürgerkrieg in Äthiopien vorüber war, reiste ich noch einmal nach Aksum, diesmal in Begleitung eines Filmteams. Wir wollten

Oben: *Das alte Testament, geschrieben in Ge'ez, der alten liturgischen Sprache aus Nordäthiopien, die eine enge Verwandtschaft mit dem biblischen Hebräisch aufweist.*

Rechts: *Ein Bild, das direkt einer alttestamentarischen Beschreibung zu entsprechen scheint: Priester in Aksum tanzen zu Ehren der Bundeslade. In den Händen halten sie* Sistrums – *Musikinstrumente, die schon vor etwa 5000 Jahren im alten Ägypten benutzt wurden.*

eine Fernsehdokumentation über die Bundeslade drehen. Schon bald erfuhren wir, daß Gebra Mikail vor über einem Jahr gestorben war. Durch die Gitterstäbe des hohen eisernen Zaunes, der die Kapelle umgibt, führten wir ein Interview mit seinem Nachfolger, einem jüngeren Mönch mit Namen Abba Tesfa Mariam. Wir fragten ihn, ob es wahr sei, daß die echte Lade in der Kapelle aufbewahrt werde, und weshalb man sie bei der *Timkat*-Prozession nicht benutze. Was für einen Grund sollte es geben, selbst an diesem Ort mit einer Nachbildung zu arbeiten?

»Die echte Lade«, erklärte uns Tesfa Mariam, »wird niemals von ihrem Platz entfernt, nicht für die *Timkat*-Prozession und auch zu keiner anderen Gelegenheit. Sie ist zu wertvoll, zu heilig und birgt zu viele unkon-

Prachtvoll dekorierter Innenraum der äthiopischen Kirche von Debra Berhan Selassie in Gondar.

trollierbare Kräfte in sich. Sie bleibt immer hier bei mir, und ich muß immer in ihrer Nähe bleiben.«

»Und Sie, haben Sie keine Angst vor ihrer Macht?« fragte ich nach. »Ich habe viel mehr als nur Angst«, erwiderte er mit tiefer Ehrfurcht in der Stimme. »Als ich das erste Mal das Allerheiligste betrat, um Weihrauch zu verbrennen, habe ich am ganzen Körper gezittert. Es war furchterregend und ist es noch immer.«

Während dieses Zusammentreffens erinnerte ich mich daran, daß mir Gebra Mikail vor zwei Jahren erzählt hatte, die Lade bewirke Wunder und sei selbst ein Wirklichkeit gewordenes Wunder. Der »Schönheit« dieses schlichten Bekenntnisses zu einem ungeheuer tiefen Glauben konnte ich mich nur schwer entziehen, die Äußerungen des alten Wächters der Lade hatten etwas seltsam Mysteriöses und Magisches an sich. Irgendwie forderte dieses Gefühl mich auf, an dieser Stelle haltzumachen. Sollten andere das Bedürfnis verspüren, den Schleier des Geheimnisses, der über der heiligen Kapelle in Aksum liegt, zu zerschneiden und den äthiopischen Mönchen ihr Geheimnis zu entreißen, so mögen sie das tun. Ich für mein Teil ziehe es vor, auf der Schwelle stehenzubleiben.

So brachten die Priester die Lade des Bundes des Herrn an ihren Platz in den Chorraum des Hauses, in das Allerheiligste, unter die Flügel der Cherubim. Denn die Cherubim breiteten die Flügel aus an dem Ort, wo die Lade stand, und bedeckten die Lade und ihre Stangen von obenher. Und die Stangen waren so lang, daß ihre Enden gesehen wurden in dem Heiligen, das ist die Tempelhalle, vor dem Chorraum; aber von außen sah man sie nicht.

1. Kön. 8, 6–8.

Ein Priester, der auf einem der Inselklöster im Tanasee den Zugang zum Allerheiligsten bewacht. Jede äthiopische Kirche bewahrt in ihrem Allerheiligsten eine Nachbildung der Bundeslade auf. Diese Repliken gelten als fast ebenso heilig wie die wirkliche Bundeslade, und ohne eine solche Nachbildung darf keine Kirche errichtet werden.

Das Geheimnis der Schriftrollen vom Toten Meer

Oben: *Da die Mehrzahl der ältesten Dokumente auf witterungsanfälligen organischen Materialien niedergeschrieben wurde, haben sich in den Rollen nur selten zusammenhängende Texte erhalten. – Im Bild zwei Schriftrollen aus Kupfer.*

Glaube sucht nach Gewißheit, Wissenschaft nach Beweisen. Der Glaube wirkt nach innen, die Wissenschaft nach außen. Der Gläubige strebt nach innerer Überzeugung, die ihm bleibende Kraft verleiht, seinen für eine ferne Zeit formulierten Heilserwartungen entgegenzuleben. Er befolgt uralte Gebote, weil sich in ihnen die Wahrhaftigkeit seines Glaubens bestätigt. Auch der Wissenschaftler erkennt überlieferte Lehrsätze an, aber sie müssen sich immer wieder der Überprüfung durch eine allgemein anerkannte kritische Methodik stellen. Der Gläubige hat oft Mühe, Wissenschaftlern zu folgen, die Lebensgeschichten von Religionsstiftern und Propheten entmythologisieren und in eine überprüfbare Beziehung zu realen Geschehnissen setzen wollen. Theologen stehen hierbei vor einer besonders schwierigen Aufgabe: Einerseits haben sie aus individueller Überzeugung oder von Amts wegen ihren Glauben samt seinen Mysterien zu bewahren; andererseits müssen sie sich als Wissenschaftler, gleich welcher Konfession, die Frage stellen, welche in der Bibel überlieferten Mysterien um Jesus auf historischen Tatsachen basieren und welche sich nur aus der Bereitschaft der Menschen zum Glauben erklären lassen.

Oben: *Professor Robert Eisenman und ein Helfer suchen in der Umgebung des Toten Meeres mit Hilfe eines Detektors nach metallenen Gegenständen. Vor allem Münzen sind begehrte Fundobjekte, da sie eine verhältnismäßig sichere Datierung weiterer Ausgrabungsgegenstände erlauben.*

Immer, wenn in den Regionen der Religionsgründer archäologische Entdeckungen gemacht werden, die ein neues Licht auf deren Leben und Lehren werfen, flammen alte Zweifel oder Auseinandersetzungen neu auf. Manchmal geht es auch um mehr, etwa wenn herkömmliche Theorien und Dogmen durch neue Erkenntnisse grundsätzlich in Frage gestellt werden. So war es mit der sensationellen Entdeckung der Schriftrollen von Qumran in den Jahren 1947 bis 1956, die viele als gesichert geltende Auffassungen über das frühe Christentum und sein Verhältnis zum jüdischen Glauben ins Wanken brachten. Bis dahin hatte man es fast für ausgeschlossen gehalten, jemals Handschriften hebräischer Texte zu finden, die älter sind als die von den Masoreten überlieferten. Die Texte dieser jüdischen Gelehrten gingen auf Fassungen zurück, die ungefähr auf den Zeitraum von 90 bis 100 n. Chr. datiert werden – die Schriftrollen vom Toten Meer sind teilweise fast vierhundertfünfzig Jahre älter. Wie J. M. Allegro bereits nach ihrer flüchtigen Kenntnisnahme äußerte, werden die Qumrantexte nicht nur »zur Klärung von Lesarten« beitragen, sondern »auch Zweifel an der Zuverlässigkeit unserer Texte aufkommen« lassen.

Qumran (deutsch auch Kumran, arabisch Khirbat Qumran) liegt im nordwestlichen Ufergebiet des Toten Meeres. Die Siedlung erstreckt sich auf einer Terrasse am nordöstlichen Ufer des Wadi Qumran, bevor dieser ins Tote Meer mündet. Das Land steigt nach Westen steil an, ist stark zerklüftet und trocken. Nur in geschützten Tälern hält sich eine bescheidene Vegetation. Jerusalem ist knapp fünfundzwanzig Kilometer Luftlinie entfernt, Jericho fünfzehn, Bethlehem weniger als dreißig und Masada rund fünfzig Kilometer. In dieser Gegend fanden im ersten vor- und ersten nachchristlichen Jahrhundert zahlreiche Ereignisse statt, die entscheidend zur Herausbildung des rabbinischen Judentums und des Christentums vor- und nachpaulinischer Prägung beitrugen.

Das vom Ufergebiet bald ein- bis zweihundert Meter ansteigende Plateau bot gute Voraussetzungen zur Anlage von sicheren Verstecken.

Oben: *In den von Wind und Niederschlägen geformten Felshängen um Qumran wurden die Höhlen zur sicheren Aufbewahrung der umfangreichen Bibliothek der Gemeinschaft angelegt. Links oben erkennt man den vergrößerten Eingang zur Höhle 4, die zahlreiche bis dahin unbekannte Texte barg.*

Links: *Luftaufnahme der Ruinen von Qumran auf einem Plateau am nordwestlichen Ufer des Toten Meeres.*

Rechts: *Die Felsabhänge bei Qumran während der archäologischen Ausgrabungen. Es galt, bei den Arbeiten nicht nur die Schriften zu bergen, sondern auch die Lebensumstände der Gemeinschaft zu erforschen.*

Unten und ganz unten: *Ein Bronzesesterz, der im Jahr 71 n. Chr. zur Erinnerung an die Einnahme Jerusalems durch die Römer im Jahr zuvor (im Zuge des Jüdischen Krieges) geprägt wurde. Die in Rom geschlagene Münze zeigt auf der Vorderseite Kaiser Vespasian (69–79 n. Chr.) und auf der Rückseite eine trauernde Frauengestalt unter einer Palme.*

In elf Höhlen wurden hier von 1947 an zahlreiche Handschriften entdeckt, abgefaßt zumeist auf Althebräisch, einige auf Aramäisch sowie Altgriechisch. Die auf Tierhäute, seltener auf Papyrus geschriebenen Texte wurden meist als Rollen aufbewahrt, teilweise in Tonkrügen geschützt.

Mitte der fünfziger Jahre wurde am Fuß der Felsklippen von Qumran die Siedlung der Qumrangemeinschaft ausgegraben. Bereits 1949 hatte man den Begräbnisplatz mit etwa hundert Gräbern freigelegt. Untersuchungen ergaben, daß die Toten ohne Schmuck und persönliche Wertgegenstände beigesetzt worden waren; etwa dreißig bis vierzig Prozent der Gräber waren für Frauen und Kinder bestimmt gewesen. Im Umfeld der Siedlung entdeckte Münzen konnten auf die Zeit von 130 v. Chr. bis 69 n. Chr. datiert werden. Nachweislich bestand Qumran also als Niederlassung einer durch den Glauben verbundenen Gemeinschaft von etwa 130 v. Chr. bis zu seiner Zerstörung 68 n. Chr. durch die Römer während des Jüdischen Krieges (66–70 n. Chr.).

Links: *Ausblick auf die schmale Uferebene des Toten Meers durch den erweiterten Ausgang von Höhle 4. Zu Lebzeiten Jesu und der Qumrangemeinschaft war dieses Gebiet weniger karg als heute; in den Tälern gab es eine bescheidene Vegetation.*

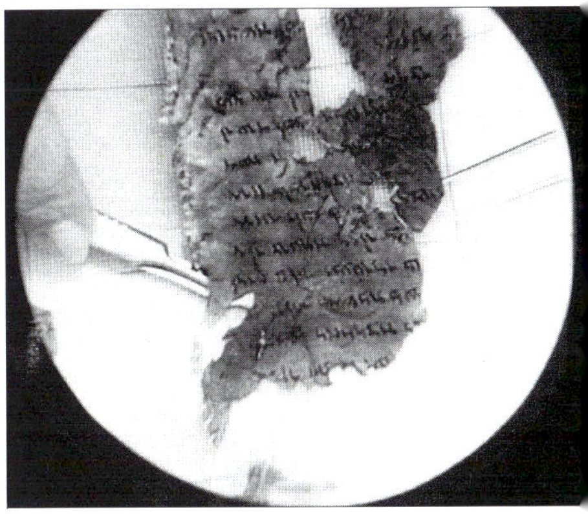

Oben: *Eines der fast hunderttausend Fragmente, in welche die rund achthundert Manuskripte und Buchrollen, die zwischen 1947 und 1956 gefunden wurden, im Lauf der Jahrhunderte zerfallen sind. Die Reinigung und Entzifferung der Texte ist äußerst zeitaufwendig, die Zuordnung der Textstücke und besonders ihre Interpretation rufen naturgemäß kontroverse Diskussionen hervor.*

Die Geschichte der Entdeckung ist abenteuerlich: Angeblich suchte ein beduinischer Hirtenknabe eine ausgerissene Ziege und stieß dabei zufällig auf die Öffnung zu einer Höhle, in der er mehrere Tonkrüge erspähte. Möglicherweise stimmt auch eine andere Version, derzufolge der Junge nach archäologischen Objekten suchte, die er den Händlern von Bethlehem verkaufen wollte. Wie dem auch sei, mit der Entdeckung dieser Höhle 1 war im Sommer 1947 die entscheidende Fährte gefunden. Der Widerhall auf die Kunde von den Schriftrollen und deren Datierung war ungeheuer, die Deutungen, Kontroversen und Spekulationen, die bereits kurz darauf ausbrachen, rissen bis heute nicht mehr ab.

Die erste der elf Höhlen enthielt einige der wichtigsten Rollen überhaupt: einen Habakukkommentar, das *Handbuch der Unterweisungen*, die *Gemeinderegel*, Hymnen und Loblieder, die sogenannte *Kriegsrolle* (mit dem Bericht vom Krieg der Söhne des Lichtes gegen die Söhne der Finsternis) sowie ein apokryphes Buch der Genesis. Mit Höhle 4 wurde im September 1952 dann die reichste von allen entdeckt. Insgesamt fand man darüber hinaus in anderen Höhlen dreißig Papyrusrollen: zwanzigmal das Buch Jesaja, das fünfte Buch Moses siebenundzwanzigmal und das Buch Daniel achtmal. Nach derzeitigem Forschungsstand gilt als sicher, daß die Rollen mehrheitlich vorchristlichen Ursprungs sind. Viele reichen nach einer Radiokarbondatierung zurück bis ins 4. Jahrhundert v. Chr., doch wurden die Schriften bis in die Zeit der Zerstörung Qumrans ergänzt.

Die Rollen aus Höhle 4 wurden bei ihrer Publikation durch Robert Eisenman und Michael Wise in folgende Kategorien eingeteilt: messianische und visionäre Erzählungen, Texte der Propheten und Pseudo-Propheten, biblische Interpretationen, kalendarische Texte und priesterliche

»Sie sollen alles lieben, was er erwählt hat, und alles hassen, was er verschmäht. Sie sollen sich fernhalten von allem Bösen und sich an gute Werke halten. Sie sollen Wahrhaftigkeit, Gerechtigkeit und Recht im Lande üben und nicht mehr in der Verstocktheit eines schuldbeladenen Herzens und unzüchtiger Augen wandeln, um alles Böse zu tun. Sie sollen alle Kinder des Lichts lieben, einen jeden nach seinem Los im Ratschluß Gottes, und alle Kinder der Finsternis hassen, einen jeden nach seinem Schuldanteil in der Rache Gottes.«

Gemeinderegel *1,3 ff.; 1,9 ff.*

Oben rechts: *Die erste Kolumne der in Höhle 1 gefundenen* Gemeinderegel. *Bei diesem Textfragment mit einzelnen Fehlstellen, die sich allerdings gut ergänzen ließen, war es verhältnismäßig leicht, eine Transkription der althebräischen Schrift vorzunehmen.*

Dienstklassen, Testamente und Ermahnungen, Briefe über die Gerechtigkeit und Gesetzestexte, Hymnen und Geheimnisse sowie Texte zu Weissagen und Magie. Die Freigabe und Übersetzung der Dokumente, aber auch ihre Kommentierung, lösten erneut heftige Kontroversen und angestrengte Gegeninterpretationen aus. Denn die Qumrangemeinschaft und die frühen Anhänger Jesu benutzten die gleichen alttestamentlichen Prophezeiungen als Schlüsseltexte, nur deuteten sie diese unterschiedlich – entweder als handlungsbestimmend und auf ihre jeweiligen »Führer« anwendbar oder als schon eingetretene Verheißungen. Diese Verwandtschaft läßt heutzutage die einen Interpreten von einer bis an die Grenze zur Identität reichenden Übereinstimmung zwischen der Gemeinschaft von Qumran und dem frühen Christentum der Jerusalemer

Urgemeinde sprechen, während die anderen darauf beharren, daß es sich um zwei getrennte Gruppen handelt, die in den Jahrhunderten um die Zeitenwende gewirkt haben.
Die Leute von Qumran hatten sich in die »Wüste« zurückgezogen, um dort eine heilige Gemeinschaft zu gründen, die sich streng an das Gesetz halten und in Erwartung des den Juden vom Propheten Jesaja (Jes. 7,14) verheißenen Messias leben wollte. Die Schriftrollen beschreiben Qumran als heilige Stadt und Tempel Gottes, *als ein heiliges Haus für Israel und Mysterium des Allerheiligsten für Aaron, Zeuge der Wahrheit für das Gericht und Erwählte des (göttlichen) Willens, um zu entsühnen das Land und an den Frevlern Vergeltung zu üben …*

Oben links: *Bei den Ausgrabungen der Siedlung wurden auch zahlreiche Alltags-Keramiken gefunden.*

Oben rechts: *Ausgang des Wassertunnels, durch den die Gemeinschaft in der Wüste mit dem lebenswichtigen Wasser versorgt wurde.*

Links: *Eine Münze aus Judäa, geprägt im 4. Jahrhundert v. Chr. An der individuellen Gestaltung des Porträts läßt sich schon deutlich der Einfluß der Griechen ablesen.*

Um die Mitte des 2. Jahrhunderts v. Chr. war die Überzeugung, daß die von den Propheten angekündigte Endzeit nahe, weitverbreitet. Laut Habakukkommentar aus Höhle 1 kündigten sich die von Habakuk für diese Phase geweissagten Ereignisse bereits zu dem Zeitpunkt an, als die Gemeinschaft von Qumran gegründet wurde, verwirklicht zum Teil im Leben ihres *Lehrers der Gerechtigkeit*, der zwar nicht ihr Gründer, wohl aber ihr bestimmender Lehrer war. In ganz ähnlicher Weise verknüpfte Paulus später das Alte Testament mit seiner Deutung des Jesus als Jesus *Christus, der Gesalbte*, heißt: der prophezeite Messias.

Die Qumrantexte bieten keine Darstellungen der zeitgeschichtlichen Begebenheiten, Griechen und Römer sind nicht einmal namentlich erwähnt. Statt dessen werden nur allgemein Feinde (*Kittin*, Heiden) und

Oben: *Die Ruinen von Qumran (hier im Bild ein Ofen), die seit Mitte der fünfziger Jahre ausgegraben wurden, lassen darauf schließen, daß hier nur wenige hundert Menschen gleichzeitig gelebt haben. Denn die Grundfläche der Siedlung ist klein, und die Lebensgrundlagen waren in diesem Gebiet äußerst bescheiden.*

Oben: *Ein Tintenfaß aus Keramik. – Die meisten der in Qumran gefundenen Schriftrollen wurden von auswärts erworben, einige der Texte wurden jedoch auch hier geschrieben.*

das Übel, Licht und Finsternis, Tugenden und Laster beschworen. Ein deutlicher Hinweis auf die Herkunft der »Feinde« findet sich aber doch, wenn davon berichtet wird, daß fremde Heere ins Land eingedrungen seien. *Sie opferten vor ihren Standarten und beteten ihre Waffen an,* heißt es da. Tatsächlich opferten die Römer zur fraglichen Zeit vor ihren Standarten, die das Bildnis der vergöttlichten Kaiser trugen.

Liest man die Qumrantexte, fällt ihre Nähe zu überlieferten Schriftfassungen des Alten wie des Neuen Testamentes auf, und das nicht allein stilistisch-bildlich, sondern gerade auch inhaltlich. Der Katechismus der Gemeinschaft von Qumran im *Handbuch der Unterweisung* und in der *Gemeinderegel* ist nicht anders angelegt als der älteste christliche Katechismus, der auf alttestamentliche Mythen aus dem zweiten vorchristlichen Jahrtausend zurückgeht. Zentrales Thema sind die zwei Wege des Lichts und der Finsternis. Der Fürst des Lichts steht gegen den Engel der Finsternis. *Und dies sind ihre Wege auf Erden*, heißt es, *um (durch deren Erkenntnis) das Herz des Menschen zu erleuchten und vor ihm gerade zu machen alle Wege der wahren Gerechtigkeit und sein Herz furchtsam zu machen in allen Rechtssatzungen (3) Gottes: Und ein Geist der Demut und Langmut und große Milde und ewige Güte und Verständigkeit und Einsicht und Weisheit und Stärke im Vertrauen auf alle (4) Taten Gottes und sich stützend auf die Menge seiner Gnade und ein Geist der Erkenntnis in jedem Planen einer Tat und Eifer in den gerechten Rechtssatzungen und (5) heiliges Denken in unerschütterlichem Sinn und Menge der Gnade für alle Söhne der Wahrheit und Reinheit entsprechend der (künftigen) Herrlichkeit in der Abscheu vor allen Götzen der Unreinheit und demütiger Wandel (6) im Wissen um alles und wahrhaftiges Verbergen der Geheimnisse der Erkenntnis. Das sind die Geheimnisse des Geistes für die Söhne der Wahrheit auf Erden. Und die Heimsuchung für alle, die darin wandeln (bringt sie) zur Heilung (7) und Fülle des Heils in der Länge der Tage und Fruchtbarkeit des Samens mit allen ewigen Segnungen und immerwährender Freude im ewigen Leben und Vollkommenheit der Herrlichkeit (8) mit der Größe der Herrlichkeit im ewigen Licht. (9) Und was den Geist der Bosheit betrifft (so gehören zu ihm): Habgier und das Lässigwerden der Hände in dem Dienst der Gerechtigkeit, Ungerechtigkeit und Lüge, Hochmut und Stolz des Herzens, Trug und Täuschung, unbarmherzig (sein) (10) und viel Ruchlosigkeit, Jähzorn und viel Torheit und leidenschaftlicher Übermut, Taten des Greuels im Geiste der Unzucht und Wege des Schmutzes im Dienste der Unreinheit (11) und hohnredende Zunge, blinde Augen und taube Ohren, Hartnäckigkeit und Verstocktheit des Herzens, zu wandeln auf allen Wegen der Finsternis, und boshafte Hinterlist. Und die Heimsuchung (12) für alle, die darin wandeln (geschieht) zur großen Bestrafung durch die Hand aller Bindeengel zur ewigen Vernichtung durch den übermäßigen Zorn Gottes.*

Das Handeln des Menschen im Bild der zwei Wege zu beschreiben, ist alttestamentliche Tradition, neu dagegen ist die rigorose Gegenüberstellung von Gesetzestreuen und Gesetzesbrechern. Sie erfolgt durch eine Aneinanderreihung von Abstrakta, die im Hebräischen auch die konkrete Tat einschließen. Gesinnung und Tat werden später auch in den neutestamentlichen Lehren zusammengeschlossen. In beiden Fällen ist die eschatologische Ausrichtung auf das Erscheinen des Messias und das Endgericht, an dem Gott menschliches Wandeln auf dem Wege des Lichts oder der Finsternis prüfen wird, vorgegeben.

Oben: *In solchen Keramikgefäßen wurden einige der Lederrollen zum Schutz vor Tierfraß und Austrocknung aufbewahrt.*

Links: *Pater John Starcky von der Ecole Biblique in Ost-Jerusalem beim Studium von Textfragmenten.*

Die Gemeinsamkeiten zwischen der Qumrangemeinschaft und dem frühen Christentum beschränken sich jedoch nicht allein auf Aspekte der Lehre, auch in bezug auf die Organisationsformen der Gemeinden gibt es Parallelen. Die Gruppe von Qumran wurde von einem *zwölfköpfigen Rat* geleitet. Ihm nachgeordnet waren die Aufseher (hebräisch: *mebaqqer*). Sie waren verantwortlich für die Aufnahme neuer Mitglieder und

führten die Verteilung der Güter durch. Die gleiche Aufgabenverteilung gab es auch in den ersten christlichen Gemeinden: Aufseher (griechisch: *episkopos*) standen den Versammlungen vor, waren verantwortlich für die Aufnahme neuer Christen und verwalteten das Vermögen.

Ohne Kenntnis der Schriftrollen und der innerjüdischen Verhältnisse um die Zeitenwende kann man bestimmte Aspekte des Zusammenlebens und der Ordnung der christlichen Urgemeinde kaum erfassen. Das gilt auch für die Einstellung der ersten Christen gegenüber dem Eigentum, die in Grundzügen dem Geist von Qumran verpflichtet ist. Am Ende des ersten Jahres nach Beitritt zur Gemeinschaft verzichtete der Novize auf den freien Gebrauch seines Besitzes, der ihm aber zunächst noch formal zugerechnet wurde. Der vollständige Verzicht erfolgte am Ende des zweiten Jahres. Bis in die Formulierungen der Gesetze hinein lassen sich Entsprechungen zwischen Qumram und der christlichen Urgemeinde aufzeigen. Weil wir von der Zeit in der Gemeinschaft sprechen, gilt es, noch auf weitere verblüffende Ähnlichkeiten hinzuweisen, zum Beispiel bei der Lösung von Streitfällen. Das *Handbuch der Unterweisung* schreibt dazu: *Niemand bringe einen Rechtsstreit gegen seinen Mitbruder vor den Rat, ehe er ihn nicht vor zwei Zeugen zur Vorlage gebracht hat.* (6, 1) Genauso lautet auch die christliche Vorschrift, von der uns das Neue Testament Kunde gibt: *Man muß sich zunächst an den wenden, von dem man Gerechtigkeit zu erhalten wünscht, wenn er sich weigert, bringe man den Streitfall vor zwei Zeugen; wenn dies nicht genügt, bringe man die Sache vor den Rat der Gemeinde.*

Die Entdeckung der Qumranrollen geschah zu einem Zeitpunkt, der für ihre Entschlüsselung und Publikation nicht gerade günstig war. Palästina zerfiel damals in zwei Teile, der Staat Israel nahm erst allmählich Gestalt an. Die Schriften gerieten in verschiedene Hände. Das Material, das vor Mai 1948 gerettet wurde, also zur Zeit des britischen Mandats über Palästina, wurde in alle Welt zerstreut und erst nach und nach von Israel zurückgekauft. Diese Rollen sind heute im *Shrine of the Book* in Jerusalem ausgestellt. Was dagegen nach Juni 1949 geborgen wurde, als Ost-Palästina in jordanischer Hand war, kam ins Rockefeller-Museum von Ost-Jerusalem. Die Rollen in israelischem Besitz waren verhältnismäßig gut erhalten, die im Ostteil der Stadt in Abertausende Fragmente zerfallen. Im Jahr 1967 kam auch dieser Teil im Gefolge des Sechs-Tage-Krieges unter israelische Verwaltung.

Französische Dominikanerpriester der Ecole Biblique in Ost-Jerusalem leiteten die Erforschung der ihnen zugänglichen Dokumente, bald verstärkt durch eine Gruppe von sieben Wissenschaftlern: drei Katholiken, einen Protestanten, einen Presbyterianer, einen Anglikaner und einen Atheisten; ein Jude war nicht dabei. Als selbst nach vier Jahrzehnten noch keine vollständigen Textveröffentlichungen seitens der Ecole Biblique erfolgt waren, erschien 1991 die journalistische Enthüllungsstory *Verschlußsache Jesus* von Michael Baigent und Richard Leigh, die sich in zum Teil wilden Phantasien erging. Unter anderem war von einem Komplott die Rede, angezettelt vom Vatikan, der gewisse Informationen, die das christliche Lehrgebäude derangieren und das vertraute Jesus-Bild stören könnten, zurückhalten wollte.

Die Aufarbeitung der Funde war unterdessen wirklich extrem schwierig gewesen, weil sich die Rollen in einem äußerst schlechten Zustand befanden. Nach annähernd zweitausend Jahren waren die Balken und Gestelle, wo die Tonkrüge mit den in Leinen verpackten Rollen aufbewahrt wurden, zusammengefallen. Die Ausgräber fanden in bis zu einem Meter dicken Lagen – ein Gemisch von Erde, Stein, Scherben und Leinen – Textteile, die oft nur die Größe von Briefmarken hatten. Kaum zwei Pro-

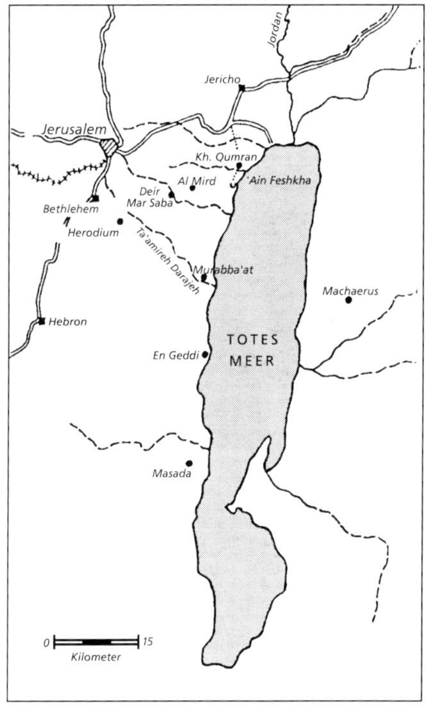

Oben: *Die Übersichtskarte zeigt, daß Qumran in vergleichsweise geringer Entfernung zu Jericho, Jerusalem und Bethlehem lag. In diesem Gebiet von Palästina spielten sich im ersten vor- und nachchristlichen Jahrhundert die wesentlichen Ereignisse ab, die das Juden- und das frühe Christentum maßgeblich prägten.*

Gegenüber: *Luftaufnahme des Jordan bei Damiya. Vom See Genezareth bis zu seiner Mündung ins Tote Meer ist der Strom nur maximal drei Meter tief, sein verschlungener Lauf erstreckt sich über rund dreihundert Kilometer. Die Siedlung der Qumrangemeinschaft lag nur wenige Kilometer vom Jordan und damit von der Wirkungsstätte Johannes des Täufers entfernt.*

zent hingen als einheitlicher Text zusammen. So erklärt es sich zumindest teilweise, daß nach über vierzig Jahren lediglich ein Drittel der gesicherten Bruchstücke veröffentlicht wurde. Dennoch hätte die Entzifferung der Schriften fraglos schneller erfolgen können.

Ein Skandal, der Wellen schlug, beschleunigte die Arbeiten schließlich immens. In einem Interview bezeichnete der Leiter der Forschungsarbeiten, Professor John Strugnell, ein zum Katholizismus konvertierter Protestant, das Judentum als »entsetzliche Religion«, als »christliche Häresie«, die nicht hätte überleben sollen, und wurde daraufhin entlassen. Die israelischen Behörden gewährten nun auch anderen Wissenschaftlern freien Zugang zu den Texten und begannen zugleich mit deren Publikation auf Mikrofiches.

Die »offizielle« Theorie über die Schriftrollen lief lange Zeit in die Richtung, daß die Angehörigen der Qumrangemeinschaft als Essener, von denen ja schon Flavius Josephus berichtet hatte, bezeichnet wurden. Die Dominikaner sahen in Qumran eine Einsiedelei, ein Kloster in der Wildnis, bewohnt von friedfertigen Mönchen, die im Zölibat lebten und sich in heilige Schriften versenkten. Sie teilten ihr Eigentum und wurden von einem Bischof geführt. Diese These von Qumran als einer Essenergemeinde verbreitete die Katholische Nachrichtenagentur noch im Jahr 1994, als Israel dem Heiligen Stuhl Qumrantexte für eine Ausstellung in der Vatikanischen Bibliothek zur Verfügung stellte.

Derartige Überlegungen drängen sich demjenigen, der die Texte unvoreingenommen studiert, jedoch keineswegs auf. In das den Dominikanerpriestern so vertraute Bild von Qumran als einem isolierten Kloster und seines Schrifttums als Hinterlassenschaft einer einzelnen Sekte wollen sich die Funde der Jahre 1947 bis 1956 nicht so recht einfügen. Denn es wurden für die damalige Zeit gewaltige Textmassen entdeckt – die größte erhaltene jüdische Bibliothek des Altertums mit 80000 bis 100000 Einzelbruchstücken, die sich zu 20000 zusammenhängenden Passagen von 800 verschiedenen Manuskripten ordnen ließen. Die meisten Rollen waren von auswärts erworben worden, womit die Vorstellung von Qumran als einem großen Scriptorium hinfällig wurde. Bei den gefundenen Rollen handelt es sich um eine breite Dokumentation der damaligen Literatur. Folglich spiegeln die Rollen auch zeitgeschichtliche Auseinandersetzungen und die religiösen Hauptströmungen der damaligen Zeit wider, das heißt, die Funde sind vor dem Hintergrund der Geschichte des ersten vor- und nachchristlichen Jahrhunderts zu deuten.

Nach der Eroberung Palästinas durch Alexander den Großen 332 v. Chr. und dann verstärkt nach 198 v. Chr., als das Land von den ägyptischen Ptolemäern an die Seleukiden fiel, begann unter Antiochos IV. Epiphanes eine systematische Hellenisierungspolitik. Die führte zum Aufstand des Judas Makkabäus aus dem Geschlecht der Hasmonäer, der 160 v. Chr. fiel. Die Erhebung endete mit der Wiedererrichtung des jüdischen Staates 142 v. Chr., der 63 v. Chr. unter römischen Einfluß geriet. Der Hasmonäer Hyrkanos II. wurde von Pompejus als Hoherpriester bestätigt und konsequenterweise zum Ethnarchen, zum Fürsten unter römischem Oberbefehl, ernannt. Der nach dem Makkabäeraufstand konstituierte jüdische Staat konnte allerdings die Einflüsse der hellenistischen Welt und des Römischen Reiches, das auch den östlichen Mittelmeerraum immer stärker durchdrang, nicht mehr völlig zurückdrängen. Seit Mitte des 2. Jahrhunderts v. Chr. stand das Judentum vor der Alternative, sich durch Wandel an die sich verändernde politische Umwelt anzupassen oder Widerstand zu üben durch striktes Festhalten am Gesetz. Vor dem Hintergrund dieser Kontroverse erklärt sich die nun folgende Aufsplitterung der Gesellschaft in die untereinander zerstrittenen Gruppen der Pharisäer, Sadduzäer, Zeloten, Zakiten und Ebioniten.

Der einsetzende politische Verfall des Landes, mit dem kein geistig-kultureller Niedergang einherging, wurde beschleunigt, als Herodes der Große (37–4 v. Chr.) den Thron bestieg und sich durch seine Anpassungspolitik beim Volk verhaßt machte. Juden, die sich dem Gesetz bedingungslos unterordneten, verachteten die Kompromißbereiten, gaben sich um so stärker der Reinheit des Glaubens hin und ersehnten um so glühender das Erscheinen des Messias, der als rächende Macht die feindlichen Armeen und alle Gottlosen von der Erde hinwegfegen sollte. Auch die Gemeinschaft von Qumran lebte in dieser Hoffnung. Selbst wenn sich deren Angehörige nicht aktiv auf Kampf einstellten, geben ihre Texte doch eindeutig zu erkennen, daß sie sich als die absolut Reinen und Gesetzestreuen verstanden und davon überzeugt waren, daß die endgültige Niederwerfung jeglichen Frevels wider das Gesetz in naher Zukunft bevorstand.

Im *Handbuch der Unterweisung* bezeichnen sich die Mitglieder von Qumran als *Volk der Erlösung Gottes*, in der *Kriegsrolle* als *Kinder des Lichts*. Der *Bund der Umkehr* hält sich bereit für die auf die Herrschaft *Belials* – des Teufels, der mit der historischen Herrschaft des gottlosen Königs oder Hohenpriesters gleichgesetzt wird – folgende Gotteszeit. Mit ihr werden alle Leiden und Sünden ein Ende nehmen und Heil, Frieden, Freude wie Herrlichkeit, verbunden mit ewigem Leben, die Gesetzestreuen belohnen.

Gegenüber, oben: *Außenansicht der Ecole Biblique in Ost-Jerusalem, wohin die zuerst gefundenen Rollen gebracht wurden. Die hier wirkenden Dominikanerpriester erwarben sich große Verdienste bei der Transkription der Dokumente, doch ihre Interpretationen der Inhalte waren sehr umstritten.*

Gegenüber, unten: *Jean Daniélou und Pater Roland de Vaux am Eingang von Höhle 1.*

Oben: *Tetradrachme mit dem Porträt Alexanders des Großen. Unter den Diadochen, den Nachfolgern des Eroberers, breitete sich der griechische Einfluß im östlichen Mittelmeerraum zunehmend aus.*

Oben: *Bildnis des König Herodes aus der Markuskirche in Venedig (Baptisterium, 13. Jahrhundert). Durch seine Anpassung an hellenistisch-römische Einflüsse verstieß Herodes gegen das mosaische Gesetz und die Traditionen des jüdischen Volkes, wodurch er sich bei seinen strenggläubigen Untertanen verhaßt machte.*

Theozentrische Aussagen des *Handbuchs* verdichten dieses Selbstverständnis der Gemeinschaft. Die Erwählten werden vom Geist der Wahrheit regiert, sie haben den heiligen Geist empfangen und gehen auf den Wegen des Lichts. Sie werden von Gott geliebt und sind seine Gemeinde: *Von dem allwissenden Gott kommt alles Sein und Geschehen. Schon bevor etwas existiert, hat er seine Bestimmungen festgelegt, und wenn es ins Dasein tritt gemäß dem göttlichen Willen, erfüllt es seine Aufgaben nach* seinem *göttlichen Willen, erfüllt es seine Aufgaben nach* seinem *herrlichen Plan. Unabänderlich sind in* seiner *Hand die Entscheidungen über alle.* Er *versorgt sie in allen ihren Anliegen, denn* er *schuf den Menschen zur Herrschaft über die Erde,* er *bestimmte ihm (auch) zwei Geister, in denen er wandeln soll bis zur Zeit seiner Heimsuchung. Es handelt sich dabei um die Geister der Wahrheit und der Abirrung. In der Lichtwohnung sind die Ursprünge der Wahrheit, aber aus der Höhle der Finsternis kommen die Geschlechter der Abirrung (20) ... Durch den Finsternisengel geraten aber auch alle Söhne der Gerechtigkeit auf Abwege, all ihre Vergehen, ihre Sünden, ihre Schuld und ihre frevelhaften Taten stehen unter* seiner *Herrschaft entsprechend dem Geheimnis Gottes bis zu* seiner *Zeit. All ihre Leiden sowie die Zeiten ihrer Bedrängnis gehen zurück auf die Gewalt seiner Anfeindung, und alle Geister seines Loses sind darauf aus, (25) die Lichtsöhne zu Fall zu bringen. Aber der Gott Israels und* sein *Wahrheitsengel hilft allen Lichtsöhnen. Er schuf die Geister des Lichts und der Finsternis und auf sie stellte* er *jedes Werk ... jedes Tun auf ihre Wege ... Den einen (Geist) liebt Gott (IV,1) für alle ewigen Zeiten und an allen seinen Taten hat er ewiglich Wohlgefallen, mit dem anderen verabscheut er die Gemeinschaft und alle seine Wege hat* er *ewiglich.*

Gegenüber und links: *Im* Shrine of the Book *(Schrein des Buches) in Jerusalem werden einige der Funde von Qumran aufbewahrt, darunter auch eine in Höhle 1 gefundene und erstaunlich gut erhaltene lederne Schriftrolle mit dem alttestamentlichen Buch Jesaja, die auf die Zeit um 100 v. Chr. datiert werden konnte.*

Oben: *Eine Wandmalerei aus der Synagoge von Dura-Europos (um 200 v. Chr.) zeigt Moses mit der Gesetzesrolle in den Händen.*

Eine weitere Gemeinsamkeit zwischen den Schriftrollen vom Toten Meer und den Zeugnissen der frühen Christenheit betrifft die Erscheinung Johannes des Täufers, der in einer Festung ganz in der Nähe von Qumran auf Befehl des Herodes Antipas, des Sohnes und Nachfolgers von Herodes dem Großen, enthauptet wurde. In den viel später entstandenen Evangelien wird der Täufer als Lehrer Jesu bezeichnet: *Das Gesetz und die Propheten reichen bis auf Johannes. Von da an wird das Evangelium vom Reich Gottes gepredigt ...*, heißt es etwa bei Lukas

(Luk. 16,16). Johannes der Täufer und Qumran, Jesus und sein Bruder Jakobus, der Führer der Jerusalemer Gemeinde nach Christi Tod – diese Verbindungen umschreiben, wie im folgenden noch auszuführen sein wird, das erste »palästinensische Christentum«.

Zu Lebzeiten Jesu spielen die auch in den Evangelien häufig erwähnten Pharisäer eine bedeutende Rolle im politischen und religiösen Leben Galiläas und Judäas. Im Gegensatz zu den von Herodes dem Großen und seinen Nachfolgern protegierten Sadduzäern, die den Tempel und das religiöse Leben Jerusalems beherrschten, waren die Pharisäer wegen ihrer Frömmigkeit, die auf der strengen Befolgung ethischer Regeln basierte, und durch die sich ihnen beigesellenden Schriftgelehrten auch

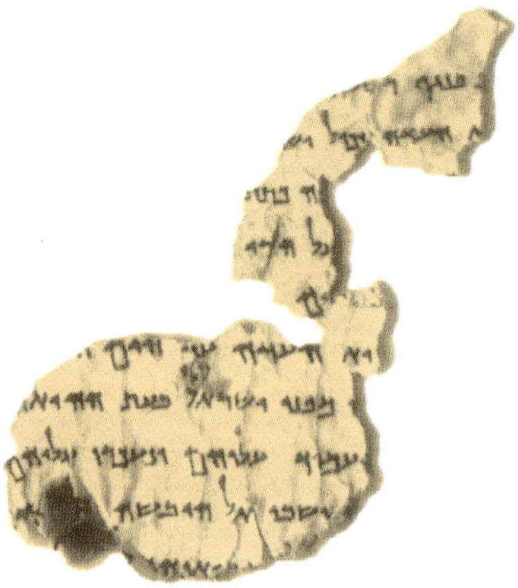

Oben, links und rechts: *Ein in Qumran gefundenes Textfragment in Originalgröße nebst Transkription und Übersetzung. Die Fehlstellen sind auf Zeilenbreite markiert und in eckigen Klammern entsprechend ergänzt. Dieses Fundstück aus Höhle 4 wurde von Robert Eisenman und Michael Wise übersetzt.*

1.]]ת תנגף רשעה [[
2.] נשי]א העדה וכול ישר[אל [
3.]]ה כת.. [[
4.]] על הרי [[
5.] ה]כתיים [[
6.] נש]יא העדה עד הים ה[גדול [
7.]]ו מפני ישראל בעת ההיאה [[
8.]]יעמוד עליהם ונעכרו עליהם [[
9.]] ישבו אל היבשה בעת הה[יאה [
10.]] יביאוהו לפני נשיא [העדה [

Fragment 6 (1) ... Gottlosigkeit wird zerschmettert werden ... (2) [der Führ]er der Gemeinde und ganz Isr[ael(s) ...] (4) über den Bergen von ... (5) [die] Kittim ... (6) [der Füh]rer der Gemeinde so weit wie das [große] Meer ... (7) vor Israel in jener Zeit ... (8) er wird ihnen widerstehen, und sie werden sich gegen sie versammeln ...(9) sie werden zum trockenen Land zurückkehren zu je[ner] Zeit ... (10) sie werden ihn vor den Führer [der Gemeinde] bringen ...

unter Strenggläubigen populär. Die Sadduzäer waren hellenistisch beeinflußt und hatten sich mit den Römern arrangiert. Sie stellten sich gegen neue religiöse Tendenzen und lehnten den Glauben an die göttliche Vorsehung, das Fortleben der Seele und die Auferstehung ebenso strikt ab wie die Vorstellung von Lohn und Strafe als Vergeltungen für das Wandeln auf den beiden Wegen.

Die Zeloten gingen in der Verachtung der Sadduzäer noch weiter als die Pharisäer. Die Anhänger dieser Gruppierung wollten das Gesetz »offensiv« verteidigen und trachteten danach, durch aktiven Widerstand die Herbeikunft des Messias zu beschleunigen. Tatsächlich führten sie 66 n. Chr. durch einen Aufstand den Ausbruch des Jüdischen Krieges herbei. Geführt wurde die Erhebung unter anderen von Menachem, einem Sohn des Judas von Galiläa, der als Gründer der zelotischen Partei gilt. Menachem errichtete kurzfristig eine strenge Herrschaft in Jerusalem, die allerdings mit der Zerstörung des Tempels im Jahr 70 endete.

Flavius Josephus, der jüdische Historiker des Aufstands, der seinen Frieden mit Rom gemacht hatte, gebraucht Begriffe wie Zeloten, Pharisäer, Essener stark verallgemeinernd. Wie auch der Apostel Paulus bezeichnete er sich selbst als Pharisäer. (Die Qumran-Anhänger bezeichneten dagegen die von ihnen verachteten Anpassungsbereiten als *Sucher des ebenen Weges.*) Wenn Josephus konkret von Zeloten spricht, geschieht dies in abwertendem Sinne. Die Evangelien weisen allerdings auch einen der engsten Jünger Jesu als Zeloten aus: Simon, wahrscheinlich identisch mit Simon ben Cleophas. Die von Jakobus geführte frühchristliche Gemeinde bestand sogar überwiegend aus Nachfolgern eines »zelotischen Gesetzes«. In deutlicher Anlehnung an die Texte von Qumran, die die Gläubigen beschwören, kein Jota vom Gesetz abzuweichen, erklärt Jakobus denn auch, daß, wer sich an einem Gesetz versündigt hat, das ganze Gesetz gebrochen hat (vgl. Jak. 2,10).

Nach Meinung einiger Historiker stand sogar Jesus selbst in enger Beziehung zu den Zeloten. Ausgangspunkt für diese Überlegungen sind Ungereimtheiten hinsichtlich der Herkunft des Gottessohnes. Nimmt man die Evangelien als historische Quellen, sieht man sich mit einem Durcheinander von einander widersprechenden Angaben konfrontiert. Bei Matthäus wurde Jesus in Bethlehem geboren, und seine Familie zog später nach Nazareth; bei Markus kommt er aus Nazareth in Galiläa, und bei Lukas kommt die Familie aus Nazareth nach Bethlehem, wo sie zur Geburt Jesu keinen Raum in der Herberge findet. Da nun die Stadt Nazareth zu Lebzeiten Jesu möglicherweise noch gar nicht existiert hat – zumindest wird sie nirgendwo erwähnt –, wurde argumentiert, daß der Zusatz Jesus *von Nazareth* keine Herkunftsangabe darstellt, sondern zurückgeht auf den Begriff *nazarina*, Gesetzestreuer. Die schönen Erzählungen von der Geburt Jesu im Stall, dem Kindermord zu Bethlehem oder der Flucht nach Ägypten sind nichts als fromme Legenden.

Historisch betrachtet, geben die Evangelien auch sonst wenig Auskunft über das Leben Jesu, was nicht zuletzt mit ihrem vergleichsweise späten Entstehen zu tun hat. Markus und Lukas schreiben zwischen 70 und 90 n. Chr., auf jeden Fall nach Zerstörung des Tempels; Matthäus kompilierte die Überlieferungen in der Zeit zwischen 80 und 100; und Johannes gab die Ereignisse sogar erst drei oder vier Generationen nach Jesus wieder. Und die historischen Fakten, die trotzdem in die Evangelien Eingang fanden, wurden oftmals später durch den dogmatisierten Glauben uminterpretiert. Die Vorstellungen von Jesus als Erstgeborenem und einzigem Kind einer Jungfrau sind unhaltbar. Gesichert scheint vielmehr, daß Jesus der Sohn einer Maria war, die zuvor bereits Simon, Jakobus, Judas und Josis zur Welt gebracht hatte; vielleicht war er gar mit Josis identisch. Auf jeden Fall hatte er mehrere Brüder (Mk. 3,31), eine Schwester sowie Halb- und Adoptivbrüder.

Oben: *Kapitell korinthischer Ordnung, gefunden im Palast des Herodes.*

Oben links und rechts: *Einstieg und Seitenwände eines rituellen Reinigungsbades der Qumransiedlung. Wie bei der Gemeinschaft von Qumran spielten Reinigungsriten auch bei Johannes dem Täufer eine große Rolle. Jesus wiederum ließ sich von Johannes taufen, wodurch dieser Ritus später Eingang ins Christentum fand.*

Versucht man, sich dem historischen Jesus über die Qumranrollen zu nähern, stellt sich ein anderes Bild dar als in der christlichen Überlieferung. Schon bald nach Entdeckung der Rollen wurde deutlich, daß Johannes der Täufer einen sehr engen Kontakt zur Qumrangemeinschaft unterhalten haben muß. Allein die geographische Nähe seines Wirkungskreises an der Mündung des Jordan ins Tote Meer spricht für eine solche

Eine der berühmtesten Darstellungen der Taufe Jesu durch Johannes den Täufer stammt von Andrea del Verrocchio. Im Hintergrund das Flußtal und die Landschaft am Toten Meer, die der Renaissance-Maler nur aus der Literatur kannte.

Verbindung, denn Qumran liegt nur ein Dutzend Kilometer südwestlich des Flusses. Die Evangelien bestätigen dies: Matthäus bezeichnet das Westufer des Toten Meeres als *Wüste Judas*, und bei Lukas heißt es: ... *da geschah der Befehl Gottes an Johannes ... in der Wüste* (Lk. 3,2). Mit dem alten hebräischen Ausdruck »Wüste« umschreiben auch die Qumranleute ihre Gegend. Die Evangelisten bezogen sich mit dieser Bezeichnung auf die Weissagung des Propheten Jesaja über die Erscheinung des Messias: *In der Wüste bereitet dem Herrn den Weg, macht in der Steppe eine ebene Bahn unserm Gott* (Jes. 40,3). Aber auf diese Prophezeiung bezieht sich auch die folgende Stelle aus dem Handbuch der Unterweisung (I QS 7, 12 ff.): *Wenn diese Dinge eintreffen in der Gemeinde Israels, sollen sie sich absondern aus der Gemeinschaft der Männer der Bosheit, um in die Wüste zu gehen, den Weg zu bereiten für ihn, wie geschrieben steht: In der Wüste bereitet den Weg ...* Darüber hinaus teilen die Qumrangemeinschaft und Johannes der Täufer die Auffassung von dem Ritual der Taufe zum Zweck der Reinigung von Körper und Geist durch ein Untertauchen im Wasser. Beide beschimpfen die jüdische Führungskaste und

»Und Jesus ging in den Tempel und fing an auszutreiben die Verkäufer und Käufer im Tempel; und die Tische der Wechsler und die Stühle der Taubenkrämer stieß er um und ließ nicht zu, daß jemand etwas durch den Tempel trüge. Und er lehrte und sprach zu ihnen: Steht nicht geschrieben: ›Mein Haus soll heißen ein Bethaus allen Völkern‹? Ihr aber habt eine Räuberhöhle daraus gemacht.«

Markus 11, 15–17

Links: *Vor der Uminterpretation seiner Persönlichkeit durch Paulus – und sehr wahrscheinlich historisch getreuer – erscheint Jesus in dem Bericht des Neuen Testaments über die* Austreibung aus dem Tempel *als kämpferischer, gesetzestreuer Jude. Händler und Wechsler hatten im Jerusalemer Tempel ihre Tische aufgestellt und gingen im Gotteshaus ihren Geschäften nach. Das aber wurde als Entweihung dieser heiligen Stätte der Juden angesehen. – Ein Gemälde des griechisch-spanischen Künstlers El Greco (um 1610).*

die Priester wegen ihrer Anpassungsbereitschaft gegenüber dem Feind. Und auch Johannes bereitete sich in der Wüste *auf das Kommen des Messias* vor – ganz im Sinne der Qumramtexte.

Gerade in den Stellen der Schriftrollen, wo es um die Wasserriten und ihre Sühnewirkung geht, werden die Parallelen zwischen dem Glauben von Qumran und der Bußfertigkeit von Johannes deutlich. Der Ritus allein führt nicht zur Reinigung, sondern erst innere Umkehr und Eintritt in die Gemeinde: *Nicht kann er sich läutern durch Sühnungen, / nicht sich reinigen durch Reinigungswasser, / nicht sich heiligen in Seen und Flüssen, / und nicht sich reinigen in irgendeinem Wasser der Waschung. / Unrein, unrein ist er, / solange er die Gesetze Gottes verachtet und sich nicht zurechtweisen läßt in der Gemeinde seines Rates ...* (I QS 3, 4–12).

Die Gemeinsamkeiten führen schließlich direkt zu den Auseinandersetzungen der beiden Hauptströmungen im Judentum: Die Rollen und der Täufer verdammen die Herrschenden wegen ihrer Laster, etwa die vom Gesetz als Inzest verurteilte Heirat zwischen Nichte und Onkel, deren sich Herodes Antipas laut Johannes dem Täufer schuldig gemacht hatte. Die Gemeinde von Qumran bekämpfte auch Scheidungen, die von Pharisäern und Herodianern geduldet oder nachsichtig behandelt wurden. Das verweist einige Qumrantexte in die Zeit der herodianischen Marionettenkönige in den ersten Jahrzehnten nach der Zeitenwende.

Die Gefolgschaft Johannes des Täufers war so groß, daß sich bald Verfolgungen ankündigten, zumal er erste Anhänger sogar im Umkreis der Familie des Herodes fand. Belege dafür finden sich bei Flavius Josephus und ausgeschmückt in den Evangelien, die aber alles zu verwischen trachten, was Jesus in eine zu enge Gefolgschaft des Täufers bringt. Denn der Jesus im Umfeld des Geistes von Qumran ist nicht der milde, wundertätige Heilsbringer, sondern der des Gesetzes, der die Händler gewaltsam aus dem Tempel treibt. Die Qumrantexte enthalten deutliche Hinweise auf die innerjüdischen religiösen Auseinandersetzungen der Jesus-Zeit und erlauben so präzisere Rückschlüsse auf den historischen Jesus als

Oben: *Aus der Zeit von Qumran gibt es kaum Darstellungen von Menschen. Allerdings finden sich in Ägypten Mumienporträts mit naturalistischen Abbildern von Gesichtern. Die Jünger Jesu waren einfache Menschen, Fischer und Handwerker; ein Antlitz wie das oben abgebildete wird ihnen vermutlich entsprochen haben.*

Rechts: *Im Gegensatz zu den Jüngern war Paulus aus Tarsus in Kilikien ein gebildeter Jude mit römischem Bürgerrecht und mit dem Schrifttum seiner Zeit vertraut. Saulus, der Verfolger der Urgemeinde, verwandelte sich durch sein Erweckungserlebnis auf dem Ritt nach* Damaskus *in Paulus, den großen Missionar.* Damaskus *war ein Code-Name für die Qumransiedlung am Toten Meer, wo Paulus in das Schrifttum der Gemeinschaft eingeführt wurde. Schon bald deutete er die spätjüdische Überlieferung einschließlich der Qumrantexte um zu einem messianisch-eschatologischen Heilsgeschehen um Jesus Christus. – Hier Michelangelos Darstellung der Vision des Paulus, die sich im Vatikan befindet.*

»Etliche Philosophen aber, Epikureer und Stoiker, stritten mit ihm. Und etliche sprachen: Was will dieser Schwätzer sagen? Etliche aber: Es sieht aus, als wolle er fremde Götter verkündigen.«

Apostelgeschichte 17,18

Zeitgenössische Bilder des Apostel Paulus sind nicht überliefert, aber die großen, bewegenden Augenblicke seines Lebens wurden in der christlichen Kunst immer wieder dargestellt.

Oben: *Paulus auf einem Mosaik aus dem 12. Jahrhundert in Monreale auf Sizilien. Auf seiner Reise nach Rom verbrachte der Apostel einige Zeit auf der Mittelmeerinsel.*

Oben links: *Berühmt ist das Gemälde* Paulus predigt in Athen *(1515) des Renaissance-Künstlers Raffael (Victoria and Albert Museum, London).*

eine Bezugnahme auf die spätere Eschatologie der Evangelien oder die Schriften des Paulus. Gleiches gilt im Hinblick auf die von Jakobus geführte christliche Urgemeinde, deren Organisationsform, wie schon gesagt, auffällige Gemeinsamkeiten mit der Qumrangemeinschaft aufweist. Beide bezeichnen sich selbst als die *Demütigen, Bescheidenen, Armen,* und sämtliche christlichen Zeugnisse, die zeitlich vor den Evangelien und Paulus liegen, geben hinsichtlich der verwendeten Bilder und Begriffe eine weitgehende Übereinstimmung mit den Qumranrollen zu erkennen.

Das palästinensische Christentum, deren Anhänger sich allerdings nicht als Christen bezeichnet haben dürften, wird in den Evangelien kaum erwähnt. Wahrscheinlich verstanden sich die Anhänger dieser Bewegung zu Lebzeiten des Jakobus gar nicht als eine eigenständige »Kirche«, sondern als gesetzestreue Juden, die sich von anderen Strömungen nur durch die Überzeugung unterschieden, daß Jesus als Messias zurückkehren werde. Wegen seines Festhaltens am Gesetz trug Jakobus, der im Jahr 62 auf den Befehl des Hohenpriesters Ananos hin gesteinigt wurde, den Beinamen *der Gerechte*. Und auf dem Apostelkonzil, das abgehalten wurde, um die Stellung der missionierten Heiden zum Gesetz zu klären, verlangte er die strenge Befolgung des Gesetzes nach dem Beispiel seiner *Judenchristen*, der Urgemeinde. Paulus nahm eine andere Position ein.

In den Qumrantexten ist immer wieder von drei Personen die Rede: Der *Lehrer der Gerechtigkeit* gilt als Führer der Gemeinschaft, die er zwar nicht begründet hat, der er aber die Richtung weist. Der *Frevelpriester*, ein externer Feind, wird meistens mit dem Hohenpriester in Jerusalem gleichgesetzt. Und schließlich gibt es den *Lügner*, der einst ein Mitglied der Gemeinschaft war, später aber verstoßen wurde. Denn er lehrte abirrend vom Gesetz, er *verschob die Grenzsteine, welche die Vorfahren und Stammesväter gesetzt hatten, um mitten unter ihnen das Volk vom rechten Weg abzubringen und das Gesetz zu leugnen.*

Dieser *Lügner* könnte als Paulus identifiziert werden. Die Evangelien berichten, daß sich der Apostel vor seiner Bekehrung an der Verfolgung der Anhänger Jesu beteiligt und erst auf dem Weg nach *Damaskus* seine Vision der Umkehr hatte. In den Schriftrollen – darin stimmen die meisten Forscher heute überein – wird *Damaskus* von den Qumranleuten als Deckname für das Gebiet verwendet, in dem sie sich aufhalten: die Niederlassung am Toten Meer. Demnach ging Paulus also nicht ins syrische Damaskus, sondern nach Qumran, und wurde hier in die Lehre der Schriftrollen eingeführt. Viele seiner Worte und Bilder, vor allem aber die Art, wie er die Begriffe von *Mysterium, Offenbarung* und *Erkenntnis* gebraucht, stehen nicht in pharisäischer Tradition, sondern verraten den Geist Qumrans. Mit Gewißheit kannte er den Habakukkommentar, das *Handbuch der Unterweisung*, die *Gemeinderegel* und die *Kriegsrolle*. Paulus' Anleihen bei Qumran erschöpfen sich jedoch nicht in positiven Übernahmen, sondern erfolgen oft in polemischer Absicht. *Was hat das Licht für Gemeinschaft mit der Finsternis? Wie stimmt Christus mit Belial [zusammen]?* heißt es im 2. Korintherbrief (2. Kor. 6, 14). Die Bezeichnung *Belial*, in den Rollen der *Fürst der Finsternis*, der Jesus versuchende Teufel am Rande der Wüste, kommt nur in diesem Paulusbrief vor, sonst nirgendwo im Neuen Testament.

Unten: Das letzte Abendmahl *Jesu* (links) *und seiner Jünger. – Die Darstellung aus dem 6. Jahrhundert stammt aus dem* Codex Rossanensis *aus Syrien oder dem byzantinischen Bereich. Römische Einflüsse sind unübersehbar, etwa in dem Sachverhalt, daß die Männer bei Tisch liegen.*

Oben: *Ein Elfenbeinrelief aus dem 5. Jahrhundert zeigt die am Grab Jesu trauernden Frauen, die schlafenden Wächter und Christi Himmelfahrt.*

Paulus Abwendung von Qumran und dem Gesetz wird verständlich durch seine Herkunft. Der Apostel stammte aus Tarsus in Kilikien, hatte das römische Bürgerrecht geerbt und war entfernt mit dem herodischen Haus verwandt, was ihn bei frommen Juden, die Herodianer, Hellenisten und Römer gleichermaßen ablehnten, gleich mehrfach verdächtig machte. Sie nannten Paulus Feind, Gegner, Lügner und einen Mann, der seine Zunge nicht kontrollieren kann. Wenn er im Tempel auftrat, war er umgeben von erzürnten Juden und römischen Soldaten, die ihn schützten. Der entscheidende Bruch mit dem Geist von Qumran zeigt sich in der Einschätzung des Messias. Er ist bei Paulus nicht mehr der von den Juden ersehnte kämpferische Heilsbringer, der die himmlischen Heerscharen in einem apokalyptischen Endkampf führt, um die Übel von der Erde zu vertreiben. Statt dessen erscheint der Messias als Wunder vollführende Gestalt und vergeistigte, übernatürliche Erscheinung, die nicht in unversöhnlicher Opposition zu Römern und anpassungsbereiten Juden steht, sondern sich mild und pazifistisch an die irdischen Verhältnisse der Zeit anpaßt: *Gebt dem Kaiser, was des Kaisers ist!*

Dies erklärt sich auch daraus, daß Paulus zunehmend in die römisch-hellenistische Welt hineinwirkte, die weder unter dem Gesetz des Judentums noch in Opposition zu Rom stand. Die neue Lehre im Gewande des Paulus erwies sich schließlich als so gefällig, daß sie zur Staatsreligion des römischen Weltreiches aufsteigen konnte.

Wie sich die Umdeutung bei Paulus konkret vollzieht, wird an einem zentralen Punkt des neuen Glaubensgebäudes sichtbar: in der Rechtfertigungslehre. Der entscheidende Ansatz bei Habakuk (Hab. 2,4) wird im Habakukkommentar (8, 1 ff.) wie folgt erläutert: *Aber der Gerechte wird leben durch seinen Glauben, seine Deutung bezieht sich auf alle, die das Gesetz beobachten im Hause Juda, welche Gott retten wird vor dem Gericht wegen ihrer Mühen und ihrer Treue zum Lehrer der Gerechtigkeit.* Paulus dagegen formuliert: *Daß aber durchs Gesetz niemand gerecht wird vor Gott, ist offenbar, denn der Gerechte wird aus Glauben leben.* Die Grundvoraussetzung der Erlösung ist nicht mehr die Befolgung des Gesetzes, sondern allein der Glaube: denn *Christus ... hat uns erlöst von dem Fluch des Gesetzes.* (Gal. 3, 2)

Paulus hat Jesus nicht persönlich gekannt, beruft sich aber dennoch auf ihn – auf die Erscheinung Jesu Christi auf dem Weg nach Damaskus (Apg. 26,17 f.): *Und ich will dich erretten von dem Volk und von den Heiden, unter welche ich dich sende, aufzutun ihre Augen, daß sie sich bekehren von der Finsternis zu dem Licht und von der Gewalt des Satans zu Gott, um zu empfangen Vergebung der Sünden und das Erbteil samt denen, die geheiligt sind durch den Glauben an mich.* Das ist die Rechtfertigung des Paulus und das Bild der neuen Verkündigung als Glauben an Christus als den wiederkehrenden rettenden Messias.

Im Galaterbrief wird der Bruch mit Qumran noch deutlicher: *Ihr seid von Christus hinweggetan, die ihr durch das Gesetz gerecht werden wollt, und ihr seid aus der Gnade gefallen* (Gal. 5,4). Die Umwertung des Gesetzes, der jüdischen Werte, begründet endgültig eine neue Lehre, die

Oben: *Dieses Phantasiebildnis aus dem 18. Jahrhundert stellt Flavius Josephus dar, den jüdischen Historiker des Jüdischen Krieges (66–70 n. Chr.). Flavius Josephus hatte seinen Frieden mit den Eroberern gemacht und erlangte die Gunst des römischen Feldherrn und späteren Kaisers Vespasian.*

Links: *Im Jahr 70 plünderten und zerstörten die Römer den Tempel zu Jerusalem, das höchste Heiligtum der Juden. Sie raubten nicht nur den siebenarmigen Leuchter sowie silberne und goldene Ritualgegenstände aus dem Gotteshaus, sondern brachten überdies 700 Juden nach Rom, die als Gefangene dem Triumphzug des Feldherrn in der Hauptstadt des Imperiums folgen mußten. – Ein Relief vom Titusbogen in Rom.*

vom Glauben der Qumrangemeinschaft *und* der sich dem Gesetz beugenden Urgemeinde unter Jakobus abweicht.

Erst bei Paulus wird Jesus zu Christus, dem Erlöser und Sohn Gottes. Die Angehörigen der Gemeinschaft von Qumran nannten sich zwar *Söhne Gottes*, hatten sich aber *einen Sohn* Gottes im Sinne des Paulus nicht vorstellen können. In der Folgezeit wird der Bruch besiegelt: Systematisch drängen Paulus und die Evangelien die jüdische Herkunft Jesu in den Hintergrund und machen weniger die Römer als vielmehr die Juden für den Kreuzestod Jesu verantwortlich. Bei einem Vergleich der Bergpredigt in den Fassungen von Matthäus und Lukas fällt auf, daß letzterer den Text in jenen Passagen gekürzt hat, wo sich Jesus einer jüdischen Argumentation bedient. Der historischen Genauigkeit wird damit nicht gedient, denn das Alte Testament war für Jesus das heilige Buch, und Jesus steht ohne jeden Zweifel für die jüdischen Ursprünge des Christentums.

Oben: *Die Festung von Machärus am Ostufer des Toten Meeres, wo Johannes der Täufer hingerichtet wurde. Die Anlage war im 1. Jahrhundert v. Chr. im Zuge der Makkabäerkriege befestigt und später von Herodes dem Großen erweitert worden.*

Gegenüber, oben: *Die Festung Masada. Auf diesem Felsplateau hatten sich die letzten jüdischen Widerständler, die jeglichen Kompromiß mit den Römern ablehnten, bis 73 n. Chr. verschanzt. Als es den römischen Truppen jedoch gelang, mittels eines aufgeschütteten Dammes (rechts im Bild) das Felsplateau zu stürmen, begingen sie gemeinsam Selbstmord, um den Siegern nicht lebend in die Hände zu fallen.*

David Flusser, Professor für Neues Testament und frühes Christentum an der Hebräischen Universität in Jerusalem, bezeichnet Paulus als »religiöses Genie« und Realisten der Heidenmission, der sich dagegen gewehrt habe, Jesu Lehre im Judentum zu verankern: »Unter anderem wollte Paulus nicht, daß das Christentum zu einem Anhängsel des Judentums werde ... Daß es jedoch auch solche heidenchristlichen Gemeinden gegeben hat, die nicht nach dem paulinischen Minimum geleitet wurden, dafür hat sich ein sehr interessantes Zeugnis erhalten. In der Lehre der zwölf Apostel aus dem 2. Jahrhundert steht: *Wenn du das ganze Joch des Herrn tragen kannst, bist du vollkommen. Wenn du es aber nicht kannst, so tue wenigstens, was du vermagst. Was aber die Speise betrifft, so tue, was du ertragen kannst. Aber vom Götzenfleisch halte dich auf jeden Fall völlig fern, denn es ist Götzendienst vor toten Götzen.* (Didache 6,2–3). Man kann sich schwer vorstellen, wie solch ein Christentum zu einer selbständigen Weltreligion werden könnte.«

Allgemein anerkannt ist heute die Ansicht, daß die Schriftrollen vom Toten Meer vor Lebzeiten Johannes des Täufers, Jesus, Jakobus und Paulus entstanden sind. Die Texte lagen vor und strahlten als lebendiges Gut auf das Wesen und Wollen dieser Menschen aus, die sich selber als berufene Verkünder des Wortes Gottes verstanden. Der Vergleich ihrer Werte mit dem, was in den Rollen von Qumran geschrieben steht, verrät eine deutliche Analogie und Abhängigkeit. Die Auseinandersetzung mit der Frage nach der Bedeutung der Qumranrollen für das »palästinensische Christentum« hat im Grunde gerade erst begonnen. Doch es ist schwierig, die Ergebnisse der Archäologie und Textauslegung mit dem heutigen christlichen Glauben zusammenzubringen. Die Widerstände gegen jede

Ganz unten: *Ausgrabungen im Palast des Herodes. – Durch die verstärkte Anpassungspolitik der herodianischen Dynastie an die hellenistisch-römische Kultur seit dem ersten vorchristlichen Jahrhundert verschärfte sich die Polarisierung der jüdischen Gesell-*

neue Deutung sind mannigfaltig, und manche wollen lieber einen Mythos retten als Legenden auf Fakten reduzieren. Die Auslegung der Rollen bleibt jedoch eine wichtige Aufgabe, da diese Dokumente den besten Zugang zu den Geschehnissen der Zeit Jesu bis zum Jüdischen Krieg bieten.

Im Jahr 68 n. Chr. wurde Qumran zerstört, zwei Jahre darauf Jerusalem. In einem Massaker fielen Tausende, die sich nicht anpassen wollten. Damals ging auch das »palästinensische Christentum« unter. Die Festung Masada, letzte Bastion des jüdischen Widerstandes gegen die Römer, fiel im Jahre 73 nach aufopferndem Kampf. Lebend wollten die Verteidiger, unter ihnen auch Greise, Frauen und Kinder, den Feinden allerdings nicht in die Hände fallen. Die Aufschriften ihrer Standarten legen Zeugnis ab von der Kompromißlosigkeit, mit der diese Menschen bis zuletzt die strenge Befolgung des Gesetzes propagierten – Parolen, die ohne weiteres auch von den Mitgliedern der Qumrangemeinschaft hätten stammen können: »Treue zu Gott, Krieg für Gott, Gottes Rache, Gericht Gottes, Macht Gottes.«

schaft. Die Verteidiger von Masada wie auch die Leute von Qumran betrachteten die Treue gegenüber dem mosaischen Gesetz als ein unaufgebbares Gut.

Oben: *Das Antlitz auf dem Turiner Grabtuch, wie es auf dem Fotonegativ von Guiseppe Enrie aus dem Jahre 1931 erscheint.*

Das Turiner Grabtuch Reliquie oder Fälschung?

Religiöse Reliquien gehören nach Meinung vieler einem wundergläubigen Mittelalter an und sollten am besten auch in jenem historischen Zusammenhang belassen bleiben. Denn in unserer wissenschaftsgläubigen Welt glauben nur wenige Menschen noch daran, daß diese »heiligen« Gegenstände tatsächlich das sind, wofür sie einst erklärt wurden; und noch weniger Menschen interessiert dies überhaupt.

Eine Reliquie allerdings hat während der letzten einhundert Jahre sogar unter Wissenschaftlern eine hitzigere Debatte ausgelöst als selbst im Mittelalter: das Turiner Grabtuch – eine Bahn Leinen, die im Dom von Turin aufbewahrt und seit Jahrhunderten als das authentische Grabtuch Christi verehrt wird. Nachdem es 1578 von den damaligen Besitzern, der Herrscherfamilie von Savoyen, nach Turin gebracht worden war, kamen die Gläubigen scharenweise, wenn das Tuch bei besonderen Anlässen im Hof des Palastes ausgestellt wurde. Als das Heiligtum 1978 für sechs Wochen im Hochaltar des Turiner Doms zu sehen war, erschienen sogar mehr als drei Millionen Besucher. Das Grabtuch hat eine Länge von viereinhalb Metern und ist mit (geflickten) Brandlöchern übersät, die vermutlich von einem Feuer in der Kapelle von Chambéry im Jahre 1532 herrühren; dort befand sich die Reliquie damals. Das entscheidende Merkmal des Tuchs jedoch ist der schattenhafte Abdruck der Vorder- und Rückseite eines auf dem Totenbett ausgestreckten menschlichen Körpers, der mit Wundmalen, die auf eine Kreuzigung schließen lassen, versehen ist. Dieser Abdruck soll von dem Leichnam Christi stammen, den man mit dem Rücken auf die eine Hälfte der Stoffbahn gelegt habe, ehe man das Tuch über seinem Kopf bis zu den Füßen zusammenschlug, so daß mit der anderen Hälfte des Tuches der vordere Teil des Körpers abgedeckt wurde. Auf diese Weise entstand angeblich ein Abdruck des gesamten Leichnams.

Oben: *Der Autor Ian Wilson vor dem Negativ des Fotografen Secondo Pia. Als dieser 1898 die erste bekannte Fotografie von dem Grabtuch anfertigte, machte er die unglaubliche Entdeckung, daß das Bild auf dem Stoff »Negativcharakter« hat. Das heute weltbekannte Turiner Christusbild ist nur im Fotonegativ, das heißt nach Umkehrung der Helligkeitswerte, sichtbar.*

In der Pariser Bibliothèque Nationale findet sich nun aber ein eindringlich formulierter Brief des französischen Bischofs Pierre d'Arcis aus Troyes, geschrieben 1389 an den damaligen Papst Klemens VII. in Avignon. Darin heißt es, der Kirchenmann habe aus berufener Quelle erfahren, daß das Leichentuch – es befand sich zu dieser Zeit in dem kleinen Ort Lirey in der Nähe von Troyes – *von überaus geschickter Hand … mit viel Fingerfertigkeit bemalt worden* sei. Der Betrug sei willentlich ausgeheckt worden, *um die Massen anzuziehen und ihnen auf hinterhältige Weise Geld abzunehmen.* Die Tat sei ungefähr 34 Jahre zuvor, während der Amtszeit des Bischofs Henri von Poitiers, begangen worden, also in den fünfziger Jahren des 14. Jahrhunderts.

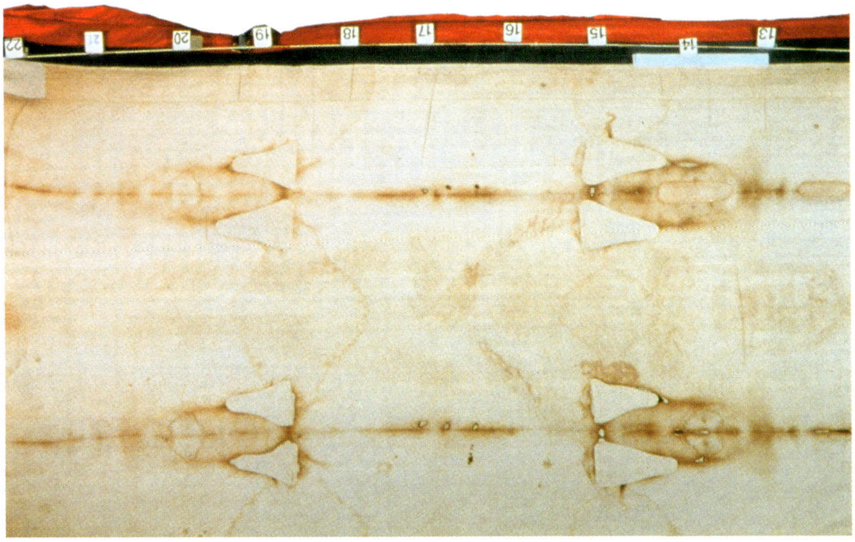

Links: *Das Turiner Grabtuch, wie es dem Betrachter mit bloßem Auge erscheint. Das Körperbild ist schattenhaft zu erkennen und weist keine Konturen auf, sondern »verliert« sich praktisch im Gewebe.*

Für die Skeptiker war es keine Überraschung, als diese Behauptung rund 600 Jahre später von Wissenschaftlern bestätigt wurde. Am 13. Oktober 1988 verkündeten die Medien, daß es sich bei dem Grabtuch um eine Fälschung handele. Die Meldung erging im Namen dreier unabhängiger Institute für Radiokarbondatierung in Zürich, Oxford und Arizona. Die Wissenschaftler erklärten, ihre Analysen des Materials hätten mit fünfundneunzigprozentiger Sicherheit ergeben, daß der Flachs, aus dem das Leinentuch gewoben sei, aus der Zeit zwischen 1260 und 1390 stamme und das Tuch niemals den Körper von Christus bedeckt haben könne. »Mit derartigen Fälschungen wurde während des 14. Jahrhunderts ein Millionengeschäft gemacht. Man kaufte ein Stück Leinen, präparierte es entsprechend und verhökerte es …«, schloß Professor Teddy Hall, Repräsentant des Oxforder Instituts, den Bericht im Rahmen einer Pressekonferenz ab.

Keineswegs unerwartet meldeten sich daraufhin Stimmen, die sich schlichtweg weigerten, die Turiner Reliquie als etwas anderes als das authentische Grabtuch zu akzeptieren. Einige von ihnen, allen voran der französische Mönch Bruno Bonnet-Eymard, stellten die wildesten Spekulationen über mögliche Betrügereien an. Ein Buchautor behauptete

Oben: *Der Brief des französischen Bischofs d'Arcis aus dem Jahre 1389 an Papst Klemens VII. in Avignon, in dem er das Turiner Grabtuch als eine Fälschung bezeichnet.*

Links: *Diese Aquatinta aus dem 16. Jahrhundert zeigt, wie das Körperbild auf dem Tuch entstanden sein könnte.*

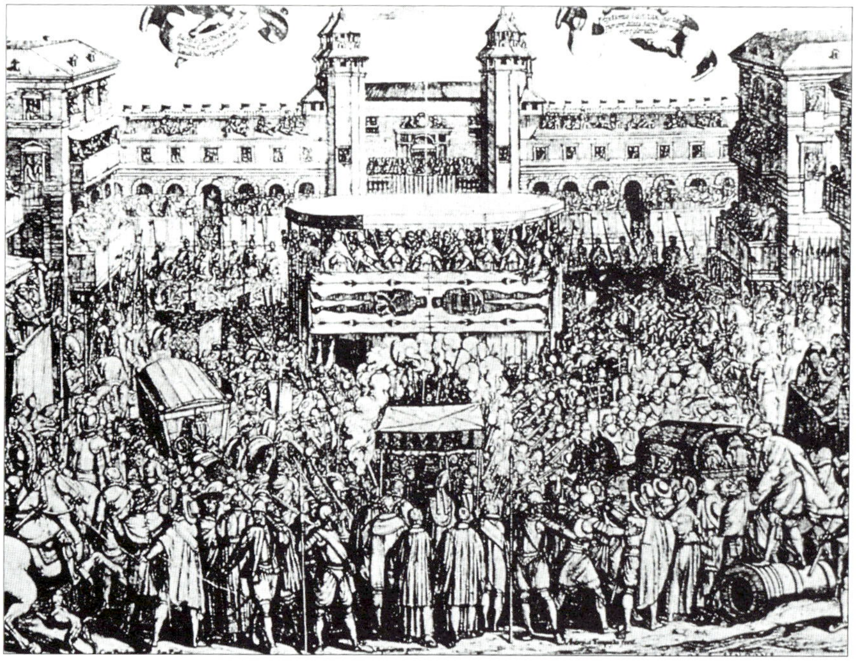

Rechts: *Spätestens seit 1453 war das Grabtuch nachweislich im Besitz der Herrscherfamilie von Savoyen, die es 1578 nach Turin brachte. Bei besonderen Anlässen wurde die Reliquie – wie hier 1613 – im Hof des Königlichen Palastes öffentlich ausgestellt.*

Oben: *Secondo Pia machte 1898 das erste überlieferte Foto überhaupt von dem Grabtuch.*

gar, Dr. Michael Tite vom British Museum in London, der die wissenschaftliche Genauigkeit der Karbontests und damit der Datierung zu überwachen hatte, habe heimlich die Materialproben des originalen Grabtuchs mit Stoffetzen aus dem 14. Jahrhundert vertauscht. Diese Anschuldigungen lassen sich nicht nur durch fotografische Dokumente eindeutig widerlegen, sondern auch aufgrund meiner persönlichen Zusammenarbeit mit dem Oxforder Institut. Mit bemerkenswerter Geduld wies Tite, ordentlicher Professor am Institut für Radiokarbondatierung der Universität Oxford, die Verfasser der Vorwürfe darauf hin, daß sie ihre Energien sinnvoller nutzen würden, wenn sie sich mit dem Problem der Figurenkonturierung auf dem Leinen beschäftigten: »Ich glaube, das Wichtigste ist jetzt, herauszufinden, wie dieses Bild entstanden beziehungsweise hergestellt worden ist. Aus welcher Zeit das Grabtuch auch stammen mag, dies ist immer noch das eigentliche Rätsel.«

In der Tat liegt das Mysterium dieses Tuches in der menschlichen Gestalt, die darauf zu sehen ist. Seit jeher haben die Betrachter den schattenhaften Abdruck der Vorder- und Rückseite eines ausgestreckten menschlichen Körpers mit Wundmalen wahrnehmen können. Entscheidend für ein wirkliches Verständnis aber ist das verblüffende verborgene Charakteristikum dieses Bildes, das erst in der Nacht des 28. Mai 1898 von dem italienischen Rechtsanwalt und begeisterten Hobbyfotografen Secondo Pia entdeckt wurde, als er das vermutlich erste Foto des Grabtuchs überhaupt machte.

Dies war in der Frühphase der Schwarz-Weiß-Fotografie, als noch mit Hilfe einer chemisch beschichteten Platte zunächst ein Negativ hergestellt wurde. Nachdem also Pia seine Platte belichtet hatte und in die Dunkelkammer eilte, erwartete er nichts anderes, als daß sich der helle Untergrund des Tuchs in Schwarz und die gelblich-braune Farbe der Figur in Hell umkehren würden. Doch im nächsten Augenblick erlebte er den Schock seines Lebens: Er wurde Zeuge einer ganz erstaunlichen Veränderung, die sich mit den Farbschattierungen ereignete. Anstatt wie auf dem Tuch selbst einen rein schattenhaften, leicht gespenstischen Eindruck des Körpers zu erzeugen, riefen sie mit Licht und Schatten das naturalistische Bild eines Körpers hervor; Vorder- wie Rückseite wurden so deutlich sichtbar, als handele es sich um die *Fotografie* eines Körpers.

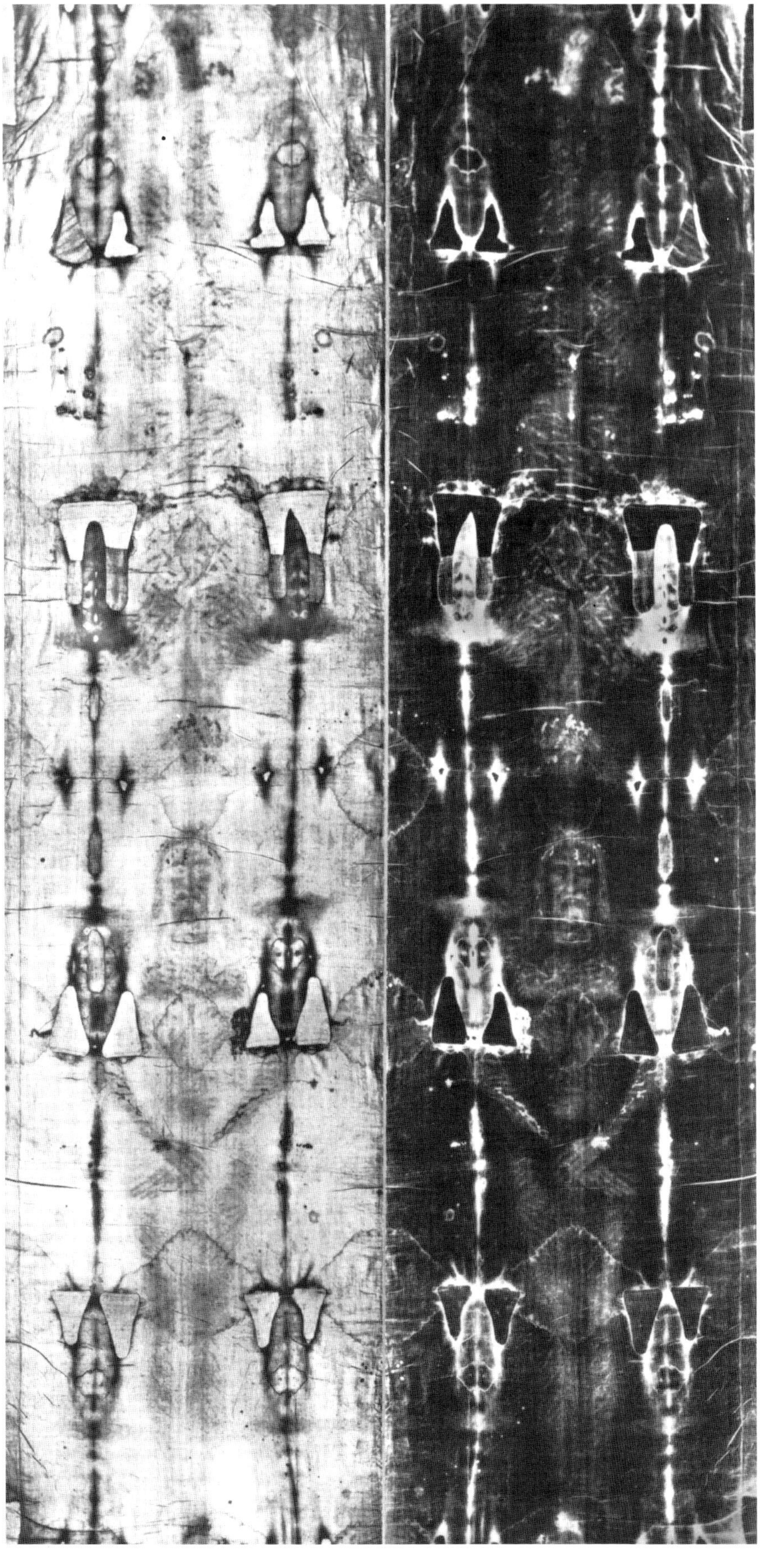

Links: *Guiseppe Enries Aufnahme mit der Gesamtansicht des Tuches. Links – und* unten *das Gesicht im Ausschnitt – im Positiv (die Verstärkung der Kontraste durch die Fotografie läßt das Tuchbild stärker als für das normale Auge hervortreten), rechts im Fotonegativ.*

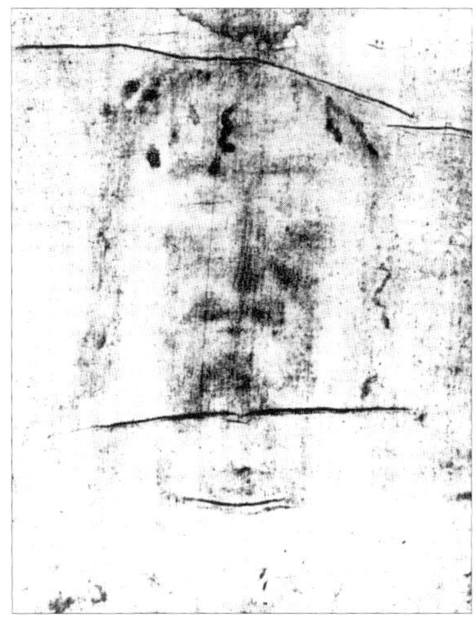

Folgende Seite: *Das heute bekannte Gesicht des Grabtuchs ist nur nach Umkehrung der Helligkeitswerte so deutlich zu erkennen. Hätte ein mittelalterlicher Künstler fünfhundert Jahre vor Erfindung der Fotografie so ein »Negativbild« tatsächlich bewerkstelligen können?*

Bis zum Ende seines Lebens war Pia überzeugt davon, daß er etwas gesehen habe, was seit den Tagen der Apostel keinem Menschen vergönnt gewesen war: die leibhaftige Gestalt Jesu Christi, wie sie fast 1900 Jahre zuvor zu Grabe getragen worden war.

Das von Pia hergestellte Negativ war, gemessen an den Möglichkeiten späterer Techniken, von vergleichsweise dürftiger Qualität. Doch die 1931 von dem Profi-Fotografen Giuseppe Enrie gemachte Aufnahme ließ das Bild noch deutlicher zutage treten. Darüber hinaus wies sie auch die Spekulationen zurück, es habe sich bei Pias Negativ um eine einmalige Zufallsbildung gehandelt. Enries 1:1-Aufnahme des Gesichts, das unzählige Male in der ganzen Welt reproduziert worden ist, zeigt, daß in den dunklen Flecken des Leinentuchs die »Fotografie« eines Gekreuzigten eingearbeitet zu sein scheint. Vor dem Hintergrund einer Datierung der Fälschung auf das 14. Jahrhundert stellt sich nun die Frage, wie man im künstlerisch wenig entwickelten Mittelalter und fünf Jahrhunderte vor Erfindung der Fotografie ein solches Bild entworfen haben sollte.

Diese Frage hat nicht wenige Künstler der Gegenwart fasziniert, allen voran Isabel Piczek aus Los Angeles. In den Vereinigten Staaten ist die gebürtige Ungarin eine der gefragtesten Schöpferinnen kirchlicher Kunstwerke. Seit der Datierung des Stoffes hat sie sich intensiv mit dem Turiner Grabtuch beschäftigt, allerdings keineswegs überzeugt von der These, es handele sich tatsächlich um das Werk eines Künstlers aus dem 14. Jahrhundert. Beispielsweise wies sie darauf hin, »daß in der ganzen Kunstgeschichte niemand gänzlich ohne Umrißlinien gemalt habe. Aber das [Bild auf dem] Grabtuch hat keine Umrißlinien. Das ist eine Tatsache, die sich mit der Fälschungstheorie kaum vereinbaren läßt.«

Um die Schwierigkeiten zu demonstrieren, die sich dem Künstler bei der Schaffung eines solchen Bildes stellen, hat Isabel Piczek ein nacktes männliches Modell in die gleiche Position gebracht wie den Mann auf dem Tuch. Um etwa die Genitalien auf dieselbe Weise wie bei dem Vorbild mit den Händen verdecken zu können, mußten die Knie gebeugt und der ganze Körper ein wenig nach vorne abgewinkelt werden. Die Figur auf dem Grabtuch scheint sich demnach in der Position eines Körpers zu befinden, der nach dem Tod am Kreuz noch so lange am Kreuz hing, bis die Leichenstarre eintrat.

So unbequem diese Stellung für das Modell auch sein mag, die wirkliche Schwierigkeit tritt erst dann auf, wenn man mit dem Zeichnen beginnt. Um einen genauen Blick auf die vordere Seite ihres Modell zu haben, mußte Isabel Piczek auf eine Leiter klettern. Um die entsprechende Rückenansicht zu gewinnen, hätte sie das Modell auf eine hoch aufgehängte Glasplatte und sich selbst darunter legen müssen. Letzteres versuchte sie erst gar nicht. Die Begründung, daß solche Hilfsmittel im 14. Jahrhundert kaum verfügbar gewesen waren, wog dabei noch weniger als die Tatsache, daß der Körper auf dem Tuch in gebeugter Haltung erscheint, also mit den Mitteln perspektivischer Verkürzung dargestellt wird – eine künstlerische Entwicklung, die erst gut ein Jahrhundert später ihren Anfang nehmen sollte. Außerdem hätte jeder mittelalterliche Künstler das Leinen vor dem Bemalen zunächst in seiner ganzen Länge mit einer Grundierung bearbeitet. Doch das Turiner Grabtuch weist keinerlei Anzeichen einer solchen Behandlung auf.

Berücksichtigt man andererseits den fast fotografischen Realismus des Bildes, ist es kaum vorstellbar, daß das Bild gänzlich ohne ein menschliches Modell entstanden ist, vor allem nicht angesichts der vergleichsweise »primitiven« künstlerischen Techniken des 14. Jahrhunderts. Besonders die »Blutflecken« auf dem Grabtuch sind nur schwer als Werk eines mittelalterlichen Künstlers vorstellbar. Zahlreiche Künstler haben damals die Kreuzigung Jesu anschaulich dargestellt, allen voran Mathias

Unten: *Männliches Modell in der Position, in der sich der auf dem Grabtuch sichtbare Körper befunden haben muß.*

Ganz unten: *Die ungarisch-amerikanische Künstlerin Isabel Piczek bei dem Versuch, einen männlichen Körper in dieser rekonstruierten Pose zu zeichnen.*

Der gekreuzigte Jesus, Anfang des 16. Jahrhunderts. Ausschnitt aus dem Isenheimer Altar von Mathias Grünewald.

Unten: *Der britische Pathologe James Cameron, ein Experte auf dem Gebiet der forensischen Medizin, benutzt Bilder des Grabtuchs zur Dokumentation eines »realen Mordes«.*

Grünewald zu Beginn des 16. Jahrhunderts auf dem Isenheimer Altar. Aber kein heutiger Betrachter käme auf die Idee, Grünewalds Darstellungen mit der Wirklichkeit zu verwechseln; entsprechendes gilt für die Darstellungen von Wunden in zeitgenössischen medizinischen Büchern. Seit der Entdeckung des verborgenen »Negativs« – und selbst noch nach dem Radiokarbontest, der das Leichentuch als eine Fälschung entlarvte – haben Pathologen aus Europa und den Vereinigten Staaten immer wieder betont, daß die Blutflecken auf dem Leinentuch und weitere Details so überzeugend wirken, daß sie unmöglich das Werk eines Künstlers sein könnten.

In England benutzte Professor James Cameron, der erst kürzlich pensionierte Leiter der Abteilung für forensische Medizin an einem Londoner Krankenhaus, bei Schulungen von Polizeikräften Bilder des Grabtuchs zur Dokumentation eines »realen Mordes«. Bei Verletzungen, die nicht unmittelbar von der Kreuzigung herrühren, so Cameron, könne man beobachten, daß der Körper mit Quetschungen übersät sei, die oft nur verschwommen zu erkennen seien, aber alle eine ähnliche Form hätten. Und diese Form lasse darauf schließen, daß die Quetschungen dem

Körper mit einer schweren, metall-besetzten Peitsche beigebracht wurden. Eine solche Peitsche entspricht nun wiederum erstaunlich genau dem bei archäologischen Grabungen gefundenen römischen *flagrum*. Zeichnet man dessen Umrisse in einen Körper ein, stimmen diese exakt mit den Quetschungen und Striemen überein, die entstehen, wenn jemand von hinten auf das Opfer einschlägt – fächerförmig auf den Schultern oder den Waden.

Aus historischen Quellen ist bekannt, daß die Opfer von Kreuzigungen das schwere *patibulum*, zumindest aber den Querbalken, an dem sie aufgehängt werden sollten, selbst zum Kreuzigungsort tragen mußten – mit ausgestreckten Armen an den Balken gefesselt. Waren die Opfer nun Rechtshänder und gerieten ins Stolpern, so fielen sie laut Cameron mit an Sicherheit grenzender Wahrscheinlichkeit auf das linke Knie – und exakt an dieser Stelle weist das Bild des Grabtuches Abschürfungen auf.

Außer Cameron stimmen namhafte Mediziner darin überein, daß sich auf dem Tuchbild typische Kreuzigungsmale finden, die durch Nägel entstehen. Allerdings wurden diese nicht, wie die Künstler jahrhundertelang glaubten, durch die Handflächen geschlagen, sondern durch die Handgelenke. Der Pariser Chirurg Dr. Pierre Barbet demonstrierte schon 1930, daß nur so die Opfer wirklich am Kreuz hängen blieben.

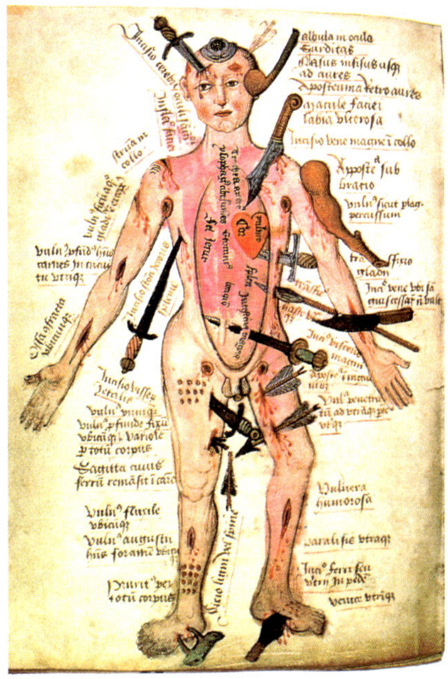

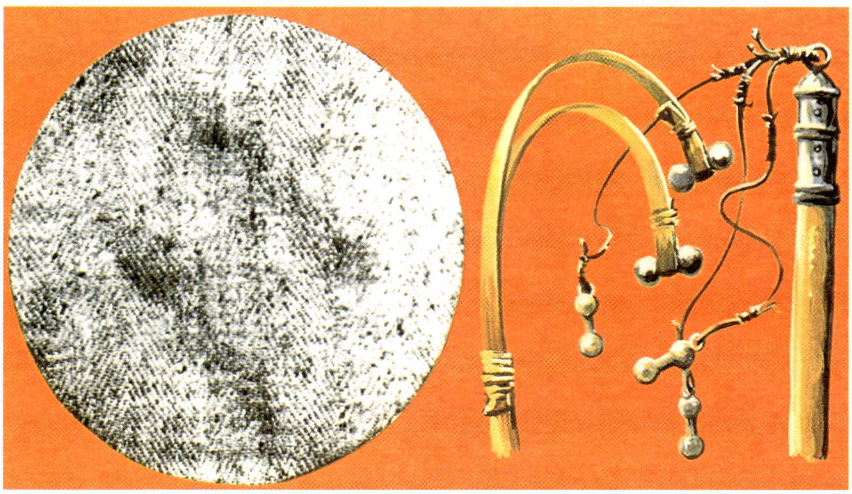

Oben: *Die Darstellung von Wunden am menschlichen Körper in einem medizinischen Buch aus dem Jahre 1506.*

Ganz links: *Ein Detail des Grabtuchs, auf dem Verletzungen zu erkennen sind. Der Form nach könnten sie von einem römischen* flagrum *stammen* (links).

Schlägt man aber den Nagel durch das Gelenk, wie es auf dem Grabtuch zu sehen ist, wird ein zentraler Nerv getroffen, und der Daumen schnappt unwillkürlich in die Handfläche. Betrachtet man das Tuch nun genauer, läßt sich feststellen, daß zwar alle vier Finger, nicht aber der Daumen zu erkennen sind. Zu diesem Befund hatte Barbet angemerkt: Könnte ein noch so guter Fälscher dies ernsthaft mitbedacht haben?

Bei archäologischen Grabungen in Jerusalem fand man 1968 die Gebeine des bislang einzigen eindeutig identifizierten Kreuzigungsopfers aus der römischen Besatzungszeit, eines jungen Juden namens Jehohanan, der im gleichen Jahrhundert wie Jesus lebte. Die Funde zeigen eindeutig, daß Jehohanan auf die zuvor beschriebene Weise gekreuzigt wurde, indem man ihm die Nägel durchs Handgelenk schlug. Dies untermauert die These, daß das Turiner Grabtuch eine historische Faktizität zu erkennen gibt, die ansonsten in der Geschichte der Kreuzigungsdarstellungen unbekannt ist.

Auch die Wunde am oberen Teil des Brustkorbes, die der Mann auf dem Leichentuch aufweist, hat das Interesse der Pathologen geweckt.

Unten: *An den Händen auf dem Turiner Grabtuch sind nur vier Finger an jeder Hand zu sehen – wird ein Nagel durch das Gelenk geschlagen, läßt ein Reflex den Daumen in die Handfläche schnappen.*

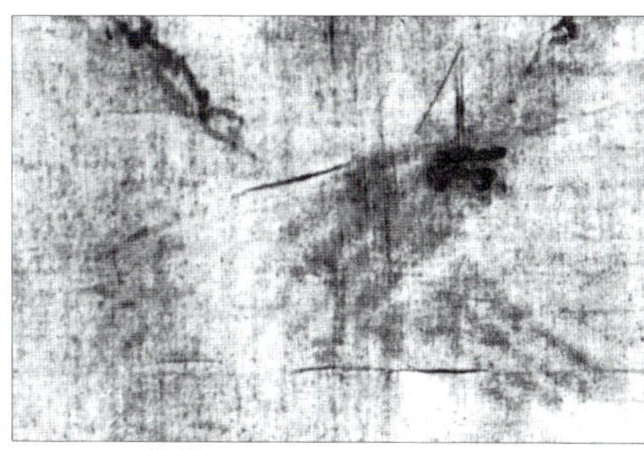

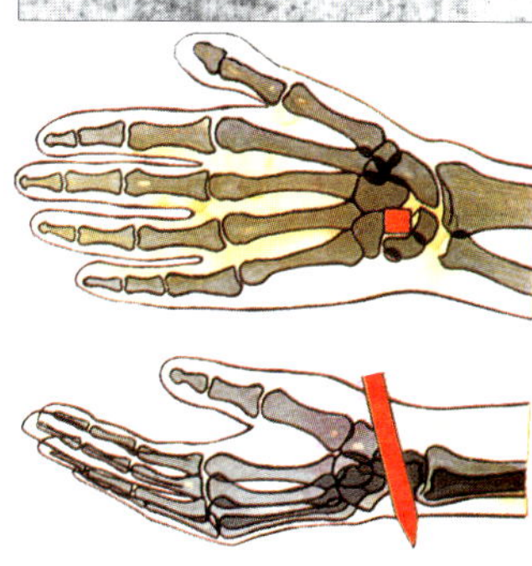

Ihre elliptische Form korrespondiert exakt mit einer Wunde, wie sie die aus Grabungsfunden bekannte römische Lanze (*lancea*) verursachen würde – ebenjene Waffe, von der im Johannes-Evangelium berichtet wird, man habe sie in Jesus Seite gebohrt, um zu prüfen, ob er bereits tot sei. Auf dem Grabtuch findet sich tatsächlich an entsprechender Stelle ein beträchtlicher Fleck, von dem die Mediziner annehmen, er sei entstanden, weil noch Blut aus der Wunde tröpfelte, als der (hypothetische) Körper in das Leichentuch gewickelt wurde.

Vor dem Hintergrund dieser Forschungen stellt sich erneut die Frage: Handelt es sich tatsächlich um das Werk eines Künstlers aus dem 14. Jahrhundert? Oder wurde zu irgendeinem Zeitpunkt ein *echter* gekreuzigter Leichnam in das Tuch gewickelt? Dieser Überlegung sind in den siebziger Jahren zwei junge Air-Force-Mitarbeiter, Dr. John Jackson und Dr. Eric Jumper, intensiv nachgegangen. Die beiden Physiker versuchten herauszufinden, wie das Bild von dem Körper und die »Blutflecken« entstanden sein könnten, und führten zu diesem Zweck eine Reihe von Experimenten durch. Sie griffen unter anderem auf eine von der NASA entwickelte Ausrüstung zurück, um die bis dahin unbekannten dreidimensionalen Eigenschaften des Grabtuchs zu untersuchen. Gemeinsam mit einem Team von zwei Dutzend amerikanischen Wissenschaftlern führten Jackson und Jumper 1978 die erste umfassende wissenschaftliche Analyse der Reliquie durch. Sie waren mit modernster Technik ausgerüstet, um das Tuch mit Hilfe von Röntgenstrahlen und einem stark vergrößernden Mikroskop untersuchen und die Möglichkeiten der UV-Spektrometrie und der Mikro-Spektralphotometrie in Anspruch nehmen zu können.

Im Verlauf der Untersuchungen machte das Team verblüffende Beobachtungen, vor allem was das Bild des Körpers betraf: Als man hinter dem Tuch eine starke Lichtquelle anbrachte, es also gewissermaßen als Diapositiv betrachtete, schien der »Körper« nahezu vollständig zu verschwinden, so als ob nichts das Licht beim Durchfluten des Stoffes behindern würde. Ebensowenig waren unter dem Mikroskop irgendwelche Partikel zu finden, die auf eine Verwendung von Farbe oder ähnlicher Materialien hingewiesen hätten, nicht einmal dort, wo man das Bild sonst besonders deutlich erkennen konnte, zum Beispiel im Bereich der Nasenspitze. Als man die Fasern dann unter extremer Vergrößerung genauer analysierte, stellte sich heraus, daß die verschwindend geringen

Unten: *Archäologen haben rekonstruiert, auf welche Weise der Jude Jehohanan gekreuzigt worden sein muß. Die Zeichnung zeigt, daß die Nägel durch das Handgelenk geschlagen wurden, denn nur so bliebe der Körper tatsächlich am Kreuz hängen.*

Unten: *Die Forscher Dr. Jackson und Dr. Jumper aus den USA entdeckten bei ihren Untersuchungen mit Hilfe des für die Weltraumforschung entwickelten VP 8-Bildanalysators verblüffende 3D-Eigenschaften des Tuchbildes.*

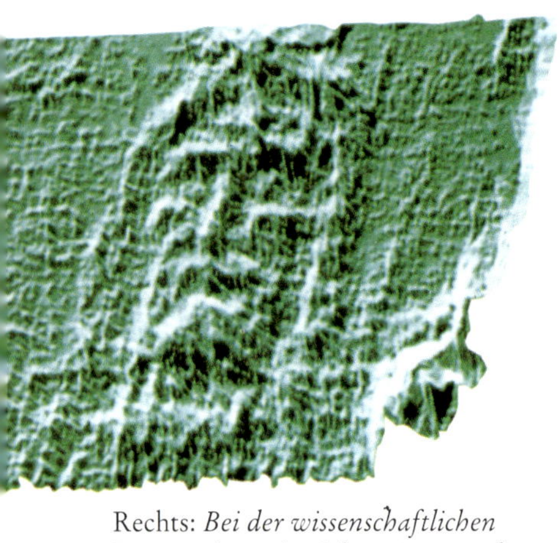

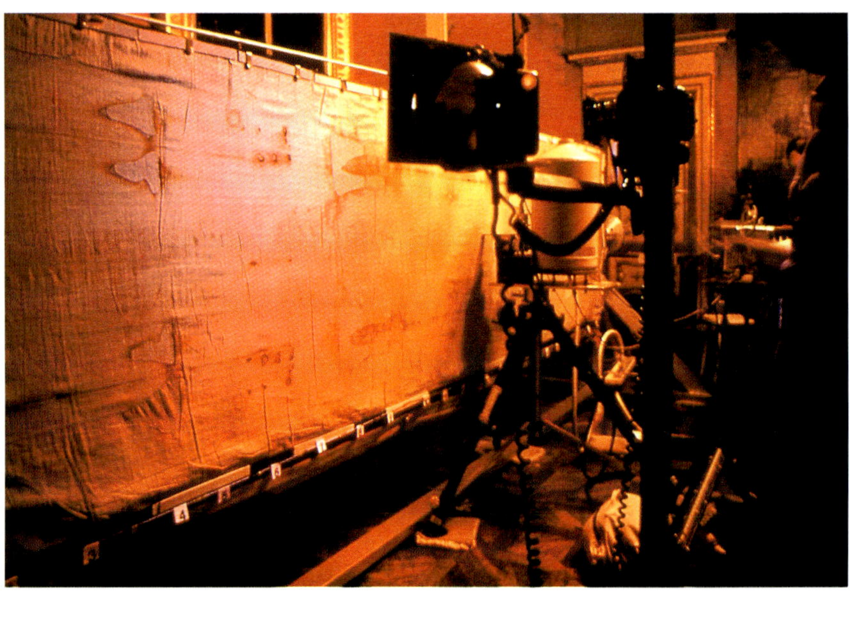

Rechts: *Bei der wissenschaftlichen Untersuchung im Jahre 1978 wurde unter anderem auch eine Röntgenfluoreszenzanalyse vorgenommen, um die einzelnen Substanzen des Grabtuches zu bestimmen.*

farblichen Veränderungen nicht das Ergebnis von Farbpigmenten sind, die auf das Tuch aufgetragen wurden, sondern vielmehr der Effekt unbekannter Einflüsse, die die Stoffasern angegriffen, ja, teilweise geradezu zerfressen haben.

Einige Wissenschaftler äußerten daraufhin die Vermutung, daß das, was auch immer die Gestalt auf dem Tuch entstehen läßt, auf ähnliche Weise hervorgerufen wird wie das Vergilben einer Zeitung, wenn man sie längere Zeit dem Sonnenlicht aussetzt. Der Unterschied im vorliegenden Fall ist allerdings, daß dieser Auflösungsprozeß ausschließlich auf dem Teil des Stoffes stattgefunden zu haben scheint, wo wir die Gestalt wahrnehmen, und das »Sonnenlicht« mit unterschiedlicher Intensität von dem ins Leichentuch eingewickelten Körper ausgegangen sein muß. Wie jedoch ein Fälscher, aus welchem Jahrhundert auch immer, so etwas hätte bewerkstelligen können, bleibt schleierhaft.

Was aber ist mit dem »Blut«? Die dunklen Flecken waren eindeutig zu erkennen, als das Tuch von der Rückseite angestrahlt wurde. Und die mikroskopische Analyse ließ denn auch keinen Zweifel aufkommen: An diesen Stellen sind die Stoffasern deutlich mit Fremdpartikeln bedeckt. Man nahm daraufhin minimale Proben dieser Fasern. Bei nicht weniger als elf forensischen Tests kam es zu positiven Resultaten, also dem Nachweis von echten Blutrückständen wie Hämoglobin, Proteinen, Albumin und Gallenpigmenten. Für die Biochemiker Dr. Heller und Dr. Adler, unter deren Aufsicht die Tests durchgeführt wurden, waren diese Ergebnisse auch juristisch Beweis genug, daß es sich bei den Flecken um wirkliche Blutrückstände handelt. Wie das Blut auf ein Tuch gekommen sein mag, dazu konnten auch Heller und Adler nur eine Vermutung äußern: Es müsse von schon verschorften Wunden des »hypothetischen« Körpers stammen, der Schorf habe sich unter ungeklärten Bedingungen in dem Tuch sedimentiert.

Sollte es sich tatsächlich um eine Fälschung aus dem 14. Jahrhundert handeln, käme man mit Blick auf diese Ergebnisse nicht umhin anzunehmen, daß dem Fälscher der Leichnam eines Gekreuzigten zur Verfügung gestanden hat. Gäbe es vor dieser Zeit keinerlei historische Hinweise auf die Existenz von Stoffstücken, die man als Beschreibung des Turiner Grabtuchs deuten könnte, wäre dies die derzeit einzig mögliche Schlußfolgerung, abgesehen von der Behauptung des Bischofs d'Arcis, das Leichentuch sei *bemalt*.

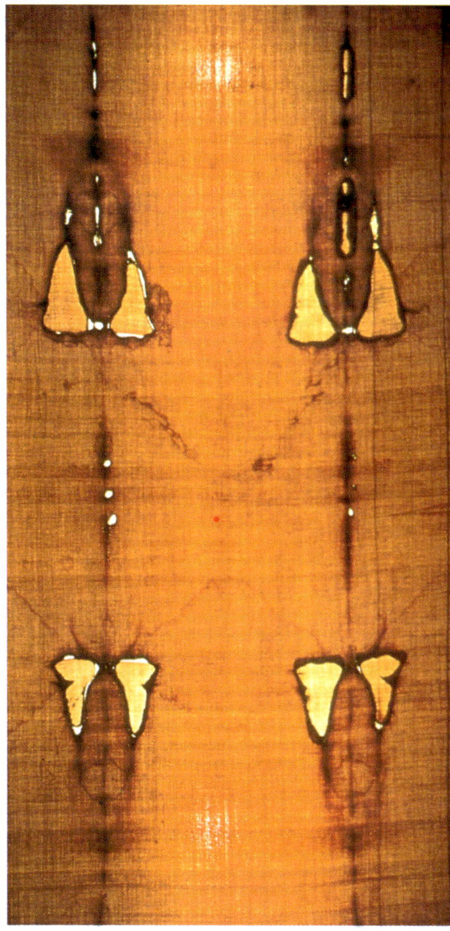

Oben: *Diese Aufnahme zeigt, wie das Körperbild auf dem Tuch »verschwindet«, wenn es von der Rückseite angeleuchtet wird.*

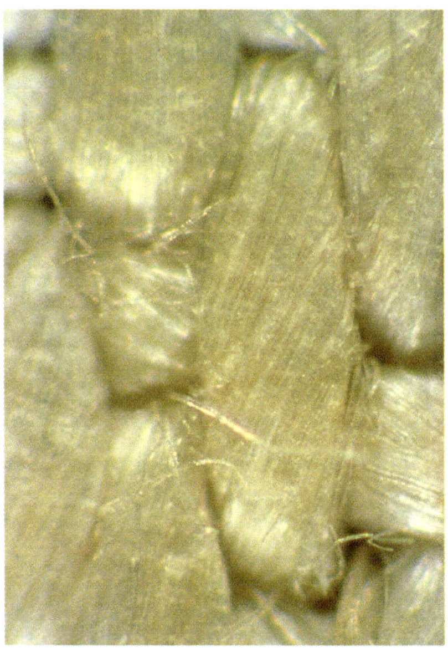

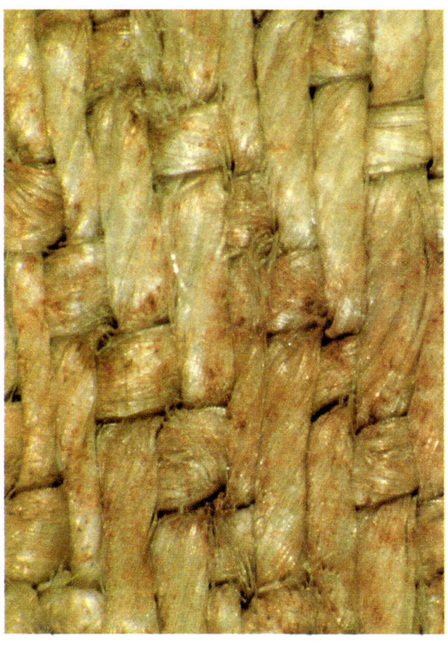

Ganz links: *Eine stark vergrößerte Aufnahme des Gewebes. Im Bereich der Nasenspitze, der selbst mit bloßem Auge deutlich zu sehen ist, lassen sich keine Farbpartikel nachweisen! Die Gewebestellen hingegen, auf denen sich die vermuteten Blutflecken befinden* (links), *weisen unter dem Mikroskop eindeutig Fremdpartikel auf.*

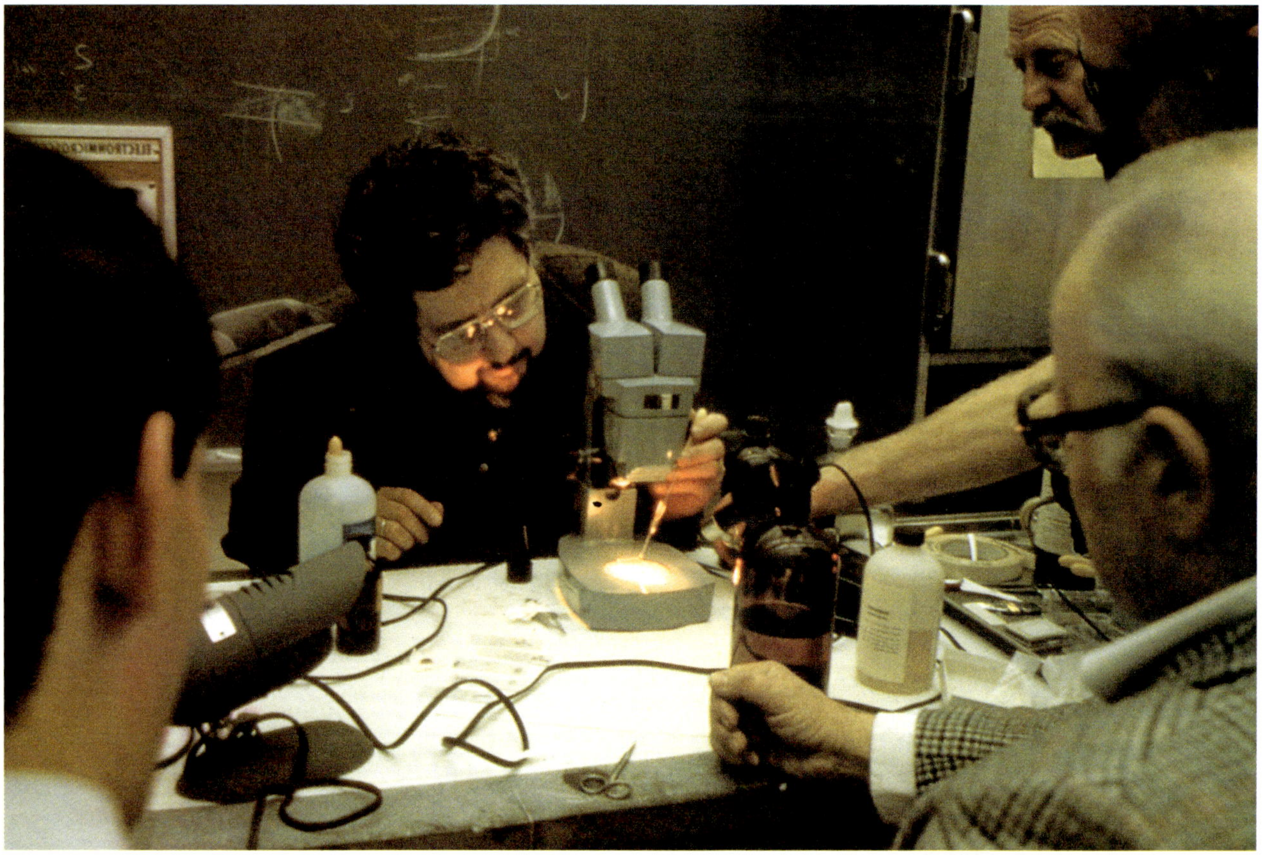

Dr. Heller und Dr. Adler analysierten die Stoffasern, die mit Fremdpartikeln besetzt waren, und konnten eindeutig Blutrückstände nachweisen. Die Stellen, an denen sich diese Blutspuren auf dem Tuch finden, sind interessanterweise nicht nur dunkler und klarer konturiert als der Rest des Bildes, sondern weisen auch nicht deren »Negativcharakter« auf. Nach Umkehrung der Helligkeitswerte, wenn der Körper geradezu »real« zu sehen ist, erscheinen sie als helle Flecken.

Nun kann aber nicht geleugnet werden, daß die Existenz einer Leinenbahn mit dem angeblichen Abdruck von Christi Körper in der Geschichte schon einige Jahrhunderte früher vermerkt ist, als die Datierung der Turiner Reliquie durch die Radiokarbonmethode angibt. Diese Tatsache wirft die Frage auf, wie weit die Geschichte des als Turiner Grabtuch bekannten Leinenstücks wirklich zurückverfolgt werden kann.

Beginnen wir mit der uns am nächsten liegenden Zeit: Es ist verläßlich dokumentiert, daß die Reliquie mindestens seit 1453 im Besitz des Hauses Savoyen, den späteren Herrschern von Italien, war. Ebenso sicher ist, daß sie davor der französischen Familie de Charny, den Herzögen von Lirey, gehört hatte. Aus dem Brief des Bischofs d'Arcis wissen wir, daß das Tuch in Lirey im Jahre 1389 und zuvor bereits in den fünfziger Jahren des 14. Jahrhunderts, zur Amtszeit des Bischofs Henri von Poitiers, ausgestellt worden war. Diese Datierung hat durch ein kleines bleiernes Pilger-Amulett, das man vor mehr als einem Jahrhundert vom Grund der Seine fischte, eine zusätzliche Bestätigung gefunden. Dieses Amulett, das sich jetzt im Pariser Musée de Cluny befindet, zeigt zweifelsfrei das Grabtuch, wie wir es heute kennen, und das Wappen des französischen Ritters Geoffroi de Charny I. (dem Vater von Geoffroi de Charny II., einem Zeitgenossen von Bischof d'Arcis) sowie seiner zweiten Frau Jeanne de Vergy. Dies ist die älteste bekannte Abbildung des Grabtuchs in der westeuropäischen Kunstgeschichte. Da Geoffroi 1356 in der Schlacht von Poitiers fiel, bestätigt der Fund, daß sich das Tuch um 1350 in der Gegend von Lirey befunden haben muß.

Für unsere Fragestellung ist es aufschlußreich, noch einmal die Begründung des Bischofs d'Arcis zu betrachten, warum sein Vorgänger, der Bischof von Poitiers, das Tuch für eine Fälschung gehalten habe. Neben den vagen Hinweisen auf einen Künstler aus dem 14. Jahrhundert war es vor allem die Tatsache, daß *die heilige Schrift nirgends einen derartigen Abdruck des Körpers Christi erwähnt* und es sehr unwahrscheinlich sei, daß *ein solcher Tatbestand bis zum heutigen Tage verborgen geblieben ist.*

Aus diesen Worten läßt sich entnehmen, daß bereits damals die Zweifel an der Authentizität ihren Grund darin hatten, daß die Kirchenfürsten sich nicht vorstellen konnten, wo sich das Stück in den Jahrhunderten seit dem Tod Christi befunden haben könnte. Vermutlich haben die damaligen Besitzer des Tuchs, die Familie de Charny, mehr über dessen Herkunft gewußt, jedoch nichts Verbrieftes darüber hinterlassen.

Gut sechshundert Jahre später haben wir den mittelalterlichen Skeptikern gegenüber einen großen Vorteil: Generationen von Historikern haben uns inzwischen Informationen über die Randgebiete der sogenannten christlichen Welt geliefert, indem sie die Geschichte der Orthodoxen Kirche sowie der Byzantiner und ihrer Kunst aufbereiteten. So stieß man auch auf ein Dokument, das von Robert de Clari, einem einfachen französischen Soldaten, der am 4. Kreuzzug teilnahm, hinterlassen wurde; heute befindet sich dieser Text in der Königlichen Bibliothek von Kopenhagen. Durch ihn besitzen wir eine Beschreibung der byzantinischen Hauptstadt Konstantinopel, bevor diese im Zuge dieses Kreuzzugs besetzt, ausgeraubt und in Brand gesteckt wurde; dabei wurden die meisten ihrer Schätze zerstört. De Clari erwähnt neben den bekannten Kirchen mit ihren unendlichen Reliquienschätzen noch eine weitere: die Marienkirche am Blachernenpalast. *Dort wurde die* Sydoine *[das Grabtuch] aufbewahrt, in die man unseren Herrn eingewickelt hat und die jeden Freitag so ausgebreitet wurde, daß die Gestalt unseres Herrn deutlich sicht-*

Auf diesem Pilgeramulett findet sich die älteste bekannte Darstellung des Turiner Grabtuchs in der westeuropäischen Kunstgeschichte. Rechts und links sind die Wappen von Geoffroi de Charny I. und Jeanne de Vergy zu sehen. Die französische Familie de Charny, Herzöge von Lirey, war nachweislich seit Mitte des 14. Jahrhunderts im Besitz des Grabtuchs. Doch wo sich die Reliquie zuvor befunden hat, ist bis heute unklar. Diese Unsicherheit ist womöglich einer der Gründe, warum der mittelalterliche Bischof d'Arcis das Tuch als eine Fälschung bezeichnet hat. – Paris, Musée de Cluny.

Rechts: *Eine Illustration im* Codex Pray, *die die Grablegung Christi darstellt. Auf diesem Dokument aus dem 12. Jahrhundert wird der Körper Christi in genau der gleichen Position wie auf dem Grabtuch gezeigt – sogar die Anzahl der sichtbaren Finger stimmt überein. – Budapest, Széchenyi-Nationalbibliothek.*

Unten und ganz unten: *Zwei Ausschnitte aus dem Budapester* Codex Pray, *die seltsame, in Dreiergruppen angeordnete Punkte zeigen. Auf dem Grabtuch finden sich ebenfalls solche Gruppierungen – es handelt sich dabei um auf unerklärliche Weise entstandene Löcher im Gewebe.*

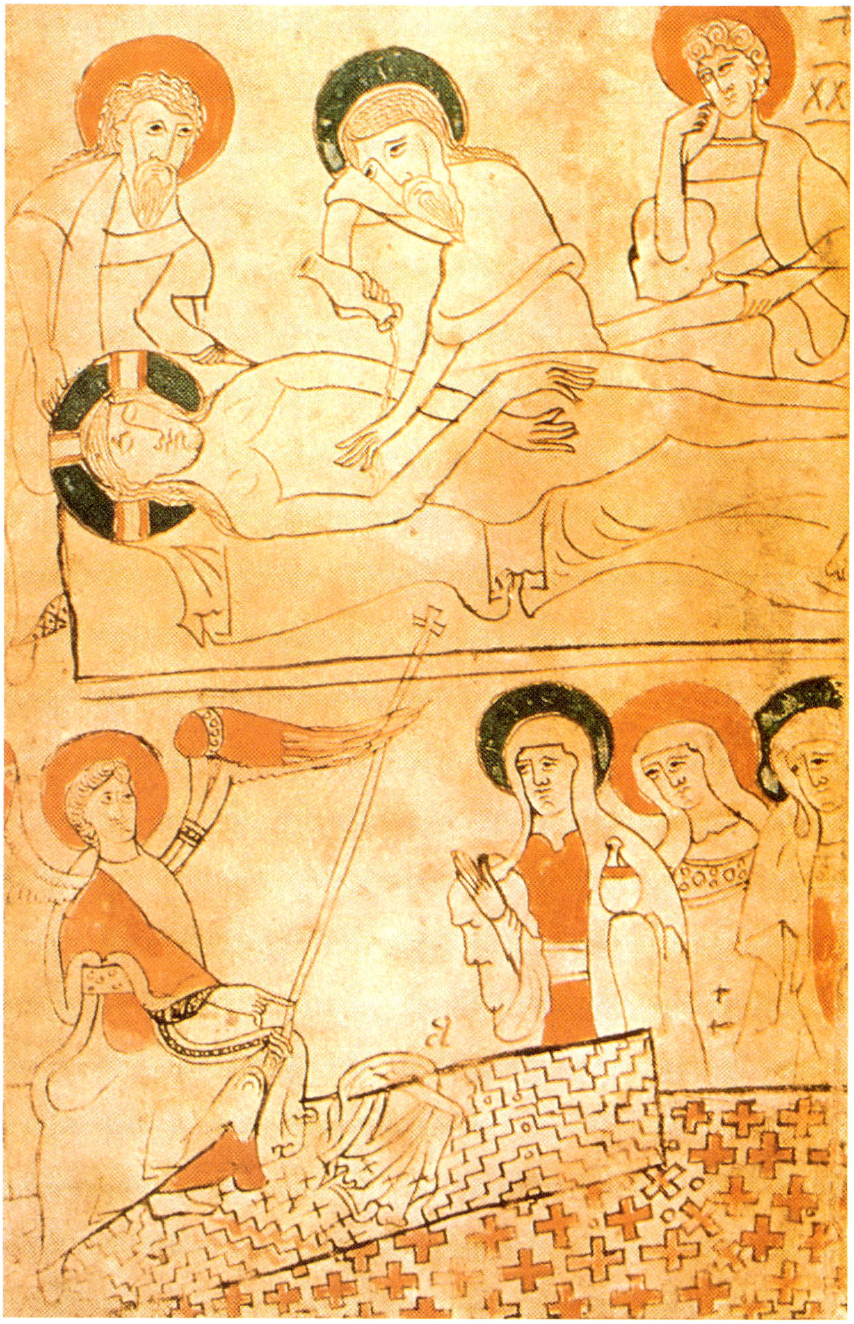

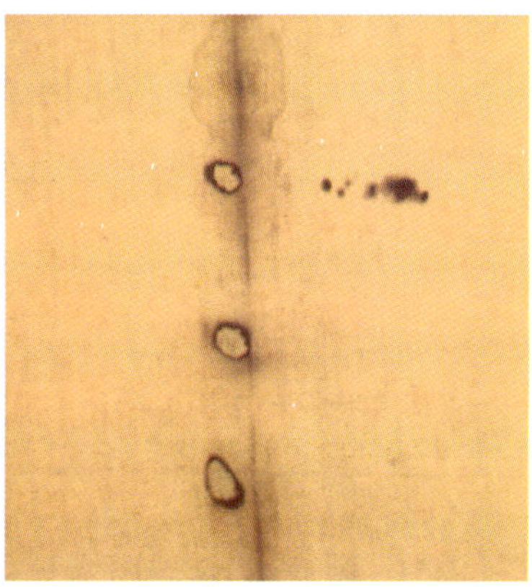

bar wurde. Niemand, kein Grieche oder Franzose, weiß, was mit dem Leichentuch geschehen ist, nachdem die Stadt eingenommen wurde.

Allem Anschein nach handelte es sich hierbei um eine der wichtigsten Reliquien im damaligen Konstantinopel. Und diese Beschreibung, die stark an das Turiner Grabtuch erinnert, stammt aus einer Zeit etwa sechzig Jahre vor dem naturwissenschaftlich ermittelten Entstehungsdatum! Hinzu kommt, daß der Leichnam Jesu in der byzantinischen Kunst jener Zeit meist mit über den Genitalien gekreuzten Händen dargestellt wird – und auch dies stellt eine auffallende Parallele zum Turiner Grabtuch dar. Das wohl beste Beispiel für diese Darstellungsweise findet sich in dem Budapester *Codex Pray*, einem wunderbar illustrierten ungarischen Manuskript in der Széchényi-Nationalbibliothek von Budapest, das zuverlässig auf das Jahr 1192 datiert werden kann. Eine der Zeichnungen darin stellt die Bestattung Jesu dar, wobei der Körper in exakt derselben Position wie auf dem Grabtuch gezeigt wird.

Detailgenaue Beobachtungen des französischen Gelehrten Professor Jerome Lejeune und einiger anderer Wissenschaftler haben jüngst eine ganze Reihe von entscheidenden Parallelen zwischen dieser Zeichnung und dem Bild auf der uns bekannten Reliquie zutage gefördert, zum Beispiel, daß der Körper in beiden Fällen ungewöhnlicherweise vollständig nackt dargestellt wird. Und auf dem mittelalterlichen Dokument sind ebenfalls zwar alle vier Finger, nicht aber die Daumen zu sehen. Darüber hinaus finden sich dort jene seltsamen Löcher, immer in Dreiergruppen angeordnet, wieder, die auch heute noch auf dem Grabtuch zu sehen sind. Sie müssen bei irgendeiner Gelegenheit vor dem Brand von 1532 entstanden sein; denn eine Kopie des Tuchs, die 1516 angefertigt wurde und seitdem in der Kirche St. Gommaire im belgischen Lierre aufbewahrt wird, weist die gleichen charakteristischen Merkmale auf. Aber wie kommen die Löcher auf die Zeichnung in dem *Codex Pray*, die ja Jahrzehnte vor dem durch die Radiokarbonmethode ermittelten Zeitpunkt der Herstellung des Leinen entstanden ist?

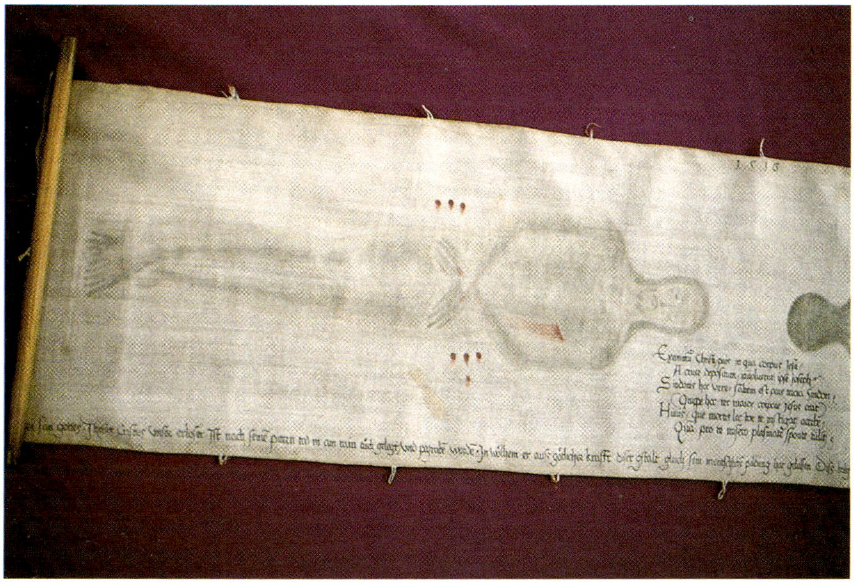

Links: *Diese Kopie des Grabtuchs, die 1516 angefertigt wurde, weist die gleichen in Dreiergruppen angeordneten Löcher auf wie das Original. Sie müssen also noch vor dem Brand in der Kapelle von Chambéry im Jahr 1532 entstanden sein.*

Unten: *Eine byzantinische Ikone, die das* Heilige Gesicht von Edessa, *von den Byzantinern auch* Mandylion *genannt, darstellt. Auf dem Rahmen hat ein Künstler (vermutlich im 13. Jahrhundert) Szenen eingearbeitet, die die Geschichte des Tuches erzählen.*

Dies alles legte nahe, einmal nachzuforschen, ob sich in den historischen Überlieferungen Hinweise darauf finden, daß das Tuch, das Robert de Clari 1203 in Konstantinopel gesehen hat, in der byzantinischen Welt bereits früher Erwähnung findet. Und tatsächlich! In Genua wacht der Geistliche der Kirche San Bartholome sorgsam über eine alte byzantinische Ikone, die vermutlich aus dem 8. oder 9. Jahrhundert stammt und ein verlorenes, »bild-tragendes« Tuch, von den Byzantinern *Mandylion* oder das *Heilige Gesicht von Edessa* genannt, darstellt. In den Rahmen, mit dem die Ikone später eingefaßt wurde, sind einzelne Szenen, die die Geschichte dieses Tuches erzählen, eingearbeitet.

Dieser Ikone zufolge gelangte das Tuch kurze Zeit nach Jesu Tod zu König Abgar in die Stadt Edessa, die zwischen dem Römischen Reich und dem der Parther lag. Eine der abgebildeten Szenen zeigt, daß das Leichentuch eine Rolle bei der Genesung Abgars von einer unheilbaren Krankheit gespielt haben muß. Im Zuge seiner Heilung nahm der König den christlichen Glauben an. Die weiteren Szenen zeigen einen der Nachfolger Abgars, der dem Christentum wieder abschwor. Daraufhin wurde das *Heilige Gesicht* an einem sicheren Ort versteckt und geriet mit der

Zeit in Vergessenheit. Auf dem folgenden Bild ist zu sehen, wie das Tuch wiedergefunden wird. Dies geschah vermutlich im 6. Jahrhundert, da die Wiederentdeckung in Verbindung mit der Befreiung Edessas von der Belagerung durch die Perser dargestellt wird, die nachweislich etwa zu dieser Zeit stattgefunden hat. Und schließlich sieht man, wie das byzantinische Heer das *Heilige Gesicht von Edessa* nach Konstantinopel bringt, deren Herrscher und Bewohner es begeistert in Empfang nehmen. Aus anderen Quellen wissen wir, daß dieser Transport nach Konstantinopel im Jahr 944 n. Chr. stattgefunden hat.

Was ist nun tatsächlich dran an dieser Geschichte? Die Stadt, die die Byzantiner Edessa nannten, heißt heute Urfa und liegt im Südosten der

Die Geschichte des Mandylion, *wie sie auf der Einfassung der Ikone aus Genua erzählt wird: Die abgebildeten Szenen zeigen, wie König Abgar von Edessa durch das Tuch geheilt wird und daraufhin den christlichen Glauben annimmt. Als sein Nachfolger dem Christentum wieder abschwört, wird das Heiligtum an einem sicheren Ort versteckt, wo man es erst viele Jahre später wiederentdeckt. Dieses Ereignis wird im Zusammenhang mit der Belagerung der Stadt durch die Perser dargestellt. Schließlich sieht man, wie das* Heilige Gesicht von Edessa *nach Konstantinopel gebracht wird.*

Türkei, unweit der syrischen Grenze. Dort existiert eine bis heute nicht freigelegte Zitadelle, in der sich mit großer Wahrscheinlichkeit Überreste jener Zeit finden, in der Urfa (Edessa) von den neun Königen mit Namen Abgar regiert wurde. Von König Abgar VIII., der im 3. Jahrhundert herrschte, ist bekannt, daß er den christlichen Glauben angenommen hat. Dies geht aus einer Reihe gefundener Münzen hervor, die ein christliches Kreuz auf seiner Tiara zeigen. Abgar wäre damit der früheste *bekannte* christliche König der Geschichte.

Leider ist nur wenig darüber bekannt, wie das Christentum nach Edessa gelangt ist, obwohl die Stadt einstmals etwa 300 Kirchen besaß. Und wenn wir heute auch wissen, daß Abgar V. zur Zeit Jesu auf dem Thron von Edessa saß, läßt sich doch nicht mit Gewißheit sagen, ob auch er es war, der durch die Berührung mit dem dargestellten Tuch geheilt wurde oder wieviel von den tatsächlichen Ereignissen im Laufe der Zeit der Legendenbildung zum Opfer fiel.

Gesichert wiederum ist, daß Edessas Attraktivität als Wallfahrtsort vom 6. Jahrhundert bis zum Jahr 944 vom Besitz ebenjenes Tuches herrührte. Berichte nennen das »Bild« als *nicht von Menschenhand* gemacht, sondern schreiben seine Entstehung *einer wäßrigen Sekretion* zu. Solche Erklärungsversuche fügen sich erstaunlich gut mit dem zusammen, was wir heute vom Turiner Grabtuch wissen.

Die Darstellungen der byzantinischen Künstler geben das Tuch von Edessa zwar ausschließlich so wieder, als trage es nur den Abdruck des Gesichtes Christi, aber dieses erscheint nichtsdestoweniger in Sepia-Farben, schattenhaft und in der frontalen Draufsicht. Diese Parallelen lassen die Vermutung zu, das Tuch sei einfach zusammengefaltet gewesen, so

Links: Teich des Abraham (Birket İbrahim) *in Urfa (dem ehemaligen Edessa) mit der angrenzenden Halil-ur-Rahman-Moschee.*

Oben: *In Urfa existiert eine bis heute nicht freigelegte Zitadelle, in der sich wahrscheinlich Überreste aus der Regierungszeit der Abgar-Dynastie und damit eventuell auch Hinweise auf die Herkunft des* Mandylions *finden lassen. Im Bild sieht man den sogenannten Zitadellenberg, auf dessen Spitze alte Säulen stehen.*

daß man nur das Gesicht erkennen konnte – eine Überlegung, die mit griechischen Beschreibungen korrespondiert, die das Tuch als *Tetradiplon* (»4 × 2«) bezeichnen. Macht man zum Zweck der Rekonstruktion ein Foto des in acht Schichten zusammengelegten Grabtuchs, erscheint tatsächlich nur das Gesicht, und zwar auf einer reliefähnlichen Oberfläche, exakt so, wie die byzantinischen Künstler das Tuch von Edessa gezeichnet haben. Zur Unterstützung dieser These hat der italienische Gelehrte Professor Gino Zaninotto darauf hingewiesen, daß einige Erwähnungen dieses Tuchs von Edessa aus dem 10. Jahrhundert auch von dem ganzen darauf sichtbaren Körper Christi sprechen. Einer dieser Berichte, von Gregorius Referendarius, scheint sogar auf die Wunde Jesu hinzu-

Rechts: *Eine Darstellung des* Heiligen Gesichts von Edessa *aus der ersten Hälfte des 12. Jahrhunderts. – Salki-Kirche in Kappadokien.*

weisen. All dies bringt uns nun soweit, ernsthaft in Erwägung zu ziehen, ob es sich möglicherweise, ungeachtet der Karbondatierung , bei dem Tuch, das die Byzantiner das *Heilige Gesicht von Edessa* nannten, um ein und dasselbe handelt wie unser Turiner Leichentuch.

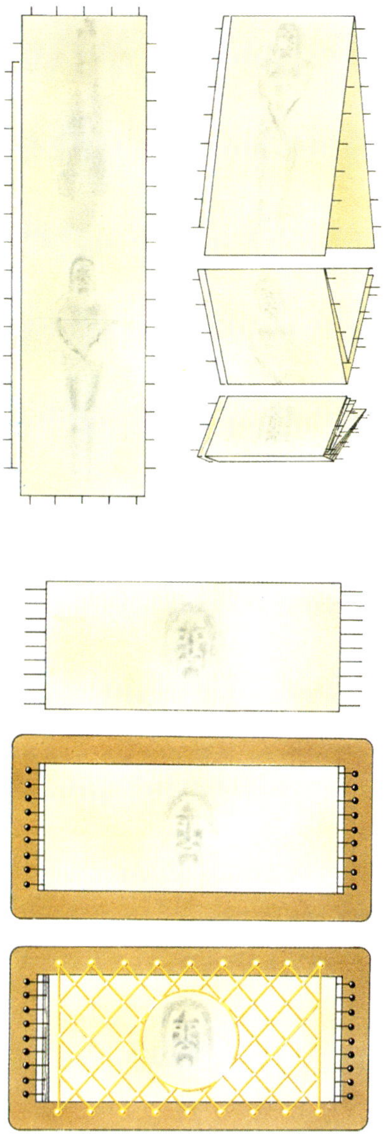

Oben: *Die vierfache Faltung des Tuches. Vermutlich wurde das Tuch in Edessa und Konstantinopel auf diese Weise aufbewahrt – in acht Schichten (»4 × 2«) zusammengelegt, sodaß ausschließlich das Gesicht zu sehen war.*

Ein weiteres Indiz für diese These läßt sich aus der Entwicklungsgeschichte der Jesus-Darstellungen vom 6. Jahrhundert an ableiten – ab jenem Zeitpunkt, als man das Tuch von Edessa wiederentdeckte. Die meisten Darstellungen vor dieser Zeit sind nur recht vage und ähneln kaum jenen langhaarigen, bärtigen Köpfen, die uns heute geläufig sind. Durch den heiligen Augustinus (354–430) ist überliefert, daß zu seiner Zeit niemand eine Vorstellung davon hatte, wie Jesus und seine Mutter Maria wirklich ausgesehen haben. Denn auch die Evangelien geben nicht den geringsten Hinweis auf die äußerliche Erscheinung der beiden und ließen diejenigen, die historisch viel näher an der Zeit Jesu als wir gelebt haben, in völligem Unwissen.

Erstaunlicherweise scheint sich vom 6. Jahrhundert an ein stabiles Bild von der Erscheinung Jesu durchzusetzen, so als ob jeder auf einmal wußte, wie er ausgesehen hatte. Fortan dominierte jenes Bild, das wir noch heute intuitiv mit Jesus assoziieren. Ein typisches Beispiel dafür ist eine enkaustische Ikone, die im Katharinen-Kloster in der Wüste von Sinai aufbewahrt wird. Und wenn man die Jesus-Darstellung auf einer silbernen Vase aus Homs in Syrien, die inzwischen im Louvre in Paris zu sehen ist, mit dem Gesicht auf dem Turiner Grabtuch vergleicht, ist die Ähnlichkeit sogar derart auffällig, daß man fast schon meinen könnte, der

Hersteller der Vase habe letzteres nicht nur gekannt, sondern sogar als Modell benutzt.

Um Kunstwerke dieser Art zu datieren, können Münzen außerordentlich hilfreich sein. Normalerweise ist ihnen zwar kein Datum eingeprägt, aber sie tragen zumeist Abbildungen von Königen und Kaisern, wodurch es möglich wird, sie relativ präzise zu datieren. Für unseren speziellen Zweck sind ein paar Goldmünzen aus der Zeit des byzantinischen Kaisers Justinian II., dessen Regentschaft in zwei Phasen zerfiel – 685–695 und 705–711 n. Chr. –, besonders interessant. Während seiner ersten Herrschaft ließ er als erster Monarch Münzen mit dem Kopf Jesu als *Rex Regnantium* oder *König der Könige* auf der einen Seite und sei-

Seit dem 6. Jahrhundert setzt sich – parallel zur Wiederentdeckung des Heiligen Gesichts von Edessa – *ein stabiles Bild von der Erscheinung Christi durch, das wir bis heute intuitiv mit dem Aussehen Jesu verbinden.*

Oben: *Christus als Pantokrator. – Enkaustische Ikone aus dem Katharinen-Kloster auf Sinai.*

Links oben: *Eine Christusdarstellung aus dem 4. Jahrhundert ohne die für uns heute charakteristischen Züge des Gottessohnes. – British Museum, London.*

Links unten: *Das Gesicht Christi auf einer Silbervase, die im syrischen Homs gefunden wurde. Vergleicht man dieses Porträt mit dem Gesicht auf dem Grabtuch, so kann man fast die Vermutung aufstellen, letzteres sei als Modell benutzt worden. – Paris, Musée du Louvre.*

nem eigenen Porträt auf der anderen versehen. Auf den erhaltenen Goldstücken läßt sich eine unverkennbare Ähnlichkeit des Jesus-Kopfes mit dem Bildnis auf dem Grabtuch feststellen.

Um diese freilich noch recht subjektive Bestimmung von Ähnlichkeiten auf wissenschaftliche Füße zu stellen, entwickelte Dr. Alan Whanger, ein amerikanischer Grabtuch-Forscher, ein spezielles Überblendungsverfahren, bei dem zwei Abbildungen übereinanderprojiziert und auf den gleichen Maßstab gebracht werden, um auf diese Weise die Kongruenzpunkte genau bestimmen zu können. Im Falle des *Rex Regnantium*-Porträts auf den Justinian-Münzen konnte Whanger auf diese Weise 145 Kongruenzpunkte ausmachen. Wenn das Bild des Grabtuchs aus dem 14. Jahrhundert stammt, wäre die Ähnlichkeit mit dem Gesicht Christi auf diesen Münzen, das ja selbst von dem Abbild auf einem Tuch inspiriert war, das dem Turiner überaus ähnelte, doch ein sehr sonderbarer Zufall.

Gegenüberliegende Seite, links: *Dieses nicht identifizierte Porträt eines Mannes auf der Kopie eines Tafelbildes, das vermutlich aus dem Besitz der Templer stammt, weist auffallende Ähnlichkeit mit dem Gesicht Christi auf dem Turiner Grabtuch auf.*

Unten: *Ein Christusporträt auf einer Goldmünze aus der Zeit Kaiser Justinians II. Der byzantinische Herrscher war der erste Monarch, der Münzen mit dem Haupt Jesu prägen ließ. – Museum St. Gallen.*

Rechts oben: *Das Gesicht auf dem Grabtuch und das Porträt von der justinianischen Münze übereinanderfotografiert. Ein speziell entwickeltes Verfahren macht es möglich, bis ins Detail hinein Kongruenzen zwischen beiden Bildern zu bestimmen.*

Rechts unten: *Auf diesem Mosaik aus der griechischen Klosterkirche Daphni sieht man das gleiche dreieckige Mal auf der Nase, das auch auf dem Turiner Grabtuch zu finden ist.*

Es gibt noch ein weiteres überzeugendes Indiz dafür, daß das Grabtuch und nichts anderes die byzantinischen Porträts von Christus beeinflußt hat – und dies, um es noch einmal zu betonen, sechs Jahrhunderte, bevor es überhaupt gewoben sein sollte. Schon 1930 hatte der französische Gelehrte Paul Vignon darauf hingewiesen, daß viele der byzantinischen Christusdarstellungen Besonderheiten wie eine hochgezogene rechte Augenbraue, eine dunkle Linie unter der Unterlippe und ein dreieckiges Mal auf der Nase aufweisen – Merkmale, die sich alle auch auf dem Grabtuch wiederfinden. Als Beispiel sei hier das riesige Mosaik der griechischen Klosterkirche Daphni angeführt, das Christus als *Pantokrator* (Weltenherrscher) darstellt und auf dem ein dreieckiges Mal auf der Nase zu erkennen ist. Es ist schwer, sich im Falle dieses Kunstwerks aus dem 11. Jahrhundert einen plausiblen Grund vorzustellen, warum der Künstler ein solches Mal hätte einarbeiten sollen, das auf dem Grabtuch vermutlich durch eine Unregelmäßigkeit im Gewebe entstand.

Unten: *Christus als* Pantokrator. *Zwischen den Augenbrauen erkennt man ein viereckiges Mal, wie es auch aufgrund einer Unregelmäßigkeit im Gewebe auf der Turiner Reliquie zu finden ist. – Fresko in den San Ponziano-Katakomben in Rom, 8. Jahrhundert.*

Ein weiteres Beispiel für die Wiederkehr spezifischer Merkmale des Jesus-Bildes auf dem Tuch bietet eine Christus-Darstellung, wiederum als *Pantokrator*, auf dem Fresko eines kleinen Treppenaufganges in den fast vergessenen Ponziani-Katakomben etwas abseits von Roms Via Portuense. Dieses Fresko kann nicht nur aufgrund stilistischer Merkmale mit Sicherheit auf die Zeit um 800 datiert werden, sondern auch, weil die Katakomben bereits im frühen 9. Jahrhundert versiegelt und erst in jüngster Zeit wieder geöffnet wurden. In unserem Zusammenhang ist das entscheidende Merkmal dieses Kunstwerks ein außerordentlich scharf markiertes Viereck zwischen den Augenbrauen – genau wie auf dem Turiner Grabtuch und wiederum von einer Unregelmäßigkeit im Gewebe verursacht. Ist das wirklich nur Zufall?

Im Widerspruch zu der wissenschaftlich legitimierten Kohlenstoffdatierung des Leinens sprechen diese Beobachtungen eindeutig für eine Existenz des Grabtuchs bereits um das Jahr 800 – und darüber hinaus belegen sie, daß es bekannt genug war, um einer ganzen Reihe von Künstlern als Vorbild zu dienen. Gesetzt, diese Überlegungen sind richtig, kann kein Zweifel daran bestehen, daß es sich bei dem *Heiligen Gesicht von Edessa* und dem Turiner Grabtuch um ein und dieselbe Reliquie handeln muß.

Oben: *Im Widerspruch zu den Ergebnissen der Radiokarbondatierung gibt es auffallende Parallelen zwischen dem Turiner Christusbild und Jesus-Darstellungen aus der Zeit, die vor dem ermittelten Entstehungsdatum der Reliquie angefertigt wurden.*

Allerdings muß man bei dieser Theorie einem Aspekt Rechnung tragen: Gäbe es keine Brüche in der Geschichte des Tuchs von Edessa und derjenigen des Turiner Grabtuchs, hätte sich vermutlich nie die Frage nach dem Entstehungsdatum gestellt und wäre wohl auch die Radiokarbonmethode nie bemüht worden. Aber geht man von der Identität der beiden Tücher aus, gibt es nun einmal eine Lücke. Denn als Robert de Claris Kameraden im Verlauf des 4. Kreuzzugs 1204 die Mauern von Konstantinopel niederrissen, ging das *Heilige Gesicht von Edessa* im Chaos der Plünderung und Zerstörung verloren. Die nächsten Zeugnisse stammen dann aus den fünfziger Jahren des 14. Jahrhunderts, als sich das Heiligtum im Besitz der Familie de Charny befand. Es wird vermutlich nie geklärt werden können, was in den eineinhalb Jahrhunderten dazwischen mit dem Tuch geschehen ist, doch es gibt Spekulationen. So wird etwa behauptet, die Ritter des vermögenden und geheimnisumwitterten Templerordens hätten ein »Idol« in Gestalt eines bärtigen Hauptes angebetet, das nur bei äußerst geheimen Ordensversammlungen gezeigt wurde. Bis vor etwa fünfzig Jahren gab es keinen Hinweis darauf, daß hiermit das Grabtuch gemeint sein könnte. Dann aber entdeckte Mollie Drew, die Bewohnerin eines Landhauses auf dem Grundbesitz der Templer in Templecombe/England, auf dem Dachboden eines Seitenhauses eine anscheinend lokale Kopie jenes »Idols« – eine Tafel mit einem bärtigen Gesicht, das demjenigen auf dem Turiner Grabtuch erstaunlich ähnelt.

Zu Beginn des 14. Jahrhunderts wurde der Templerorden ketzerischer Geheimlehren bezichtigt. Philipp der Schöne von Frankreich ließ daraufhin 1307 alle Tempelritter verhaften und ihren Besitz beschlagnahmen. Unter der Beute befand sich jedoch nichts, was auf dieses angebliche

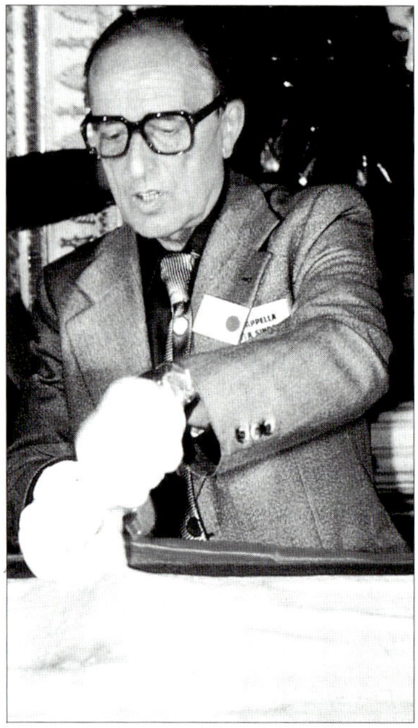

Oben: *Dr. Max Frei bei der Entnahme von Staubproben am Turiner Grabtuch. Der Kriminologe konnte unter anderem Pollenreste von Pflanzen aus der Gegend um das Tote Meer und der türkischen Steppe nachweisen.*

Rechts: *Zwei führende Templer, der Großmeister Jacques de Molay und Geoffroi de Charnay, Großpräzeptor der Normandie, werden 1314 auf dem Scheiterhaufen verbrannt. Ließe sich eine verwandtschaftliche Beziehung zwischen diesem Geoffroi de Charnay und der Familie von Geoffroi de Charny aus Lirey herstellen, wäre man vermutlich in der Lage, eine nahezu lückenlose Geschichte des Turiner Grabtuchs, beziehungsweise des* Heiligen Gesichts von Edessa, *zu rekonstruieren.*

»Idol« hingewiesen hätte. Einer der beiden führenden Templer, die sieben Jahre später auf dem Scheiterhaufen verbrannt wurden, war Geoffroi de Charnay aus der Normandie. Er starb ungefähr vierzig Jahre, bevor das Grabtuch auf mysteriöse Weise im Besitz Geoffrois de Charny in Lirey auftauchte. Zwar läßt sich nicht mit absoluter Sicherheit sagen, daß zwischen diesen beiden Geoffrois ein Verwandtschaftsverhältnis bestand – die unterschiedlichen Schreibweisen sind nicht aussagekräftig, weil es zu dieser Zeit diesbezüglich keine verbindlichen Regelungen gab. Sollte indes eines bestanden haben, wären wir in der Lage, eine nahezu lückenlose Geschichte des Grabtuchs abzuliefern – von Turin zurück über Chambéry, Lirey, Konstantinopel, Edessa bis ins Felsengrab von Jerusalem, wo alles begann.

Unvermeidlich ermangelt diese Rekonstruktion eines zwingenden Beweises. Allerdings können einzelne Glieder der Kette durchaus wissenschaftlich untermauert werden. Der Schweizer Kriminologe Dr. Max Frei war in den siebziger Jahren an der ersten wissenschaftlichen Untersuchung des Grabtuchs beteiligt. In diesem Zusammenhang nahm er Staubproben von der Oberfläche des Tuchs und fand bei der Analyse mehrere Dutzend verschiedenartige Pollenreste. Neben solchen aus Italien und Frankreich, wo das Grabtuch seit dem 14. Jahrhundert aufbewahrt wird, ließen sich auch Pollen von Pflanzen ausmachen, die spezifisch für die Gegend um das Tote Meer und für die türkische Steppe, also die Region um Edessa, sind. Aufgrund dieser Untersuchungsergebnisse ist Max Frei davon überzeugt, daß sich das Grabtuch für gewisse Zeit in diesen Gebieten befunden haben *muß* – und zwar in der Zeit vor dem 14. Jahrhundert. In ähnlicher Weise haben in den achtziger Jahren zwei Amerikaner, der Kristallograph Joseph A. Kohlbeck und die Archäolo-

Unten: *Ein Pollenkorn der Spezies Linum Mucronatum, die der anatolischen Steppe in der Umgebung des ehemaligen Edessa zugeschrieben werden. Der Fund dieses Blütenstaubs auf dem Turiner Grabtuch beweist laut Max Frei, daß sich das Leinen für eine Zeit in dieser Gegend befunden haben muß.*

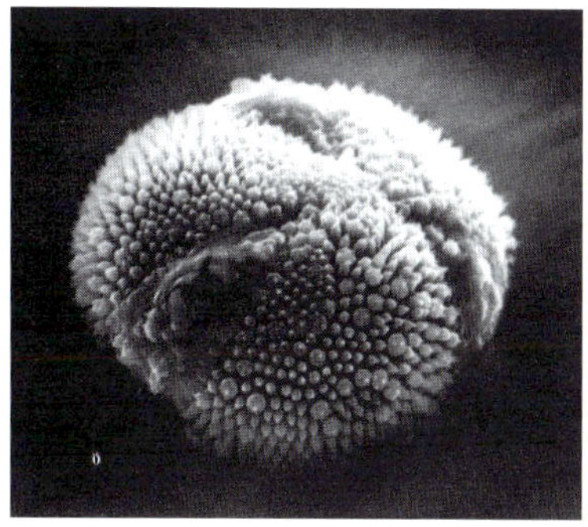

Unten: *Ein Teil der Apparatur, mit der die Karbondatierung des Grabtuch in Oxford vorgenommen wurde.*

Rechts: *Der sogenannte* Lindow Man. *Die Ergebnisse der verschiedenen Institute, die mit der Datierung seines Sterbedatums beauftragt waren, divergieren um nicht weniger als achthundert Jahre.*

Unten: *Der russische Wissenschaftler Dimitri Kusnezow stellt die Behauptung auf, daß die Karbondatierung von Leinen auf grundsätzlich falschen Berechnungen basiert.*

gin Eugenia Nitowski, eine fast vollständige Übereinstimmung zwischen der Zusammensetzung des Kalksteins an den Grabstätten im alten Jerusalem mit dem Kalksteinstaub festgestellt, der sich in überraschend hohem Prozentanteil auf dem Grabtuch nachweisen ließ. Wenn ihre Untersuchungen richtig sind, hat das Tuch tatsächlich einmal einen toten Körper in den Grabstätten Jerusalems bedeckt …

Ist also der Radiokarbonmethode ein Fehler unterlaufen? Da dieses Analyseverfahren den Anspruch erhebt, Datierungen mit einer Abweichung von maximal einhundert Jahren vornehmen zu können, wird auch ein Laie ihre Ergebnisse kaum grundlos in Frage zu stellen wagen. Allerdings äußern auch viele Archäologen hinter vorgehaltener Hand Zweifel an dem Verfahren. Es sei zwar hilfreich, solange keine andere Methode zur Verfügung stehe, aber es würden auch mehr Ungenauigkeiten und Fehler produziert, als die Verfechter zugeben. So differierten zum Beispiel im Fall des sogenannten *Lindow Man* die Ergebnisse der drei beauftragten Institute um nicht weniger als achthundert Jahre! Die Analyse einer ägyptischen Mumie im Museum von Manchester ergab zur großen Überraschung der Forscher, daß das Leinen, in das sie gewickelt ist, tausend Jahre jünger zu sein schien als die Mumie selbst. Die einzige Erklärung dafür wäre, daß man den Leichnam ein Jahrtausend nach der Beisetzung erneut eingewickelt haben müßte. Dr. Rosalie David, die verantwortliche Ägyptologin, bezweifelt dies allerdings. Dann aber bliebe nur noch die Möglichkeit, daß es eine bislang unbekannte Größe gibt, die die Ergebnisse der Radiokarbonmethode verzerrt.

Einer, der die Richtigkeit der Ergebnisse der Tests in bezug auf das Grabtuch jüngst konstruktiv und vielversprechend in Frage gestellt hat, ist der russische Wissenschaftler Dr. Dimitri Kusnezow vom Moskauer Institut für physikalische Chemie. Seiner Meinung nach weisen Leinenstoffe ganz spezifische Eigenschaften auf, die daher rühren, daß bei der Flachs-Verarbeitung Wachse und Fette ausgefällt werden, was zu einem irreführend hohen Karbongehalt im Leinen führt. Wenn Kusnezow

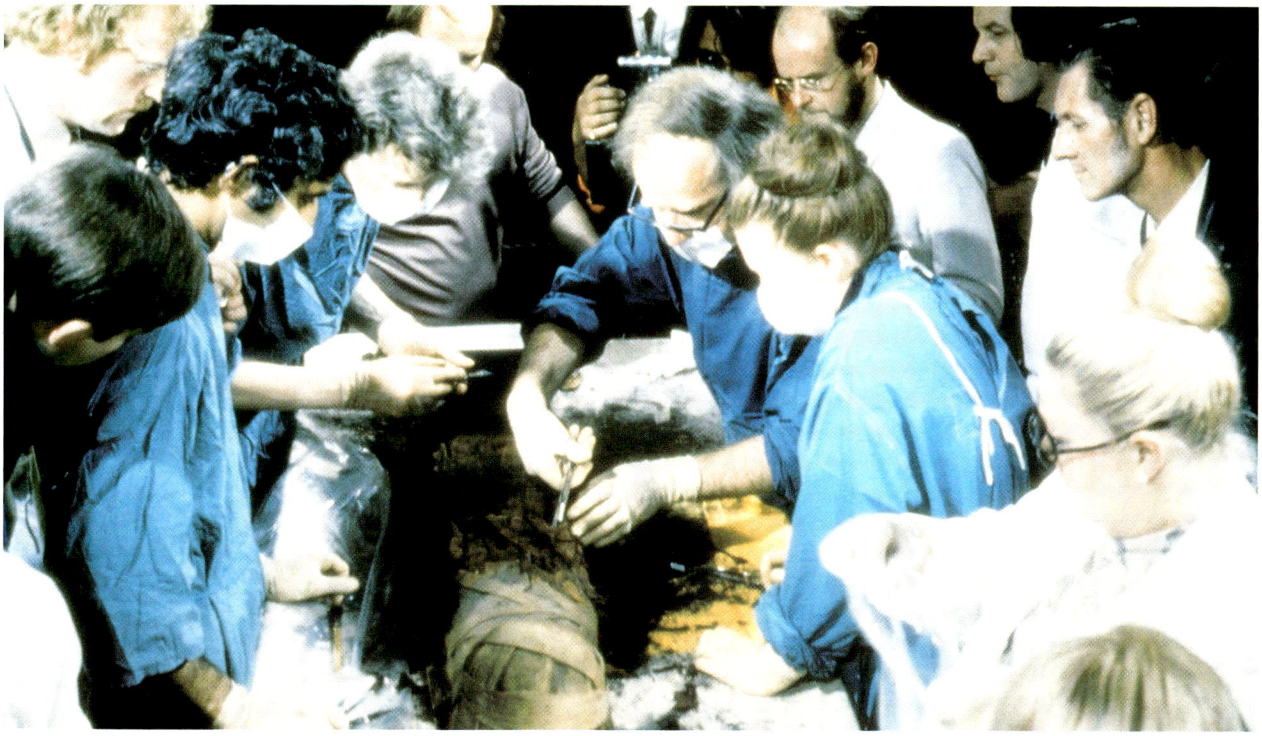

Wissenschaftliche Untersuchung einer ägyptischen Mumie aus dem Museum in Manchester. Die Radiokarbondatierung kam zu dem Ergebnis, daß das Tuch, in das die Leiche eingewickelt ist, tausend Jahre jünger sei als diese selbst. Sollte sich Dimitri Kusnezows Hypothese, daß für die Karbondatierung von Leinenstoffen ganz neue Berechnungen angestellt werden müßten, als richtig erweisen, ließe sich auch dieser sonst unwahrscheinliche Befund korrigieren.

recht hat, bedeutet dies, daß die Radiokarbondatierung von Leinen ein fälschlicherweise »junges« Datum ergibt. Auf diese Weise ließe sich auch die Fehlanalyse im Fall der Mumie aus dem Museum von Manchester erklären.

Darüber hinaus wies der russische Wissenschaftler auf einen geringfügigen, aber signifikanten Anstieg des Karbongehalts bei Leinen hin, der entsteht, wenn der Stoff ungewöhnlich hohen Temperaturen ausgesetzt worden ist. Das war, wie wir wissen, beim Grabtuch der Fall: Die Silberschatulle, in dem es verwahrt wurde, schmolz 1532 im Feuer. Bislang wurde eine mögliche Feuer-Einwirkung von Radiokarbon-Spezialisten konsequent geleugnet. Zwar betont Kusnezow, seine Forschungen seien noch lange nicht beendet, aber wenn ihm weitere Fortschritte gelingen, ist eine Neubewertung von Grundannahmen dieser Datierungsmethode zu erwarten – und damit auch aller Annahmen, auf denen die These von der Fälschung des Grabtuchs aufbauen.

Bis dahin aber wird das Turiner Grabtuch mehr Fragen aufwerfen als Antworten liefern. Gab es wirklich einen Künstler-Fälscher, der so brillant war, daß es ihm gelang, Experten über sechshundert Jahre hin zu täuschen? Oder sehen wir auf dem Grabtuch *wirklich* das Abbild Jesu, so wie er vor bald zwei Jahrtausenden in der Grabkammer lag?

Die wundersame Wiedergeburt von Santiago de Compostela

Die Pilger erstanden in Santiago de Compostela Muscheln, die als Beweis dafür galten, daß sie die Wallfahrt zum Grab des Apostel Jakobus absolviert hatten. Nach und nach wurde die Jakobs-Muschel *zum allgemeinen Pilgerattribut. Sie schützte angeblich vor den Nachstellungen des bösen Feindes, vor Blitzschlag und Unwetter.*

Auf dem *Camino de Santiago*, dem alten Pilgerweg nach Santiago de Compostela, hat der Apostel Jakobus der Ältere zahlreiche Wunder bewirkt, von denen Pilger, Kleriker und das ganze Volk noch heute erzählen: ein Gehängter war nach wochenlangem Baumeln am Galgen noch immer am Leben; ein Pilger, der sich erstach, weil der Teufel in Gestalt des Jakobus ihm dazu geraten hatte, wurde wiederauferweckt; Jakobus selbst stieg zu Pferd vom Himmel herab, um ein Maurenheer zu vernichten. Doch das größte all dieser Wunder ereignet sich in der Gegenwart: Während sich überall in Europa die Kirchen leeren, füllt sich der *Camino* unentwegt. Vor dreißig Jahren war die Anzahl der Pilger auf einige hundert im Jahr geschrumpft. 1993 hatten dagegen nahezu hunderttausend Pilger auf dem Jakobusweg mindestens einhundert Kilometer zu Fuß oder zweihundert Kilometer auf dem Fahrrad zurückgelegt.

Der Autor Herman Vuijsje folgte 1989 den Spuren der Pilger auf dem Camino de Santiago de Compostela.

Wie ist diese mysteriöse Wiederbelebung zu erklären? Mit dieser Frage im Hinterkopf begab ich mich 1989 auf den Weg. Als überzeugter Atheist konnte ich mir selber nicht genau erklären, weshalb mich der *Camino* so anzog. Unterwegs fand ich Antworten auf meine Fragen – durch die Stille, die zum Nachdenken einlud, und durch Begegnungen mit anderen Pilgern, deren Reisemotive in vielen Fällen ebenso mysteriös waren wie die meinen.

Der mittelalterlichen Legende zufolge war der Apostel Jakobus einst von Palästina bis nach Nordwestspanien gereist – damals der entlegenste Winkel der bekannten Welt –, um das Evangelium zu verkünden. Zurückgekehrt nach Jerusalem, ließ ihn Julius Agrippa I., der König Herodes in der Bibel, um das Jahr 44 n. Chr. enthaupten. Mit Hilfe von Engeln brachten seine Jünger jedoch die sterblichen Überreste des Apostels nach Spanien zurück. Dort ruhten sie dann lange Zeit unbeachtet, bis im ersten Drittel des 9. Jahrhunderts ein geheimnisvolles helles Licht den Eremiten Pelayo auf das Grab hinwies. Bischof Theodomir fand an dieser Stelle im Beisein einer großen Volksmenge das Grab des Apostels, worauf König Alfons II. ebendort drei Kirchen errichten ließ und ein Kloster für die Benediktiner stiftete. Damit begann der Aufstieg des Wallfahrtsortes Compostela, der im 12. Jahrhundert von Papst Calixtus II. zum Erzbischofssitz ernannt wurde. An der Stelle des Grabes erhebt sich heute eine im 11./12. Jahrhundert errichtete Kathedrale mit barocker Fassade. Die Herkunft des Namens Compostela ist übrigens umstritten. Während ihn die einen auf *campus stellae* (Sternenfeld) zurückführen und damit eine Verbindung zu den seltsamen Lichterscheinungen über dem Grab herstellen, leitet er sich nach Meinung anderer von *compostum* ab, was Friedhof bedeutet.

Im Jahr 711 begann die Herrschaft der Mauren in Spanien. Allein die Asturier kämpften erfolgreich gegen die islamischen Gegner und leiteten so die nahezu 800 Jahre dauernde *Reconquista* (Wiedereroberung) ein. Die Entdeckung des Grabes von Santiago war vor diesem Hintergrund ein Geschenk des Himmels. Da Jakobus der Legende zufolge den Christen zum Sieg gegen die islamischen Gegner verholfen hatte, erklärte man ihn als *Matamoros* (Maurentöter) nun zum Schutzpatron der *Reconquista*, nachdem er schon im 8. Jahrhundert zum Schutzheiligen von Spanien erhoben worden war.

Unten: *Pilger aus ganz Europa zogen auf verschiedenen Wegen zum Apostelgrab. Diese auf das Jahr 1648 datierte Karte zeigt die wichtigsten Wege nach Galicien, die damals von den Wallfahrern benutzt wurden.*
Ganz unten: *Das Galgenwunder von Jakobus dem Älteren: Ein unschuldig gehängter junger Mann wird von dem Apostel gerettet. – Nürnberger Schule (um 1520/30), Fränkische Galerie, Kronach.*

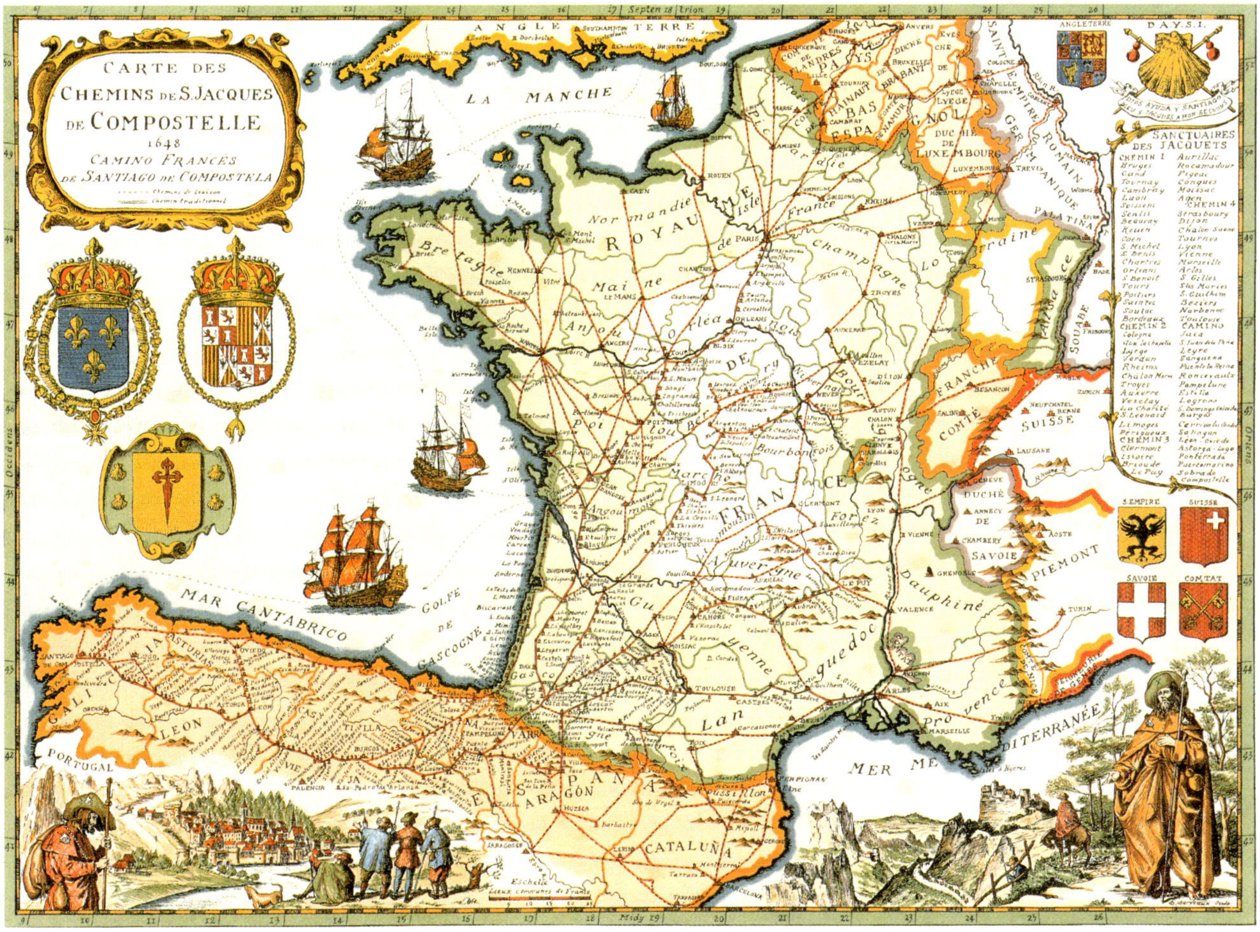

Bereits 951 suchte der französische Bischof Godeschalk aus Le Puy mit seinem Gefolge das Grab des Apostels auf. Im 11. Jahrhundert setzte dann der große Pilgerstrom ein. Die Kunde von der Entdeckung der Grabstätte und den Wundern des Heiligen verbreitete sich rasch, und so dauerte es nicht lange, bis Compostela neben Rom und Jerusalem zu den bedeutendsten Fernwallfahrtszielen gehörte. Die *peregrini* der damaligen Zeit, ausgestattet mit Tasche, Stab und jener Muschel, die sie als Jakobspilger kennzeichnete, begaben sich zu Fuß oder mit dem Pferd auf eine der Routen, die sie nach Absolvierung vieler Tagesstrecken zu ihrem Ziel führte. Alten Quellen zufolge konnte solch eine Etappe fünfzig Kilometer lang sein. Da anfänglich vor allem Franzosen kamen, wurde der Pilgerweg in Spanien als *Camino francés* (französischer Weg) bekannt. Wahrscheinlich war es auch ein Franzose, der im 12. Jahrhundert den ersten Reiseführer über den *Camino* schrieb, der in dem berühmten *Liber*

Rechts: *Eine Initiale aus dem IV. Teil des* Jakobusbuches, *dem sogenannten* Pseudo-Turpin, *mit der Darstellung des Erzbischofs Turpin von Reims, einem Zeitgenossen Karls des Großen. Das Buch beschreibt die Verehrung des Apostels, sein Leben und Sterben, seine Wunder. Außerdem enthält es den berühmten* Pilgerführer. *Das älteste Exemplar stammt aus der Zeit von 1140–1150. – Kathedralarchiv, Santiago de Compostela.*

Sancti Jacobi oder *Codex Calixtinus* enthalten ist. In seiner Anleitung für Pilger gab der Mönch Aimeric Picaud praktische Tips und schrieb den Gläubigen Regeln und Verhaltensweisen vor, welche die Wallfahrten zu erfolgreichen religiösen Unternehmungen machen würden – etwa, welche Reliquien besucht werden sollten und wo man ein Gebet zu sprechen hatte. Im Verlauf der Pilgerreise konnte man eine Vielzahl von Extraprämien und Boni ansammeln, wenn man zur rechten Zeit am rechten Ort eintraf – so ähnlich wie bei der *Tour de France*, wobei dem Pilger auch noch die Gedanken, denen er unterwegs nachzuhängen hatte, genauestens vorgeschrieben wurden.

Die Pilger strömten herbei mit den Bitten um Gunst oder Genesung, hauptsächlich aber um Gnade und Erlösung. An vielen Orten entlang

Oben: *Die Jünger des Apostels überführen Jakobus mit »wilden« Stieren der Königin Lupa zur Begräbnisstätte. Im Hintergrund ist das Schiff zu sehen, mit dem Jakobus' Leichnam von Palästina nach Spanien gebracht wurde. – Anonymer Meister, 15. Jahrhundert. Prado, Madrid.*

Rechts: *Karl der Große erblickte nachts eine Sternenstraße. Dann erschien ihm im Traum der heilige Jakobus und forderte ihn auf, das Apostelgrab von den Almoraviden zu befreien. – Karlsschrein im Dom zu Aachen, 1215.*

Oben: *Die* Pórtico de la Gloria *der Kathedrale von Santiago de Compostela zeigt auf dem Seitenbogen der Südseite die Darstellung der Höllenqualen und vier Engel (im Bogen). – Die Skulpturen wurden von Meister Mateo in der Zeit von 1168–1188 geschaffen.*

Oben links: *Die* Pórtico de la Gloria *mit dem Tympanon der Verherrlichung Christi, den vier Evangelisten, acht Engeln der Passion und den 24 Alten der Apokalypse. Auf der Mittelsäule erkennt man den Apostel Jakobus. – Meister Mateo, 1168–1188.*

des Weges konnten sie auf den Reliefen der Kirchen und Klöster abgebildet sehen, was dem Sünder, dem die göttliche Gnade nicht gewährt würde, nach dem Tod bevorstand. Eine der beeindruckendsten Darstellungen des Jüngsten Gerichts findet sich auf dem Fries des Mittelportals der Kathedrale von León. Durch ein Fernglas konnte ich Details dieses Tympanons betrachten. Vor allem bei der Schilderung der *Verdammten* hat der Künstler seiner Phantasie, ja, seiner Wollust freien Lauf gelassen. Doch wird hier wirklich die Hölle dargestellt? Nicht nur die Züge der Gepeinigten, auch die der Quälgeister deuten auf deren jeweiliges körperliches Schicksal hin. Den einen stehen Angst und Schmerzen ins Gesicht geschrieben, den anderen, den Teufeln, sieht man deutlich die Mühen an, die es ihnen bereitet, die Verdammten in die Kessel mit brodelndem Pech zu stecken. Einer von ihnen taucht den Kopf eines Sünders, den er bei den Ohren hält, in den Sud. Die arme Seele weint, der Gepeinigte hat die Lippen verzogen wie ein Clown, der gerade über seine eigenen Füße gestolpert ist. Weiter oben im Portal wird eine Frau an den

Rechts: *Eine Initiale der Urkunde über die Verleihung des Jubiläumsablasses in Santiago de Compostela im Heiligen Jahr – mit Jakobus als Maurentöter, der in der Schlacht bei Clavijo den Christen beistand. – Aus der Zeit um 1500. Kathedralarchiv, Santiago de Compostela.*

Beinen in die Höhe gezogen. Dort, wo einst ihre Brüste waren, erkennt man nur noch zwei Löcher, in die ein Monster mit seinen Klauen hineingreift. Gleichzeitig wird eine andere Frau kopfüber in einen der Kessel hinabgelassen; ihre Brüste sind noch vorhanden, wirken echt, hängen aber auf mitleiderregende Weise nach unten. Der Erzengel Michael mit seiner Waage blickt auf das Geschehen herab. Sein Gesichtsausdruck verrät ein wenig Mitgefühl, jedoch keine echte Anteilnahme – als wollte er sagen: »Das habt ihr euch selbst zuzuschreiben!«

Als ich mein Fernglas sinken lasse, bemerke ich neben mir zwei Nonnen. Sie wirken nicht ängstlich, sondern sehen sich erstaunt an, mit einem Blick, der sagen will: »Das ist doch eine Schande!«

Wenn der mittelalterliche Pilger schließlich Santiago de Compostela erreicht hatte, wurde ihm das unheimliche Weltbild dieser Zeit im *Pórtico de la Gloria*, dem Hauptportal der Kathedrale, noch einmal eingetrichtert. Das Relief des Seitenbogens auf der Südseite, im 12. Jahrhundert von Meister Mateo angefertigt, wird beherrscht vom dualistischen Weltbild des Mittelalters: Sünde oder Rettung, Himmel oder Hölle, Finsternis oder Licht – die in der Gegenwart so beliebten Grautöne gab es damals offensichtlich nicht.

Über dem rechten Bogen stellte Mateo die Höllengreuel dar, die Peinigung derer, die sich der Gewalt und Wollust, des Machtmißbrauchs oder

Die heilige Tugend des Apostels, der von der Jerusalemer Gegend übertragen wurde, erstrahlt in Galicien durch göttliche Wunder. Bei der apostolischen Basilika werden nämlich immer wieder von Gott durch seine Mittlerschaft göttliche Wunder gewirkt. Kranke kommen und werden geheilt, Blinde sehend gemacht, Lahme aufgerichtet, Stummen wird die Sprache geschenkt, vom Teufel Besessene werden befreit, Traurige werden getröstet; was jedoch noch bedeutender ist: Die Gebete der Gläubigen werden erhört, die Lasten der Vergehen genommen und die Fesseln der Sünden gelöst.

Aus der Predigt veneranda dies (Der ehrwürdige Tag) *des Jakobusbuches aus dem 12. Jahrhundert.*

des Betruges schuldig gemacht haben. Im Tympanon des mittleren Bogens sind vierzig Figuren erkennbar, diejenigen, die das Paradies »erreicht« haben. In ihrer Mitte, überproportional groß, drohend und allmächtig, blickt derjenige auf den schwachen, humpelnden Pilger herab, der ihm die Gnade gewähren soll: Jesus Christus, der ihm seine Sünden vergeben, den Aufenthalt im Fegefeuer verkürzen und ihn von seiner Angst vor den Schrecken der Hölle erlösen kann. Die Wirkung dieses Bildes wird dadurch verstärkt, daß Christus den gepeinigten Seelen seine Wundmale offenbart, für die sie, wie sie nur zu gut wissen, verantwortlich sind. Der ganze *Pórtico* verfolgt dieses eine Ziel: den Wallfahrern das Bewußtsein der menschlichen Schuld und ihrer Erlösung durch die Leiden Christi einzuhämmern! Sämtliche Symbole für die Qualen, die Jesus unseretwegen erlitten hat, werden dem Betrachter von den Engeln an seiner Seite demonstrativ vor Augen geführt: Kreuz, Geißelsäule, Dornenkrone, Lanze, Nägel, Essigfaß, Peitsche, Schilfrohr und Schwamm.

Auf der linken Seite des Mittelbogens ist eine Szene dargestellt, die mich – ebenso wie der extreme Dualismus und die Vorstellung, daß wir durch den Tod Jesu von irgendeiner Kollektivschuld erlöst sein sollen – nicht nur mit Unverständnis erfüllt, sondern auch mit Abscheu. Es ist das Opfer Abrahams, der seine volle Bereitschaft zeigt, dem eigenen Kind die Kehle durchzuschneiden, gehorsam dem Motto folgend: »Befehl ist Befehl!«

Die Romanische Jakobuskirche in Villafranca del Bierzo aus dem 12. Jahrhundert mit der Puerta del Perdón *(Tor der Vergebung). Wer hier nicht mehr imstande war, die Wallfahrt fortzusetzen, erhielt in dieser Kirche denselben Ablaß wie in der Kathedrale von Santiago de Compostela.*

Mir ist solch eine Darstellung ebenso fremd wie ein Aztekentempel, und ich glaube, daß es heutzutage vielen Gläubigen nicht anders ergeht. Einem Katholiken unserer Tage wird die Botschaft dieses orthodoxen Universums, in dem bedingungslose Unterwerfung selbstverständlich ist und Selbstbestimmung die größte Sünde darstellt, nicht weniger exotisch vorkommen als einem Atheisten. Darum kann auch die römisch-katholische Kirche nicht mehr behaupten, exklusiver Erbe des mittelalterlichen *Camino* zu sein. Sie ist einer von vielen Erben, die anderen geistig-religiösen Strömungen, die seit der Renaissance aus dem mittelalterlichen Christentum hervorgegangen sind, können ebensogut ihre Rechte auf dieses Vermächtnis geltend machen.

Dem Menschen des 20. Jahrhunderts sind der bedingungslose Gehorsam und die Höllenangst des mittelalterlichen Gläubigen fremd, und auch der Gedanke, man könne mit dem Allerhöchsten »Geschäfte« machen, stößt viele ab. Doch die Devise der Pilger lautete: »Was gibt es dafür?« Einige tausend Kilometer Humpeln auf dem *Camino* diente dazu, offene Rechnungen zwischen Mensch und höherem Wesen zu begleichen oder zumindest die Schuldsumme zu mindern. Es dauerte nicht lange, da übernahmen Dritte eine Mittlerfunktion in diesem »Geschäft«: Als »Pilger im Auftrag« führten sie die Wallfahrt zugunsten des Seelenheils anderer durch – gegen Bezahlung, versteht sich. Gott selbst galt als unfehlbarer Buchhalter mit gutem Gedächtnis. Schon bei der Geburt stand man bei ihm beträchtlich in der Kreide, und danach konnte es nur noch schlimmer werden. Hatte man indes gebeichtet und bedauerte seine Sünden aufrichtig, durfte man in Santiago de Compostela eine Prämie erwarten, eine deutliche Verringerung der Zeit, die man später im Fegefeuer würde verbringen müssen. Dieses Entgegenkommen trug den Charakter eines Erlasses – von Strafe, nicht von Schuld. Ein noch höherer Bonus erwartete den Pilger, der in einem Heiligen Jahr sein Ziel in Galicien erreichte: Dann nämlich konnte ein »vollkommener Ablaß« erzielt werden, verbürgt durch einen Geleitbrief, mit dem man das Fegefeuer im Handumdrehen passiert. Das Fegefeuer ist eine frühmittelalterliche Ergänzung der Jenseits-Vorstellung, und die päpstliche Befugnis, den Sündern Ablaß zu erteilen, erhielt noch später ihre Form. Im Jahr 1300 ordnete Papst Bonifatius VIII. an, daß künftig zu jeder Jahrhundertwende ein Heiliges Jahr einzurichten sei. Pilger, die in diesem Jahr Rom besuchten, konnten mit dem vollkommenen Ablaß rechnen. Aber wie bei allem, was mit der Ablaßgewährung zu tun hatte, schien der Gedanke des Heiligen Jahres der Inflation unterworfen zu sein. Rom verfügte bald pro Vierteljahrhundert über ein solches Jahr. Allerdings war das noch gar nichts im Vergleich zu Santiago de Compostela, wo jedes Jahr, in dem der 25. Juli, das Namensfest des Heiligen Jakobus, auf einen Sonntag fiel, als Heiliges Jahr galt. Der erste Ablaß für Pilger wurde der Kathedrale Santiago im Jahre 1198 durch Papst Innozenz III. gewährt.

Bei der Sankt-Jakobs-Wallfahrt spielt die Vorstellung des Fegefeuers eine zentrale Rolle. Saß der Verstorbene erst einmal im *purgatorium*, war alles in Ordnung. Sofern er sich keiner der Todsünden schuldig gemacht hatte und daher unwiderruflich von Gott getrennt war, mußte er jedoch zuerst geläutert werden, bevor er es ertragen konnte, den Blick des Allmächtigen auf sich gerichtet zu wissen. Die Seele blieb im Fegefeuer, bis der Läuterungsprozeß abgeschlossen war. Allerdings konnte man vorzeitig erlöst werden – durch Ablässe, die man angesammelt hatte, oder durch Fürsprache von anderen.

Wie aber wurden die Nachlässe zum fraglichen Termin im »Hauptbuchkonto« verrechnet? Während meiner eigenen Wanderung fragte ich

zahlreiche Pilger, begegnete aber niemandem, der mich aufklären konnte. So beschloß ich, dieser Frage in dem kleinen Ort Villafranca del Bierzo nachzugehen, dort, wo die Gläubigen auf die sich drohend erhebenden Höhen des kantabrischen Gebirges blicken, die letzte und höchste Barriere, die sie noch vom Ziel trennt. Wen hier der Mut verließ oder wer infolge von Krankheit oder Erschöpfung tatsächlich nicht mehr weiterpilgern konnte, fand an diesem Ort trotzdem die erhoffte Gnade. Er mußte die Kirche Santiago de Villafranca durch die *Puerta del Perdón*, das *Portal der Vergebung*, betreten, um einen vollkommenen Ablaß für alle seine Sünden zu bekommen. Dieser Tatsache hatte Villafranca einst seinen enormen Aufschwung zu verdanken. Wenn es also einen Ort gab, wo man über das Fegefeuer Bescheid wußte, dann mußte es hier sein.

In der Kirche Santa María, so wurde mir erzählt, könne ich einen jungen Priester finden, der auch über die Geschichte der Santiago-Kirche von Villafranca genauestens informiert sei. Als ich ankomme, ist gerade die Abendmesse im Gange. Ich warte, bis die Besucher verschwunden sind und der Priester, ein schlaksiger junger Mann, in der Tür erscheint und sich eine Zigarette anzündet. Als ich später im Büro des jungen Geistlichen auf das Thema Fegefeuer zu sprechen komme, bemerke ich ein merkwürdiges Kräuseln seiner Mundwinkel. »Wir haben nicht mehr dieselben Vorstellungen wie die Menschen vor fünf oder sechs Jahrhunderten«, erwidert er und erklärt mir, das *purgatorio* sei nach heutiger

Oben: *Ein Ausblick von Cebreiro aus auf die Grenze zwischen Kastilien und Galicien. Cebreiro, das Tor zu Galicien, liegt auf einer Höhe von 1293 Metern über dem Meeresspiegel und stellt die letzte große Erhebung vor Santiago de Compostela dar.*

Gegenüber oben: *Viele in Stein gehauene Kreuze begleiten die Pilger auf dem langen Weg nach Santiago de Compostela. Hier ein Pilgerkreuz bei Mañeru.*

Gegenüber unten: *Das Grab von Santo Domingo (1019–1109), der auf dem* Camino *Brücken, Hospize und Wege für Pilger baute. Es befindet sich in der Kathedrale von Santo Domingo de la Calzada, dem Ort, wo sich das berühmte Galgen- oder Hühnerwunder ereignet haben soll.*

Rechts: *In der Kirche Santa Maria la Real wird eine Messe gefeiert. Die Legende besagt, daß zu Beginn des 16. Jahrhunderts bei der Wandlung die Hostie zu Fleisch und der Wein zu Blut wurde. Jedes Jahr findet am 8. und 9. September eine Wallfahrt zu dieser Kirche statt.*

Unten: Jakobus der Ältere als Pilger. – *Hans Gleng, um 1520. Musée d'art et d'histoire, Fribourg.*

Lehrmeinung kein konkreter Ort, sondern ein Zustand. In den zurückliegenden Jahren sei er vielen Pilgern begegnet, doch keiner von ihnen sei darauf aus gewesen, den Aufenthalt im Fegefeuer zu verkürzen. Ohnehin komme es nicht mehr vor, daß Menschen wegen Krankheit oder Schwäche die Wallfahrt nach Compostela hier abbrechen müßten: Die Pilger von heute würden die Kirche allenfalls noch betreten, um ein Erinnerungsfoto machen zu lassen.

Am Ausgang des Mittelalters und während der Reformationszeit ging die Zahl der Pilger nach Santiago de Compostela merklich zurück, die erste Blütezeit des *Camino* war vorüber. Doch im 17. und 18. Jahrhundert kehrte der Wallfahrtsort ins Blickfeld zurück: Während der Gegenreformation versuchte die katholische Kirche verstärkt, wieder gegenüber dem Protestantismus die Oberhand zu gewinnen. Ganz Santiago und ein großer Teil des *Camino francés* wurde in eine »Barockjacke« gesteckt, ein einschneidendes »Restyling« gemäß einer brandneuen, ganz auf die Forderungen der Zeit abgestimmten »Marketingformel«. Danach folgte ein abermaliger Rückgang, der bis in die zweite Hälfte unseres Jahrhunderts andauerte. In den achtziger Jahren setzte dann jener unerwartete erneute Aufschwung ein, der bis heute unvermindert anhält. Wie läßt sich dies erklären? Eine Antwort auf diese Frage gab mir Elías Valiña Sampedro, Pfarrer der legendären Pilgerraststätte Cebreiro.

Dunkle Wolken ziehen sich zusammen, als ich die letzten Kilometer in die unwirtliche Höhe zurücklege, wo der *Camino* das kantabrische Gebirge kreuzt. Nachdem ich die Tür der Herberge hinter mir geschlossen habe, bricht auch schon das Unwetter los. Kurz darauf beginnt die Messe. Cebreiro besteht aus nicht viel mehr als dem Gasthaus und der präromanischen Kirche, in der Don Elías Valiña für vier Belgier, einen Niederländer und zwei Deutsche die Messe liest, während draußen Blitze zucken und Donner grollen. Die Wirtin, die zugleich als Meßdienerin fungiert, ist die Schwester des Pfarrers, dessen Eltern die Einwohnerschaft des Hauses komplettieren.

Die Verbindung von Religion und Gastronomie ist keineswegs neu. Vom 11. bis zum 19. Jahrhundert unterhielten hier bereits Benediktinermönche ein Kloster, das mit einer Kirche und einem Gasthaus kombiniert war. Cebreiro gehörte zu einer Kette von Klöstern, die der Orden im 12. Jahrhundert entlang des *Camino* errichtet hatte, um den Pilgern physisch und geistig beizustehen.

Später am Abend unterhalte ich mich in der dunklen Gaststube – das Licht ist durch das Unwetter ausgefallen – mit Don Valiña. Während seine Familie, mit Kerzenleuchtern ausgestattet, die Treppe hinaufpoltert, erzählt mir der Geistliche, wie er als junger Priester 1959 hierher berufen wurde. Der *Camino* war zu dieser Zeit nicht viel mehr als eine Erinnerung, Kirche und Kloster waren zu Ruinen verfallen. Im Jahr kamen höchstens drei oder vier Pilger nach Cebreiro, einmal sogar kein einziger.

Gemeinsam mit seiner Familie begann er, Cebreiro wieder aufzubauen – zunächst die Kirche aus rotem beschlagenem Granit, errichtet im 9. Jahrhundert, und anschließend die Überreste des Klosters, in dem die Gaststätte untergebracht wurde. Im flackernden Kerzenschein deutet Elías Valiña auf die eineinhalb Meter dicken Nischen, in denen sich die Fenster befinden.

Im Jahr 1982 gab der Geistliche den *Guía del Peregrino* heraus, das *rote Büchlein des Pilgers*, inzwischen ein internationaler Bestseller. Damit trat er in die Fußstapfen des legendären Aimeric Picaud. Als sich die Pilger jedoch weiterhin auf ihrem Weg verirrten, zog er mit Helfern aus,

Oben: *Entlang des* Camino de Santiago *weisen zahlreiche gelbe Pfeile oder Muscheln den Pilgern den richtigen Weg.*

Links: *Die Hochebene der Meseta.*

um von den Pyrenäen bis nach Santiago gelbe Zeichen zu malen, die den Gläubigen fortan als Wegweiser dienten.

Als Wiedererbauer von Cebreiro setzte der Priester eine alte Tradition fort: Bereits im Mittelalter hatten die Mönche San Juan de Ortega und Santo Domingo de la Calzada ebenfalls ihr Leben der Betreuung von Pilgern und Verbesserungen der Route nach Santiago gewidmet. *Santo Domingo des gepflasterten Weges*, wie der Name des letztgenannten wörtlich übersetzt heißt, erhielt in *San Elías mit dem Farbpinsel* einen würdigen Nachfolger. Es dauerte allerdings eine ganze Weile, bis Valiñas Enthusiasmus auf ein Echo stieß. Bis in die achtziger Jahre hinein erhielt er von den Bischöfen keine Reaktionen auf seine Schreiben. »Sie antworte-

Bei San Juan de Ortega.

ten entweder gar nicht oder erwiderten, sie hätten wichtigere Dinge zu tun.« Seitdem jedoch der *Camino de Santiago* zum europäischen Kulturgut erklärt wurde, kommen kirchliche Autoritäten und Wissenschaftler regelmäßig zusammen, um sich mit der Geschichte und Zukunft des legendären Pilgerweges zu beschäftigen – und die Anzahl der Wallfahrer verdoppelt sich von Jahr zu Jahr.

Don Valiña, der einige Monate nach unserem Treffen verstarb, war seitdem ein gefeierter und gefragter Mann. Allerdings befürchtete er, daß sich der *Camino* überfüllen könnte: »Auf Pilgerreise geht man am besten allein, und zwar im Winter«, erklärte er mir und fügte hinzu: »Pilger sind unterwegs viel offener in ihrem religiösen Erleben als zu Hause. Man läßt seine Probleme zurück und entdeckt aus einem Gefühl der Freiheit heraus neue Welten. Dadurch können Menschen unterwegs geistige Einsichten gewinnen, die sie vielleicht gar nicht erwartet hatten. Menschen, die nie für andere etwas tun würden, erleben hier, daß wildfremde, oft sehr einfache Leute sie einladen und unterstützen – *el Camino nos une a todos,* der Weg vereint uns.«

Don Elías Valiña hatte seit seinem ersten Tag in Cebreiro an eine Wiederbelebung des *Camino* geglaubt: »Es wird immer ein Bedürfnis nach Spiritualität geben. Es kann zu Krisen kommen, aber in der ein oder anderen Form kehrt dieses Bedürfnis immer wieder zurück.« Und er behielt recht: Zu Beginn der achtziger Jahre stellte das Kapitel von Santiago jährlich weniger als 1000 *Compostelanas*, offizielle Zeugnisse für das Absolvieren der Wallfahrt, aus – 1993 waren es fast 100 000.

Die neue Blüte des *Camino* ist kein Verdienst der katholischen Kirche, wie Don Valiñas Geschichte gezeigt hat. Unter den Pilgern, denen ich begegnete, stellten die orthodoxen Katholiken, die ohnehin lieber nach Lourdes oder Rom wallfahren, eine Minderheit dar – der *Camino de Santiago* ist etwas für Individualisten, denen der Weg wichtiger ist als das Ziel.

Auch heute noch nimmt man die Strapazen auf sich, um ein Gleichgewicht herzustellen – aber nicht mehr zwischen Mensch und Schöpfer, sondern zwischen Mensch und Mitmensch; oder man will sein inneres Gleichgewicht wiederfinden, jedoch nach seinen eigenen Vorstellungen, nicht mehr den Anweisungen des einen oder anderen Buches folgend. »*On vit le Camino,* man lebt den Weg«, erklärte mir Odile Lutard, die Vorsitzende der Stiftung *Compostellances* in Castelnau-le-Médoc, die Führungen durch jenes Gebiet organisiert, in dem die Pilger die Gironde überqueren. »Weiter nichts. Man braucht nichts zu sagen, zu beantworten oder zu erklären.«

Die Motive für eine Wallfahrt sind vielfältig: Manche Menschen begeben sich auf den *Camino*, um ihre Silberhochzeit zu feiern, andere vollziehen die Wanderung als eine Art Übergangsritus in eine neue Lebensphase, als »Auszeit«, um ihre Gedanken- und Gefühlswelt neu zu ordnen. Im Mittelalter dagegen waren die Gründe für eine Pilgerreise »objektiv« und kollektiv, man schwamm auf einer Woge und konnte seine Motive deshalb auch offen darlegen. Heute geben sich die Menschen zurückhaltend. Das gilt mittlerweile sogar für Priester.

Bei Ermita de Valdefuentes traf ich zwei braungebrannte junge Männer in kurzen Hosen, die sich als Juan José und Txomin, Priester aus der nordspanischen Hafenstadt Bilbao, vorstellten. Ich fragte sie, mit welcher Einstellung und welchen konkreten Erwartungen sie später, in Santiago de Compostela, dem Apostel Jakobus gegenübertreten würden. »Ich habe zwei *peticiones,* Bitten«, erwiderte Juan José. »Daß die Zahl der Berufungen wieder zunimmt und Frieden für das Baskenland.« Txomin verfolgte keine konkreten Absichten. »Ich würde gern mit ihm sprechen, aber ich kann ihn nicht gut personifizieren. Es müßte in einer Art Ekstase geschehen.« »... eh, wieso?« fragte sein Freund nach kurzem Schweigen. »Wie soll man persönliche Gefühle für solch einen Heiligen empfinden? Das ist doch nicht mehr als eine Art Modell.«

Während die beiden in einen regelrechten Disput über ihre religiösen Auffassungen hineingerieten, vermittelte sich mir der Eindruck, daß sie über diese Dinge noch nie geredet hatten. Auch für sie hatte sich der Glaube von Begriffen abgelöst, ihnen fehlte ein »Kanon der Irrationalität« – das Religiöse war Teil ihrer Privatsphäre geworden.

Die Kapelle Nuestra Señora de las Nieves *(Maria zum Schnee) zwischen Balsa und San Xil.*

FUSS TRITT MANN lautet der Titel meines Berichtes über den Aufstand meiner Untertanen. Soviel Schönes kann es gar nicht geben, das einen einsamen Reisenden aufbauen könnte. Mal redet man einer Wolke gut zu, versucht ihr klarzumachen, daß sie ihre Regenlast irgendwo anders abwerfen soll; mal folgt man stetig einem Schienenweg – ein idealer Reisebegleiter, geradlinig und zuverlässig. Und dann am liebsten einer Eisenbahnlinie, so wie jener, welche die ausgedehnten Kornfelder der Meseta, der Hochebene zwischen Burgos und León, durchzieht. Als die Linie nach zwei Tagen abbiegt, fühle ich mich ein bißchen im Stich gelassen. Ich habe mich an die Gleise geheftet, wie sich ein mutterloses Tier an das erste Wesen oder Objekt klammert, das Eindruck auf es macht, sei es Mensch, Schaf oder Stuhl.

Gegenüber oben: *Schafe vor der Stiftskirche* Santa María del Manzano *(Maria vom Apfelbaum) in Castrojeriz.*

Gegenüber unten: *Jakobus als Pilger in der* Stiftskirche Santa María del Manzano *von Castrojeriz.*

Aber die intimste Beziehung entwickelt der Pilger zu seinen Körperteilen. Am Ende eines Wandertages, wenn die Stunde gekommen ist, den *Fuß* zu entkleiden ... ist dies die zärtlichste, atemloseste und behutsamste aller Entblößungen. Mit wieviel Hingabe und Erregung wird das geliebte Organ aus seinen drückenden Umhüllungen befreit, mit welch leidenschaftlichem Eifer wird das, was sich da hervortut, in Augenschein genommen. Langsam, ganz langsam ... die letzte Schicht, der letzte Strumpf, welche Geheimnisse wird er preisgeben?

Zwischen meinem Fuß und mir schien anfangs eitel Sonnenschein zu herrschen. Aber nach und nach fielen Schatten auf unser Glück. Mein rechter Fuß hatte zwar solche Sprüche drauf wie »gemeinsam, bis daß der Tod uns scheidet«, weigerte sich aber inzwischen, wirklich ernsthaft an unserer Beziehung zu arbeiten. So entwickelten wir mit der Zeit ein stürmisches Haßliebe-Verhältnis.

In der Stadt Santo Domingo de la Calzada droht mein Fuß, der Marquis, endgültig in den Ausstand zu treten. Sollte dies das vorzeitige Ende meiner Pilgerfahrt bedeuten? Ich ziehe in das Stadtpalais, das eine örtliche Bruderschaft als Refugium für Pilger eingerichtet hat. Dicke Gästebücher, die von Dankbarkeit zeugen, leisten mir in den drei Tagen meines Aufenthalts treue Gesellschaft. Während der einsamen Abende lese ich, was meine Vorgänger bewegt hat. Nach Worten des Entzückens und der Freude suche ich nicht, ich konzentriere mich auf das Leid meiner Vorgänger, auf ihre Verzweiflung und ihr Elend. Schicksals- und Bundesgenossen suche ich, Brüder und Schwestern, die sich mit mir gemeinsam mit Tränen niedersetzen und mir über einen wütenden Fuß klagen helfen. Und tatsächlich, wie herrlich: Ein Chor der Wehklagen tönt mir entgegen und streicht Balsam auf meine Wunden. »Ich bin völlig fertig«, schreibt ein niederländischer Junge, der erst zwei, dann sieben Tage »auf die Heilung seines Fußmuskels warten« mußte. Verzweifelt erwarb er ein Fahrrad, aber dadurch verschlimmerten sich seine Schmerzen nur noch. Jetzt, in Santo Domingo, zweifelte er daran, Santiago de Compostela jemals zu erreichen. Aber auch er hatte in den dicken Büchern geblättert und war auf Zeugnisse von Entschlossenheit gestoßen. Das half ihm: Wenn alle bekundeten, daß es sein müßte, würde wohl auch er die Zähne zusammenbeißen.

Unten: *Pilger bei Palas do Rei.*

»Bewahrt den Mut!« – so schallt es mir aus den rauhen Kehlen der Gepeinigten, Gequälten, der Humpelnden unter Gottes Obhut entgegen. Dazwischen stoße ich immer wieder auf Hoffnung spendende Erzählungen, zum Beispiel von einer Fersensehne, die über Nacht genesen war. Der Vorgang wiederholt sich: Am folgenden Tag kann ich erstmals wieder schmerzfrei laufen. Ich bleibe noch eine Nacht, dann weiß ich, daß ich meinen Fuß unter Kontrolle habe. Doch das ist keines der zahlreichen Wunder, die sich auf dem *Camino de Santiago* regelmäßig ereignen, auch keine Genesung durch Gebete, sondern ganz profan eine Bestätigung des Sprichworts: »Geteilter Schmerz ist halber Schmerz«. Das Ge-

fühl der Verbundenheit mit meinen leidenden Vorgängern war anscheinend eine kräftige Medizin.

Santo Domingo de la Calzada (1019–1109), der Straßen- und Brückenbauer, war für seine Geduld bei Rückschlägen bekannt. Sein Grab in der von ihm gegründeten Kirche am Wallfahrtsweg ist eine der Heiligenreliquien, die Aimeric Picaud zufolge jeder Gläubige besuchen muß. Doch für den modernen Pilger hält der *Camino* noch andere Reliquien bereit als die Gebeine des Santo Domingo, das Haupt Johannes des Täufers oder die Zange, mit der Jesus die Nägel aus Händen und Füßen gezogen wurden. Strenggenommen ist der gesamte Weg nach Compostela eine einzige große Reliquie, gespeist aus den Schweißperlen all der Wallfahrer, die diesen Weg im Lauf der Jahrhunderte beschritten haben.

Praktisch jeder Pilger, ob gläubig oder nicht, legt Wert auf die Tatsache, daß vor ihm viele andere über dieselben holprigen Pfade zum Sternenfeld gegangen sind. Wer nach einem langen Wandertag durstig und ermüdet sein Etappenziel vor sich liegen sieht, verspürt ein Band zu den Vorgängern, die, vor einem Tag oder vor etlichen Jahrhunderten, genauso Ausblick hielten auf diese Stadt und ihre nächtliche Schönheit. Wie frühere Generationen lechzen die Pilger des 20. Jahrhunderts nach Verbundenheit mit etwas, das außerhalb ihres Selbst liegt, nach Linderung des bisweilen schmerzlichen Bewußtseins von Individualität. Aber dieses Verlangen nach Transzendenz richtet sich nicht mehr auf Jesus, Maria oder die Heiligen, sondern auf andere Menschen. Diese Erfahrung eines »transzendenten« Gemeinschaftsgefühls zu ermöglichen, scheint heutzutage die Hauptattraktion der Sankt-Jakobs-Wallfahrt zu sein.

Unten: Zwei Jakobspilger. *Titelblatt der Leipziger Ausgabe (1521) des* Pilgerführers *von Hermannus Künig von Vach, der die* Oberstraße *von Einsiedeln nach Santiago pilgerte und von da über die* Niederstraße *weiter nach Aachen wanderte. Er schloß seinen Bericht 1495 ab.*

Ganz unten: *Jakobspilger auf dem Weg nach Santiago de Compostela. – Holzschnitt, 16. Jahrhundert.*

Gegenüber: *Das* Panteón Real *(Königliche Mausoleum) der Basilika San Isidoro von León, der »Sixtinischen Kapelle der romanischen Kunst«, mit Fresken aus der Mitte des 12. Jahrhunderts.*

Das Geben und Nehmen von Gefühlen hat in unserem Alltag den Charakter von Angebot und Nachfrage angenommen, doch auf dem *Camino* gelten andere Regeln. So muß man etwa lernen zu akzeptieren, daß einen die bitter armen Menschen in dieser Region freigebig Anteil an ihrem kargen Besitz nehmen lassen, ohne daß man es ihnen vergelten könnte. Ich hörte viele Geschichten von Pilgern, die glaubten, alles kaufen zu können oder für alles bezahlen zu müssen – moderne Varianten klassischer Pilgerlegenden, die häufig auf biblischen Geschichten basieren.

Tatsächlich sind fast alle modernen Pilger im Vergleich zur nordspanischen Landbevölkerung steinreich – und müssen doch die Erfahrung machen, daß es unter bestimmten Umständen leichter ist, zu nehmen denn zu geben. Mir selbst wurde diese Lektion in der Gemeinde Aguiada erteilt, wo mich eine alte Frau hereinwinkte, als ich sie nach einem Brunnen fragte, der sich in der Nähe befinden sollte. In der kargen Wohnküche, bis auf einen Herd und einen verwitterten Schrank völlig leer, bekomme ich einen großen Becher Wasser gereicht. Wenig später hat sie ein paar Scheiben Brot abgeschnitten und mit aller Kraft ein Einweckglas geöffnet, in dem sich, wer weiß wie lange schon, selbstgemachte *chorizos*, Paprikawürste, befinden. Das, was ich nicht aufessen kann, muß ich für unterwegs mitnehmen.

Josefa Lebon ist, wie ich erfahre, unverheiratet. Als ich nach Kindern frage, wird sie merklich still. Dadurch drängt sich mir noch stärker das Gefühl auf, ich müßte ihr irgend etwas zurückgeben. Doch sie wehrt ab, jeder an ihrer Stelle hätte dasselbe getan.

In Santo Domingo de la Calzada, wo mein Fuß auf mysteriöse Weise über Nacht gesundete, hat sich vor fast 600 Jahren das berühmteste aller Wunder des *Camino* abgespielt. Ein junger deutscher Pilger verschmähte die Avancen einer Herbergstochter, die Rache nahm, indem sie ihn des Diebstahls bezichtigte. Er wurde gehängt, jedoch durch das Eingreifen des heiligen Jakobus vor dem Tode gerettet.

Nun kann es an mir liegen, aber was die Herbergstöchter betraf, nahm meine Reise einen äußerst kärglichen Verlauf. Zumeist erfolgte die Verpflegung durch alte Frauen. Um die Schäferinnen war es nicht besser bestellt. Deren romantische Begegnungen mit Pilgern hatten einst Dichter inspiriert; doch vielleicht hat die Kirche diese Geschichten auch nur erfunden, um die Sache am laufen zu halten. Die einzigen »Hirtenmädchen« jedenfalls, die ich in den einsamen Gegenden Nordspaniens traf, waren … Jungen, erwachsene Männer und alte Frauen.

Aimeric Picaud, der fromme Verfasser des Pilgerführers aus dem 12. Jahrhundert, ließ keine Gelegenheit aus, um seine Leser zu ermahnen, daß sie Gott in Askese dienen mußten. Trunksucht führe zu Zank und Wollust, und die lauerte damals anscheinend an jeder Ecke auf den einsamen Pilger. Deshalb mahnte der Mönch zur stetigen Wachsamkeit gegenüber den *Wirtsmägden, die sich aus Hurerei und Geldgier auf teuflisches Geheiß nachts den Pilgerbetten zu nähern pflegen, und den Dirnen, die an waldreichen Orten häufig den Pilgern entgegentreten«.* Sie müßten *»nicht nur exkommuniziert, sondern geplündert und durch das Abschneiden der Nase öffentlich geächtet werden.*

Vielleicht hatte Aimeric Picaud bei seiner Forderung, den Huren die Nasen abzuschneiden, an das Wunder vom Pilger und dem Teufel gedacht, das König Alfons X. von Kastilien Mitte des 13. Jahrhunderts in einer seiner *Cantigas* besang – getreu dem Motto: Irgend etwas muß man den Sündern doch abschneiden!

Die fragliche Geschichte handelt von dem frommen Kürschner Giraldus, der in der Nacht vor seiner Abreise nach Santiago einen Seitensprung begeht und sich ohne Beichte auf den Weg macht. Nach ein paar

Wie glücklich sind jene, die bei Gott einen solchen Fürsprecher und Gnadenspender haben! Warum zögerst Du, Freund des hl. Jakobus, nach diesem Ort aufzubrechen, wo sich nicht nur alle Völker und Sprachen treffen, sondern auch die Engelchöre zusammenkommen und die Sünden der Menschen vergeben werden? Niemand kann die Zahl der Wohltaten aufzählen, die der Apostel allen gewährt hat, die ihn wahren Herzens bitten …

Aus der Predigt veneranda dies (Der ehrwürdige Tag) *des Jakobusbuches aus dem 12. Jahrhundert.*

Tagen erscheint ihm ein erzürnter Jakobus und ermahnt ihn, zur Buße jenes Körperteil abzuschneiden, mit dem er gesündigt habe. Giraldus folgt der Aufforderung, glaubt aber, das Leben habe nun keinen Sinn mehr und stürzt sich in ein Messer. Später zeigt sich dann, daß der unglückselige Ratschlag nicht von Jakobus, sondern von dem vermummten Teufel, der sich als Jakobus ausgegeben hatte, erteilt worden war. Glücklicherweise erfährt der Heilige davon, und es gelingt ihm mit Hilfe Marias, der Schutzpatronin der Reisenden, die Seele des armen Sünders gerade noch rechtzeitig aus den Klauen des Teufels zu befreien und in dessen Körper zurückzuführen. Aber den Körperteil, mit dem alles angefangen hat, bekommt er, wie Maria bestimmt, nicht zurück.

Meiner Ansicht nach spiegeln Erzählungen wie diese nichts anderes wider als die kollektiven Phantasien jener pilgernden Männer, die Aimeric Picaud zufolge in der Nähe Santiagos aus Liebe zum Apostel »den Schmutz von ihrem Geschlecht entfernten«. Dies geschah beim Überqueren des Rio Lavacolla in dem Dorf gleichen Namens. *Lavacolla* bedeutet wörtlich: »Wasch Dir den Hals«. Doch Picaud bezeichnete diesen Ort als *Lavamentula* – »Wasch Dir das Glied!« Der Mönch nannte die Dinge beim Namen. Allem Anschein nach konnte man gar nicht deutlich genug sein, was die Warnungen vor den teuflischen Versuchungen der Lust betraf. Heute würde sich der brave Picaud über die entlang dem *Camino* herrschende Keuschheit freuen. Zu seiner Zeit gab es an jedem Etappenziel Herbergen, in denen Prostituierte ihre Dienste anboten, aber die modernen Pilger sind Naturfreunde und übernachten in *refugios*, wo bereits vor Sonnenuntergang friedliche Ruhe herrscht. Wer in unseren Tagen den *Camino* beschreitet, hat keine strenge Ermahnung mehr nötig, er hat sich seine Regeln selbst gesetzt.

Der letzte Teil des *Camino* ist gleichzeitig der arkadischste. Die ebene Landschaft Galiciens in Nordwestspanien hat sich meiner Netzhaut als eine endlose Palette winziger Felder in allen Grüntönen eingeprägt. Überall sehe ich kleine menschliche Figuren, die pflanzen, säen, düngen, weiden und pflügen. Sie treiben Tiere in die Ställe, transportieren Knollen in klapprigen Schubkarren oder schleppen Halmbündel auf den Schultern.

Das ist es, was man im Vorübergehen sieht: einen Hauch lang vergangener Zeiten. Und was man hört ... Wer bei uns kennt noch die Sprache

Oben: *Ein geflochtener Maisspeicher* (Hórreo) *bei Portos.*

Links: *Schritt für Schritt nähert sich der Pilger auf steinigem Weg Santiago de Compostela.*

Gegenüber, Mitte: *Römerstraße und Römerbrücke bei Cirauqui.*

von Menschen, die es gewöhnt sind, mit anderen in den Feldern zu arbeiten und über größere Distanzen mit ihnen Konversation zu betreiben? Und wer verbringt noch ganze Tage in der Gesellschaft von Tieren und spricht mit ihnen? Hier wird solch eine Tiersprache noch vollkommen und ohne Scham praktiziert: zwingend gegenüber dem Hund, der die Schafe zusammenhalten muß; sanft auf die Schafe einredend, selbst wenn sie ein Hindernis passieren müssen; aufmunternd zu den Ochsen, damit sie den Pflug ziehen.

Das letzte, was bei diesen Menschen aufkommen könnte, ist der Gedanke, daß sie sich in irgendeiner Hinsicht voneinander unterscheiden müssen. Die Frauen mit den rotbraunen Gesichtern, Apfelbäckchen und

Unten:
Keltische Rundhäuser bei Ferreiros.

scharfen Äuglein scheinen ausnahmslos in ein Märchen der Gebrüder Grimm zu gehören, wenn man sie so, einen mit einem Tuch bedeckten Kessel in der Hand, zu ihren Holz hackenden Männern in den Wald wandern oder in einem Körbchen Eier zum Markt tragen sieht. Aber meistens sind sie auf dem Feld, Seite an Seite mit ihren Männern und Söhnen. Der Pflug wird von einem Gespann Ochsen im rohhölzernen Joch gezogen, und einer der Männer lädt mit einer Heugabel Stalldung aus einer Schubkarre in die Furche. Anschließend pflanzen die Frauen hier Kartoffeln. Manchmal sieht man auch Gestalten, die nicht gebückt im Feld stehen, sondern träge durch die Landschaft schlurfen, ohne deutliches Ziel – die Alten, schon von Ferne zu erkennen.

Die Ausgestaltung der galicischen Landschaft hat etwas Keltisches: Kleine Mauern aus gestapelten Steinen begrenzen, abwechselnd mit großen, aufrecht stehenden Schiefersteinblöcken, die Felder, von denen manche noch nicht einmal eingesät sind, während auf anderen bereits das Korn in die Höhe schießt. Auch mitten im freien Feld sieht man häufig große Schieferblöcke, die bemoosten Obelisken ähneln. Der *Camino de Santiago* ist hier oft ein Hohlweg, gepflastert mit Naturstein und dazwischen

Oben: *Das Beherbergen der Pilger gilt als Werk der Barmherzigkeit. – Glasfenster in der Nordrose der Münsterkirche von Freiburg i. Br., Mitte des 13. Jahrhunderts.*

blühende Heide und Vergißmeinnicht. Die zahlreichen kleinen Bauernhöfe sind von flacher und elliptischer Form, die Dächer mit rauhem Schiefer gedeckt.

Überall stehen gigantische Eichen und Weiden, deren Wachstum im Mittelalter begonnen hat und die inzwischen einen Umfang von mehr als einem Meter messen. Die Landschaft mutet ur-europäisch an, die Kulturlandschaft unserer Erinnerung und unserer Volksphantasie. Sie ist von den Menschen, die hier leben, geprägt worden, aber mit solch einfachen Mitteln, daß Kultur und Natur einander zu ergänzen scheinen.

Nur noch wenige Tagereisen von Santiago entfernt erblicke ich in der Ferne kahle Berge, die mir ein Gefühl der Freiheit vermitteln. Die Hügel

Unten: *Pilger fragen nach dem Weg.* Ganz unten: *In zahlreichen Herbergen werden Wallfahrer verpflegt* (links). *Schon Karl der Große hatte verlangt, daß man den Pilgern freundlich begegnen solle. Man müsse ihnen wenigstens Obdach gewähren, eine Stelle am Herd, um sich zu wärmen, und Wasser, um den Durst zu löschen.* Rechts: *Eine Darstellung aus der Florentinischen Schule, 14. Jahrhundert, Pinakothek des Vatikan.*

Gegenüber: *Die Kathedrale von Santiago de Compostela am frühen Morgen, vom* Paseo de la Herradura *aus aufgenommen.*

Links: *Hinter der barocken Westfassade der Kathedrale von Santiago de Compostela, gestaltet von Fernando Casas y Novoa in den Jahren zwischen 1738 und 1750, verbirgt sich die größte romanische Kirche Spaniens.*

CAPITULUM hujus Almae Apostolicae et Metropolitanae Ecclesiae Compostellanae sigilli Altaris Beati Jacobi Apostoli custos, ut omnibus Fidelibus et Peregrinis ex toto terrarum Orbe, devotionis affectu vel voti causa, ad limina Apostoli Nostri Hispaniarum Patroni ac Tutelaris SANCTI JACOBI *convenientibus, authenticas visitationis litteras expediat, omnibus et singulis praesentes inspecturis, notum facio:* Dnam. Jutka Rona *hoc sacratissimum Templum pietatis causa devote visitasse. In quorum fidem praesentes litteras, sigilo ejusdem Sanctae Ecclesiae munitas, ei confero.*

Datum Compostellae die 23 *mensis* julii *anno Dni* 1987.

Secretarius Capitularis

Oben: *Das* Compostelana, *ein Ausweis über die Pilgerfahrt nach Santiago de Compostela.*

sind intensiv grün, weite Flächen schimmern gelb von blühendem Ginster oder lila vom Heidekraut. In einem kleinen Dorf unterhalb der Ligonde pausiere ich bei einer der kleinen romanischen Kirchen, an denen das Gebiet so überaus reich ist. Hier erreichen sie ihre größte Schlichtheit. Sie sind stets nach demselben Muster gebaut, aber sie werden um so niedriger, je höher man in die Berge kommt. Breit und ungeschlacht, ähneln sie zunehmend Scheunen, aber mit einem rechtwinkligen Aufbau. Diese Gotteshäuser stehen buchstäblich eingeklemmt zwischen den Toten. Dreigeschossig aufgestapelt umringen die Gräber im Abstand von wenigen Metern die Gebäude.

Die Kirche, vor der ich mich befinde, ist *Santiago peregrino* geweiht, *Sankt Jakobus dem Pilger*. Vor dem Eingang steht ein steinernes Kreuz, darunter ist ein Auftrag an den Wallfahrer gemeißelt: »Fünf Mal die Gebete Vater Unser, Ave Maria und Gloria aufsagen.«

In der Nähe der kleinen Stadt Castrojeriz führt der *Camino* unter dem berühmten *Gotischen Bogen* hindurch, der das Kloster Sankt Anton mit dem dazugehörigen Gasthaus verbindet. Für einen kurzen Augenblick ist der Pilgerweg hier überdacht. Zusammen mit den Bilderstürmern und dem sauren Regen hat die Zeit an dieser Stelle die scharfen Kanten, die das mittelalterliche Weltbild auszeichnen, abgeschliffen. Die Seligen und die Verdammten in dem Relief des Kirchenportals aus dem 14. Jahrhundert haben längst dieselben verschwommenen Konturen erhalten. Nahezu alle Köpfe fehlen, und manche der Wesen, deren Flügel zu erkennen geben, daß es sich um Engel handeln muß, sind zu kleinen Monstern mit häßlichen Grimassen geworden; wo einst die Augen waren, sieht man nur mehr enge hohle Löcher. Die Gesichter der frommen Kirchenväter zeigen die tiefen Furchen verzweifelter alter Männer, als hätte man sie an den Haaren in die Hölle geschleift. Irgendwie scheint es, als wollte dieses verwitterte *Jüngste Gericht* unsere modernen Auffassungen über gut und böse illustrieren: Heutzutage muß sich jeder selbst die Grenzen stecken!

Oben: *Die Kanzel der romanischen Kathedrale von Santiago de Compostela, dem Ziel von Millionen von Pilgern. Die Kathedrale wurde 1211 geweiht.*

Oben rechts: *Der* Botafumeiro, *das Rauchfaß, hat ein Gewicht von über fünfzig Kilogramm. Bei großen Festen wird das Gefäß von acht Männern geschwungen.*

Auch an anderen Stellen ist der *Camino* »überdacht«. Die Klostergebäude, die man im Mittelalter als Hospitäler für Pilger errichtete, wurden meist über den Weg hinweg gebaut. Im Lauf der Jahrhunderte verfielen viele davon zu Ruinen, doch die Überbrückungen haben häufig die Zeiten überstanden. Fast überall, wo die Pilgerroute unter solch einem Gewölbe hindurchführt, stellte dies früher auch eine symbolische Verbindung zwischen Kirche und Hospital dar: Hier gingen die Versorgung des Körpers und der Seele Hand in Hand. Doch kann die offenkundige Popularität dieser Bauweise vollständig von der Symbolik hergeleitet werden? War nicht auch ein wenig Spaß dabei, solch einem Tausende von

Kilometern langen Weg ein Stück Dach geben zu wollen? Diejenigen, die den größten Teil zum Netz der Pilgerunterkünfte beitrugen, waren die Benediktiner. Bei ihnen wurde Gastfreiheit größer geschrieben als Ermahnungen. Waren sie sich bewußt, daß sie mit ihren Dachkonstruktionen an ein typisches Pilgergefühl appellierten?

Wie lang er auch ist, der *Camino* besitzt etwas Intimes. Die Erfahrungswelt ist auf eine ganz bestimmte Umgebung begrenzt. Die lange Route gleicht ein wenig einem Wohnzimmer. Pilger sind wegen der Gesellschaft und des Informationsaustausches aufeinander angewiesen, aber weil ein fester Treffpunkt in Form eines Dorfbrunnens fehlt, schwatzen, tratschen und quatschen sie dort, wo sie einander begegnen, einfach drauflos. Jede zufällige Begegnung stellt eine einzigartige Mischung aus Intimität und Anonymität dar. Die Kontakte sind ebenso kurz wie intensiv und häufig äußerst interessant. Denn in unserer Zeit gehört schon ein wenig Verrücktheit dazu, um eine Wallfahrt in Angriff zu nehmen – nicht zuletzt wegen der Schwierigkeiten, anderen zu erklären, warum man es tut. Man trifft auf dem *Camino* Jugendliche in den Ferien, aber auch Erwachsene; Familienväter, die das eintönige Leben in ihren Reihenhäusern als eine Form geistiger Verbannung betrachten und deshalb losgezogen sind – Menschen, die Jahr für Jahr in irgendeinem Büro den immer gleichen Gesichtern gegenübergesessen haben, genießen es, plötzlich allein zu sein und in einer fast menschenleeren Ebene eine einsame kleine Figur näherkommen und immer größer werden zu sehen und sich zu fragen: »Wer mag das wohl sein?«

Vielleicht muß die neue Popularität des *Camino* mit der dörflichen Wärme unterwegs, dem »Wohnzimmergefühl«, erklärt werden. Das Pilgern befriedigt ein Bedürfnis, das heutzutage meistens verborgen bleibt, weil es mit unserem modernen Verhaltenskodex von Zurückhaltung und Privatheit kollidiert: mit der Unmöglichkeit, spontane und ungenierte Gesten der Freundlichkeit außerhalb unseres stark geschrumpften Kreises von »Intimi« zu geben und zu empfangen. In dieser Hinsicht erfüllt der *Camino*, obwohl so alt wie Methusalem, auf perfekte Weise ein Verlangen, das sich erst während der letzten Jahrzehnte manifestiert hat.

Die Reise ist das, was man selber daraus macht: Dadurch konnte der *Camino* zur Kulisse immer wieder anderer Glaubensrichtungen werden. Im Grunde hat sich der *Do-it-yourself*-Charakter der Wallfahrt nach Santiago de Compostela über die Jahrhunderte hinweg nur noch verstärkt. Die Pilger unserer Zeit wollen oft eher mit sich selbst ins reine kommen als eine Schuld beim Allmächtigen zu begleichen. Ein Teil von ihnen nimmt nicht einmal mehr die Mühe auf sich, anzukommen, sondern zieht es vor, die Kirmes in Santiago zu meiden. Diese Männer und Frauen beenden ihre Tour auf dem *Monte del Gozo*, dem *Berg der Freude*, auf dem die Pilger des Mittelalters erleichtert die Hüte in die Luft warfen, wenn sie in der Tiefe die Türme der Kathedrale erblickten.

Gäbe es den *Camino* nicht schon so lange, könnte man denken, daß er das Resultat einer ausgeklügelten »postkirchlichen Marketingstrategie« sei. Die Route liegt da wie ein unfertiger Rohbau – Innenausstattung je nach persönlicher Vorliebe. Moderner geht es nicht! Man ist Teil eines Kollektivs von Hunderttausenden über die Jahrhunderte hinweg. Aber man kann seine Pläne auf die Art und Weise gestalten, wie es einem am besten paßt. Man könnte sagen, daß erst unsere Zeit, über tausend Jahre nach der Grabesentdeckung, die wahren Möglichkeiten bietet, den *Camino* in seiner besonderen Eigenart zu erleben – nämlich sich vor Augen zu führen, daß Start und Ziel nicht von Bedeutung sind; was zählt, ist die Strecke dazwischen. Erst für den zeitgenössischen Pilger ist der Weg eine durchgehende persönliche, spirituelle Erfahrung.

Oben: *Der* Hl. Jakobus, *Miniatur aus dem* Jakobusbuch, *12. Jahrhundert. – Kathedralarchiv, Santiago de Compostela.*

Gralsburg Montségur?

Oben: *Der Heilige Gral gehört seit dem Mittelalter zum allgemeinen Kulturgut des Abendlandes. Über sein Aussehen herrscht jedoch keine Einigkeit: Viele sehen in ihm das Gefäß, mit dem das Blut des sterbenden Christus aufgefangen wurde, andere wiederum beschreiben ihn als einen Stein. Wieder andere deuten ihn als den Kelch, der beim Letzten Abendmahl verwendet wurde. In diesem Fall stünde er in engem Bezug zur Eucharistie, zu der auch der hier abgebildete Kelch diente.*

Das mittelalterliche Epos *Le Roman de Perceval ou Le Conte du Graal (Der Percevalroman oder Die Erzählung vom Gral)*, um 1180 von Chrétien de Troyes verfaßt, ist eines der faszinierendsten Werke der Weltliteratur. Mit ihm wird zugleich ein Symbol geboren, das die Gemüter noch Jahrhunderte später beschäftigt: der Heilige Gral, auf dessen Suche sich die Ritter von König Artus' Tafelrunde begeben.

Als Chrétien seine Erzählung verfaßt, hat noch kaum jemand vom Gral gehört, doch als Wolfram von Eschenbach die Geschichte im ersten Jahrzehnt des 13. Jahrhunderts vollendet, ist er schon in aller Munde. Seitdem hat er seinen festen Platz in der kollektiven Phantasie des Abendlandes, Generationen von Heilssuchern werden ihm nachjagen: Romantiker, Theosophen, Anthroposophen, Anhänger der New-Age-Bewegung ... und in den dreißiger Jahren unseres Jahrhunderts schließlich auch finstere Nazi-Phantasten!

Oben: *Der Schriftsteller und Filmemacher Roel Oostra ist Produzent der Serie* Die großen Rätsel. Mythen und Mysterien.

Es gibt keinen Beweis dafür, daß der Gral je wirklich existiert hat. Seine Form – es könnte ein Kelch sein oder eine Schale, ein Meteorit oder ein Edelstein – ist ebenso umstritten wie seine Herkunft. Doch die Gralssuche wurde zu einem Symbol für die Suche des Menschen nach der Vereinigung mit dem Göttlichen, nach innerer Erfüllung. Und es gab zu allen Zeiten Menschen, die nach dem Vorbild der Tafelritter ein Leben lang nach ihm suchten. *Munsalvaesche*, die geheimnisvolle Gralsburg, in der das Mysterium laut Wolfram von Eschenbach aufbewahrt wurde, glaubte man mal in Dinas Brân in Wales, mal im persischen Takt-i-Taqdis, mal in Montferrat in Katalonien zu finden. Am häufigsten jedoch wurde auf eine grimmige Burgruine in den französischen Pyrenäen verwiesen: Montségur!

Damit wurde die Gralssuche in Beziehung gesetzt zu einem der blutigsten Kapitel der mittelalterlichen Geschichte, den sogenannten Albigenserkriegen. Als Montségur 1244 nach zehnmonatiger Belagerung fiel, endete ein mehr als dreißig Jahre währender blutiger Krieg, den die römische Kirche gegen die Katharer geführt hatte. Mit dem Fall der Burg wurde zugleich eine Bewegung innerhalb des Christentums vernichtet, die seit seinem Ursprung existiert hatte: der Gnostizismus.

Namhafte Historiker haben einen Zusammenhang zwischen der Gralslegende und dem Katharismus immer wieder bestritten – und durch Fakten ist er letztlich auch nicht zu belegen. Allerdings lassen sich symbolische Verbindungen herstellen zwischen dem Gral und den Katharern von Montségur sowie deren gnostizistische Lehren!

Links: *Auf dieser mittelalterlichen Miniatur erscheint der Gral König Artus und den Rittern der Tafelrunde. – Chrétien de Troyes, Wolfram von Eschenbach und andere Dichter verbanden im 12. und 13. Jahrhundert die Gralslegende mit dem Artusroman.*

Oben: *Wolfram von Eschenbach nennt die Gralsburg in seinem* Parzival-*Epos* Munsalvaesche, *Berg des Heils. Diese Burg wurde oft in den Bergfestungen der östlichen Pyrenäen vermutet, wo die Katharer in den letzten Jahrzehnten ihres Bestehens Zuflucht vor Verfolgungen suchten.*

Im Jahr 1945 fand der ägyptische Bauer Muhammad Ali in der Nähe des Dorfes Nag Hammadi einige Papyrusrollen, die sich als eine über Jahrhunderte versteckte Sammlung gnostischer Handschriften erwiesen, darunter auch das berühmte *Thomasevangelium*. Bis dahin wußte man über diese religiöse Strömung nur aus den Schriften der Kirchenväter. Sie hatten den Gnostizismus bezeichnet als »eine Ketzerei, die sich auf eine Travestie der christlichen Lehre stützt, von Hexerei beschmutzt, belastet mit einem untragbaren Gewicht mythologischer Trugbilder und zu einem Abgrund führend, in dem es keine Erlösung gibt ...«

Der orthodoxe Katholizismus betrachtete den Gnostizismus seit jeher als seinen großen Gegner. In Wahrheit handelte es sich jedoch um keine »Abspaltung« vom Hauptstrom, sondern um eine Lehre, die nach Meinung des Gnostizismus-Experten Gilles Quispel durchaus auch den Anspruch erheben könnte, den wahren Ursprung des Christentums zu repräsentieren. Die bei Nag Hammadi gefundenen Rollen sind Abschriften von Texten, die nicht später als 150 nach Christus entstanden sein sollen; einer stammt vermutlich schon aus dem Zeitraum um 50 n. Chr. und ist damit älter als die »anerkannten« Evangelien, die zwischen 70 und 130 n. Chr. verfaßt wurden. Man kann davon ausgehen, daß es zu Beginn des Christentums verschiedene Strömungen gab und sich der Katholizismus

Unten rechts: *Über Jahrhunderte hin wußte man über die Gnostiker fast ausschließlich etwas aus den Schriften ihrer Gegner, der Kirchenväter. Im Jahr 1945 wurden bei Nag Hammadi in Ägypten dann Schriftrollen entdeckt, die zum Teil bereits im ersten nachchristlichen Jahrhundert entstanden und älter sind als die anerkannten Evangelien. Dieser Fund machte es möglich, unmittelbare Erkenntnisse über das gnostische Denken zu gewinnen.*

erst im Lauf der Jahrhunderte als herrschende Lehre durchsetzte, nachdem er andere Richtungen ausgeschlossen hatte, oft gewaltsam. Die Gnostiker gehörten zu den Verlierern.

Unten: *Konstantin der Große (280-337) war der erste römische Kaiser, der das Christentum förderte und ihm damit den Weg bereitete, zur Staatsreligion des Imperiums aufzusteigen.*

Die christliche Lehrmeinung betrachtet den Menschen als unvollkommen und sündhaft. Seit dem Sündenfall ist er ein vergängliches Wesen, das nur durch die Leiden Christi in einem Akt der Gnade erlöst werden kann. Die einzige unveränderliche und ewige Wahrheit liegt im Wort Gottes, und das ist Gesetz, der Mensch hat keinen Einfluß darauf. Den Weg zu dieser Gnade und dieser Wahrheit weist die Kirche als Mittlerin zwischen Gott und dem sündhaften Menschen. Auf diese Weise wurde die »Wahrheit« an eine Institution gekoppelt – eine Wendung, durch welche diese Glaubenslehre zu einem praktischen Instrument für das römische Imperium wurde. Als Konstantin der Große im Jahr 313 dem Christentum den Weg zur Staatsreligion bereitete, wählte er ausdrücklich jene Richtung, die den Menschen für unfrei und schuldbeladen erklärte. Mit der Einführung des *Credos*, eines einheitlichen Glaubensbekenntnisses, das bis heute die Grundlage für den Katholizismus wie auch den Protestantismus darstellt, begann zugleich die systematische Verfolgung anderer Glaubensrichtungen, vor allem die der Gnostiker.

Im Gegensatz zum orthodoxen Christentum betrachtet der Gnostizismus den Menschen nicht als per definitionem sündhaft, sondern als Träger des Göttlichen: in ihm verbirgt sich ein göttlicher Funke. Zwar ist er unvollkommen, aber nicht, weil er Schuld auf sich geladen hat, sondern weil er sich seines göttlichen Kerns nicht bewußt ist. Durch die Macht des Bösen, die den Menschen in der Welt der Materie gefangenhält, hat dieser die Erinnerung an seinen Ursprung verloren. Aber er kann erlöst werden, wenn er das Göttliche in sich selbst erkennt und den Weg zurück findet. Dies ist jedoch nur durch *Gnosis*, Erkenntnis, möglich.

In der gnostischen Version des Christentums ist der »Schöpfer«, der *Jahwe* des Alten Testaments, nicht Gott, sondern sein Gegenpart, der Herr des Bösen. Er war es, der den Menschen mit der Schaffung einer materiellen Welt aus seinem geistigen Ursprung herausriß. Dabei ist sich dieser Demiurg seines wahren Ursprungs ebensowenig bewußt wie des guten Gottes (vgl. Jes. 45, 5–7) und sagt daher für den Gnostiker die Wahrheit, wenn er spricht: *Außer mir ist kein Gott.* Denn der wahre Gott ist ihm wesensfremd.

Unten links: *Der Sündenfall und die Vertreibung aus dem Paradies. – Für die Gnostiker symbolisierte die Schlange Weisheit, und das Essen der verbotenen Frucht vom Baum der Erkenntnis gewährte ihrer Lehre nach Adam und Eva den Einblick in das wahre, geistige Wesen des Göttlichen. Jahwe, der eifersüchtige Schöpfer der materiellen Welt, verjagt die beiden daraufhin aus dem Garten Eden, weil er sich in seiner Macht bedroht fühlt. – Ausschnitt aus der Deckenmalerei der Sixtinischen Kapelle von Michelangelo, 1508-1512.*

Unten: *Gnostiker wie beispielsweise die Katharer betrachteten Jesus Christus nicht als Sohn Gottes, sondern als einen Boten, der den Menschen die Augen für den wahren, Guten Gott öffnen sollte. – Kathedrale von Chartres.*

Selbst unwissend, enthält Jahwe auch dem Menschen das Wissen um seine göttliche Natur vor. Entsprechend hat auch die Geschichte vom Sündenfall im Gnostizismus eine andere Bedeutung als in der herrschenden christlichen Lehre. Die Schlange, die Adam und Eva dazu überredet, Jahwes Verbot, vom Baum der Erkenntnis zu essen, zu mißachten, ist nicht Symbol des Bösen, sondern sie verhilft dem Menschen im Gegenteil zur Erkenntnis des Göttlichen: *Ihr werdet keineswegs des Todes sterben; sondern Gott weiß: an dem Tage, da ihr davon esset, werden euch die Augen aufgehen und ihr werdet sein wie Gott und wissen, was gut und böse ist.* (1. Mos. 3, 4 f.) Wenn der Schöpfer daraufhin wutentbrannt ruft: *Du bist Erde und sollst zu Erde werden* (1. Mos., 3, 19), ist dies für den Gnostiker der Beweis: Jahwe, der Demiurg, will den Menschen in Unwissenheit halten, er fesselt ihn mit seinem Fluch an die Materie und verdammt ihn so zu Leid und ewigem Tod.

Rechts: *Die ritterliche Idealisierung der Frau im Mittelalter. Auf dieser Tafel aus dem 15. Jahrhundert beten Krieger und Edelleute Venus in einer Strahlenaureole an.*

Das Königreich des Vaters ist über die Erde verstreut. Aber die Menschen sehen es nicht.
(...)
Spalte ein Stück Holz, und ich bin da, hebe einen Stein auf, und du wirst mich finden.

Jesus, zitiert im Thomasevangelium

Aus diesem Grund erkennt die gnostische Lehre das Alte Testament und dessen Jahwe nicht an, wohl aber das Neue Testament. Christus ist für sie ein Gesandter des wahren Gottes, der in das Reich der Unwissenheit und Materie eintritt, um den Menschen an seinen Ursprung zu erinnern. In den Augen des Gnostikers ist das Leben Christi deshalb keine Leidensgeschichte, sondern ein Exempel, das den Weg zur Entsagung von der materiellen Welt und zur Überwindung des Todes weist.

Um die Botschaft Christi zu verstehen, benötigt der Gnostiker keine Mittlerin. Die Erlösung wird im unmittelbaren und persönlich erlebten Kontakt mit Gott, Christus oder dem Heiligen Geist gesucht, eine Instanz wie die Kirche wäre dabei nur hinderlich.

Ein weiterer wesentlicher Unterschied zwischen gnostischen und orthodoxen Lehrauffassungen betrifft die Taufe: Sie erfolgt im Gnostizismus durch Handauflegung, nicht durch Wasser, das schließlich Materie ist! Dabei beziehen sich die Gnostiker auf die Worte Johannes des Täufers: *Ich taufe euch mit Wasser; er aber wird euch mit dem heiligen Geist taufen.* (Mk. 1,8) Tatsächlich segnete und heilte Jesus zu Lebzeiten durch Handauflegung und taufte zu Pfingsten seine Anhänger mit dem Heiligen Geist. Für die Gnostiker war deshalb das Handauflegen die einzig wahre Taufe, alle anderen Sakramente galten als von der Kirche hinzugefügte Verfälschungen. Das *Consolamentum,* Taufe und Priesterweihe zugleich, galt als der Moment, in dem der einzelne den göttlichen Geist in sich aufnahm und zur Erkenntnis seiner geistigen Natur vorstieß. Diese Erlösung bringende *Gnosis* kann nur von Person zu Person übertragen werden, in einer ununterbrochenen Kette, die bei den Aposteln begonnen hat. Das *Consolamentum* sollte in den letzten Tagen des katharischen Gnostizismus in Frankreich von großer Bedeutung sein.

Für den Gnostiker ist die Hölle hier auf Erden, denn hier schlägt der Demiurg den Menschen in die Fesseln der Materie. Das Mittel dazu ist der Genuß des Materiellen. Durch die Lust, nicht nur die sexuelle, wird der Mensch von seiner wahren Bestimmung abgelenkt. Der Zauber der Welt blendet ihn. Daher lehnt der Gnostizismus die Welt ab, denn nur durch die Befreiung aus den Fesseln der Materie kann der Mensch Erlösung finden, weil er allein so zu dem Göttlichen in sich vorstoßen kann. *Das Königreich ist in dir und außerhalb von dir,* heißt es im Thomasevangelium. *Findest du dich selbst, so wirst du gefunden werden. Findest du dich selbst nicht, dann lebst du in Armut* [gefangen in einer materiellen Welt; A. d. Vf.]. *Und dieses Versäumnis, dich selbst zu finden, wird dich zugrunde richten.*

Diese Auffassung verleiht dem Gnostizismus eine starke Tendenz zum Individualismus. Wie einer seiner Gegner schrieb, hat gewissermaßen jeder Gnostiker sein eigenes Evangelium. Das stimmt, nur ist dies für den Gnostiker kein Schreckbild, sondern der einzige Weg zur Erlösung. Viele gnostische Schriften geben einen Freiheitssinn zu erkennen, der sich schwer mit dem Anspruch der Kirche vereinbaren läßt, den Gläubigen vorzuschreiben, nach welcher Wahrheit sie zu leben haben. Und tatsächlich entwickelte die gnostische Bewegung, im Unterschied zum katholischen Christentum, nie einen Machtapparat. »Die Kirche«, schreibt Gilles Quispel, »wurde eine hervorragende Führerin. Die Organisation, der Manager, besiegte den individuellen Geist. Dies war eine Reaktion auf den Gnostizismus, denn dieser predigte den Weg in sich selbst. Und es gibt keinen Führer, der das gutheißt …« Der Forscher schließt mit dem scharfen Vergleich: »Rom ist nie groß gewesen im Hervorbringen von Denkern, wohl aber von ausgezeichneten Führern. Und Manager tun sich nun einmal schwer mit selbständigen Denkern.« Wie schwer sich die Kirche tat, zeigt der Lauf der Geschichte!

Unten: *Der niederländische Wissenschaftler Gilles Quispel rettete einen Teil der Nag-Hammadi-Dokumente*

aus den Händen von Händlern. Seine Übersetzung des Thomasevangeliums verschaffte dem Gnostizismus-Experten Weltruhm.

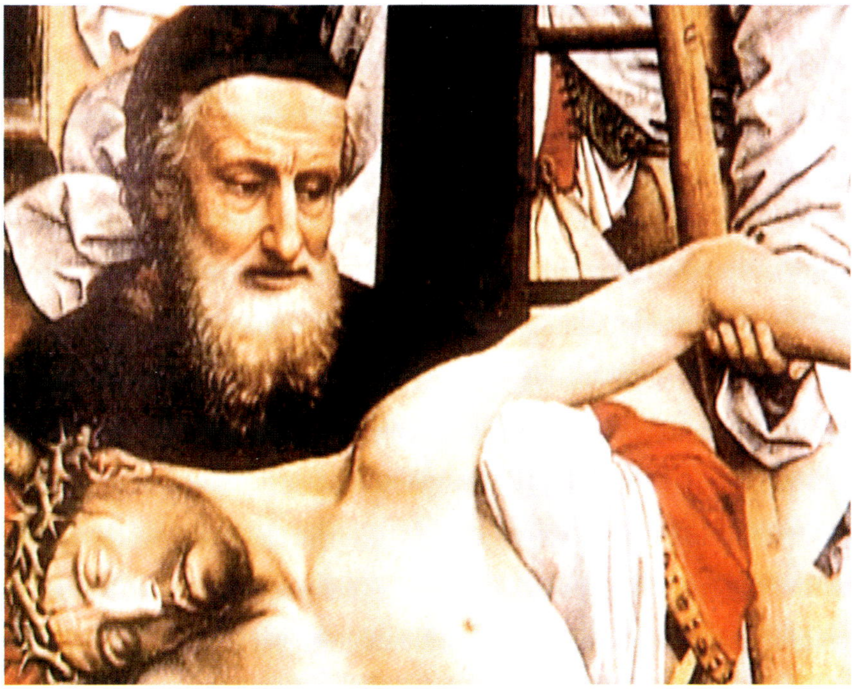

Links: *Joseph von Arimathäa hält den toten Christus in den Armen. Angeblich fing Joseph das Blut des Sterbenden in einem Gefäß auf und gilt daher auch oft als der erste Hüter des Grals. Einer Legende zufolge soll er von Christus in eine geheime Lehre eingeweiht worden sein. – Detail eines Altarbildes des flämischen Malers Rogier van der Weyden (1435).*

Die »Urgemeinde« in Jerusalem, die in den ersten Jahren nach dem Kreuztod Jesu Christi entstand, hielt sich noch streng an das jüdische Gesetz und unterschied sich von anderen Sekten nur durch den Glauben,

Oben: *Nach gnostischer Lehre starb Christus nicht wirklich am Kreuz, sondern warf dort nur seine materielle Last ab. Die Gnostiker stellten den Gekreuzigten daher triumphierend mit erhobenen Armen dar.*

daß Christus der seit langem erwartete Messias sei. Doch Paulus verkündete das Evangelium auch unter Juden außerhalb Palästinas sowie unter Heiden. Menschen, die den hebräischen Hintergrund der neuen Lehre nicht kannten, betrachteten den Kern der Botschaft Christi zunehmend als Offenbarung einer höheren Erkenntnis, mit der sich der Mensch von den unsichtbaren Mächten, die diese Welt regieren, befreien konnte. Ohne Bezug zu der Geschichte vom Bund zwischen Gott und dem auserwählten Volk bekam das Evangelium einen sehr viel mystischeren und psychologischeren Charakter, wurde es als kosmisches Drama interpretiert, in dem der Mensch als Individuum seinen Platz hatte. Diese Sichtweise, beeinflußt auch von persischen sowie indischen Vorstellungen, bildete das Fundament für die gnostische Lehre, die sich unter charismatischen Gruppen in Syrien und besonders in der Stadt Edessa entfaltete. Edessa, heute das türkische Urfa, wo *Addai* – war er womöglich der Apostel Thomas? – den Glauben verkündet hatte, war bereits wenige Jahre nach Jesus Tod christlich geworden.

Lange Zeit war es ungewiß, ob die – durch die Lehren des Apostels Paulus geprägte und von Konstantin dem Großen zur römischen Staatsreligion erhobene – christliche Lehre oder aber der Gnostizismus die Oberhand gewinnen würde. Viele Gläubige lehnten nämlich Dogmen und Glaubensverkündigungen ab, die keine Antworten auf ihre existentiellen Fragen boten, und suchten statt dessen nach einer Vertiefung ihres persönlichen Glaubens. Doch gegenüber der nun vereinigten Macht von Kirche und Staat hatten sie keine Chance, sie wurden im ganzen Reich verfolgt und umgebracht.

Gegenüber unten: *Im südfranzösischen Languedoc, das im Hochmittelalter zu den reichsten und kulturell blühendsten Landschaften Europas gehörte, fand der Katharismus große Verbreitung.*

Links: *Die Katharer (im Bild ein Ausschnitt aus einem Historienspiel) wurden von den sogenannten* perfecti (parfaits) *geführt, von Männern und Frauen, die das einzige anerkannte Sakrament der Glaubensgemeinschaft, die Taufe durch Handauflegen* (consolamentum), *empfangen hatten. Diese Taufe durch den Heiligen Geist wurde angeblich seit den Aposteln in einer ununterbrochenen Kette weitergegeben. Der so Geweihte bereitete sich auf ein ewiges geistiges Leben und die Wiedervereinigung mit dem Guten Gott vor. Voraussetzung dafür war, daß sich die* perfecti *von ihrem materiellen Besitz und ihrem Ehepartner trennten.*

Unten: *Peyreperthuse, eine Burgruine in den südfranzösischen Pyrenäen.*

Die Gnostiker aus Syrien und Edessa, die bereits früh in die abgelegenen Berge Armeniens geflohen waren, hielten den Widerstand am längsten aufrecht. Erst im 9. Jahrhundert wurden sie unterworfen und zum Teil nach Bulgarien deportiert. Dort fand ihre Lehre zuerst unter Bauern und dem Kleinadel Gehör. Später verbreiteten sich die Bogomilen, wie sie

Unten: *Der Adel des Languedoc verfügte zwar über weniger Besitztümer als andere Regionen Frankreichs, befand sich jedoch auf einem weitaus höheren kulturellen Niveau. Hier blühten die Künste, und zahlreiche Adlige wandten sich den Katharern zu oder duldeten sie zumindest. – Schauspieler in einer Inszenierung, mit der in Südfrankreich regelmäßig an die Geschichte der Katherer erinnert wird.*

nach dem Priester Bogomil genannt werden, auf dem gesamten Balkan. In Bosnien konnten sie aufgrund politischer Wirren einige Jahrhunderte lang ihren eigenen Weg gehen, und um 1200 war Bosnien das Zentrum einer sich in ganz Europa ausbreitenden Bewegung, deren geistliches Haupt als eine Art Anti-Papst einer alternativen Kirche fungierte. Rom entsandte ein Kreuzritterheer nach dem anderen in die aufständische Region und suchte die Bauern solange mit Krieg, Plünderung und Inquisition heim, daß die Bogomilen schließlich die um 1400 heranrückenden Türken als Befreier begrüßten und sich zum Islam bekehren ließen.

In den zwei Jahrhunderten dazwischen aber hatte ihr Gedankengut in Norditalien, im Rhonetal, der Champagne und anderen Gegenden Nord-

Oben rechts: *Der Klerus war dagegen überwiegend reich, aber korrupt und in erster Linie auf Selbstbereicherung bedacht. Er zeigte sich den Nöten der Bevölkerung gegenüber gleichgültig und trieb dadurch zahlreiche Bewohner des Languedoc in die Arme des Katharismus. – Szenenfoto aus einem Historienspiel über die Katharer.*

Rechts: *Der heilige Dominikus disputiert mit den Katharern. Der Papst entsandte um 1215 Dominikus Guzmán, den späteren Gründer des Dominikanerordens, zur Bekehrung der Katharer ins Languedoc, doch trotz seines scharfen Geistes war er seinen gebildeten Gegnern im Disput unterlegen.*

frankreichs und sogar in Flandern und im Rheintal Fuß gefaßt. Ihre Anhänger wurden *Katharer*, die Reinen, genannt, nach dem griechischen Wort *katharsis*. Daraus entstand später die abwertende Bezeichnung »Ketzer« – die Annalen der Geschichte werden nun einmal von den Siegern geschrieben ... Am stärksten verbreitete sich diese Bewegung in Südfrankreich, das zur Zeit des Hochmittelalters eine historische Sonder-

stellung einnahm. Während man sich überall sonst in Europa nach Jahrhunderten des Niedergangs mühsam wieder aufrichtete, standen Handel und Kultur im Gebiet des heutigen Languedoc in höchster Blüte. Wichtige Handelswege führten durch die Region, hier fand ein lebhafter Austausch mit der maurischen Kultur aus Spanien statt, hier war man neuen Ideen gegenüber aufgeschlossen. In diesem liberalen Klima blühte plötzlich der Gnostizismus auf, nicht zuletzt deshalb, weil der Klerus korrupt, verschwenderisch und nicht imstande war, dem Volk geistliche Führung zu geben. Er erwartete nicht mehr von den Gläubigen, als daß sie der Kirche treu blieben, und das äußerte sich fast ausschließlich in der Abgabe des Zehnten. Die Katharer dagegen stellten keine materiellen

Forderungen, sondern boten ihren Anhängern statt dessen ein tiefes religiöses Erleben. Die Bevölkerung erkannte diesen Unterschied genau.

Im Gegensatz zum übrigen Europa herrschte im Languedoc soziale Mobilität und ein reger Austausch zwischen Bürgern und Adel. Im Umfeld der zahlreichen kleinen Höfe entwickelte sich ein reiches kulturelles Leben. Die Frauen wurden geachtet und, vor allem wenn sie Land besa-

Unten links: *Die Katharer fanden bei den Armen und insbesondere bei dem ausgeprägten Stand der Händler und Handwerker großes Gehör. Die Kontakte, die zwischen den Bewohnern der Region und dem von Arabern beherrschten Spanien sowie mit anderen Mittelmeergebieten bestanden, hatten den Horizont der Bevölkerung erweitert und ihren Freiheitsdrang gefördert.*

Oben: *Katharer auf dem Scheiterhaufen. – Nach der mißlungenen Mission wurde der Dominikanerorden von Papst Gregor IX. damit beauftragt, das »Ketzertum« mit dem eigens hierfür geschaffenen Instrument der Inquisition zu »bekehren«.*

Links: *Auf diesem Stich aus dem 19. Jahrhundert werden die Katharer als Mörder und Schurken dargestellt. Nach dem Sieg des »Heeres Christi« über die Katharer 1244 bestimmte ausschließlich die Kirche über Jahrhunderte hinweg das Bild, das von den »Ketzern« gezeichnet wurde.*

Rechts: *Im 12. Jahrhundert war das Languedoc das bedeutendste kulturelle Zentrum Europas. Dieses Wandgemälde aus dem Ende des letzten Jahrhunderts zeigt eine romantisierte Darstellung des jährlich stattfindenen Dichterfests, das vom gesamten Adel der Region besucht wurde. – Salle des Illustres, Toulouse.*

ßen oder von adliger Herkunft waren, gleichberechtigt behandelt. Literatur, Musik und Poesie standen in höchster Blüte. »Es wurden Dinge geschrieben und gesungen«, bemerkt Gérard Zuchetto, selbst ein moderner Troubadour, »die die Menschen dazu aufriefen, frei zu sein. Sie sollten sich von der Bevormundung durch die Kirche befreien, sie sollten sich von dem Zwang befreien, in lateinischer Sprache zu schreiben ...«

In einer Zeit, in der die Bücher von Mönchen geschrieben wurden und die Kirche über allem wachte, was passierte, war dies natürlich Zündstoff. Selbstverständlich war man in Rom nicht begeistert davon, daß die Katharer ihren Anhängern die Evangelien in der Volkssprache, dem Ok-

Oben und rechts (Detail): *Die Troubadourlyrik des Languedoc stellte die erste Blüte weltlicher Lieder dar. Sie orientierte sich am Ideal des höfischen Lebens und wurde bald von Minnesängern in ganz Europa übernommen. Diese höfische Lyrik hat entscheidend auf die Herausbildung einer weltlichen Literatur eingewirkt. Die Abbildung zeigt den Sängerkrieg auf der Wartburg, einen Wettstreit der Minnesänger, wie er bei der Darstellung des Meister Heinrich »Frauenlob« in der größten Sammlung mittelhochdeutscher Minnelyrik wiedergegeben wird. – Große Heidelberger Liederhandschrift (Manessische Handschrift), Universitätsbibliothek Heidelberg.*

zitanischen, zugänglich machten. Ein weiterer Reibungspunkt war die Tatsache, daß die Frauen bei den Katharern im geistlichen Bereich eine wichtige Rolle spielten: Sie hatten ebenfalls das Recht zu predigen und durften das Sakrament spenden, das sie selbst empfangen hatten, das *Consolamentum*.

Der Impuls, den die Frauen der Bewegung gaben, muß enorm gewesen sein. Gérard Zuchetto glaubt, daß der katharische *parfait*, der *Vollendete*, das reale Vorbild für den Troubadour war, der von der »Minne«, der höfischen Liebe sang. Der *parfait* war gut, keusch, hatte einen reinen Geist und suchte die Welt des Göttlichen. Von den Schlössern des Languedoc aus, wo die Troubadoure zu den Tönen arabischer Musik ihre adligen Zuhörer aufforderten, sich ihrer körperlichen Fesseln zu entledigen und sich der reinen, ungreifbaren Liebe und der Weltentsagung hinzugeben, eroberte die Idee der »höfischen Liebe« ganz Europa. In dieser Welt der Troubadoure entstand auch die Legende vom Gral ...

Da erschien ihnen das heilige Gefäß des Grals mit mannigfachem holden Duft (...) das von einer Jungfrau getragen wird, und darin ist ein Teil des heiligen Blutes Unseres gesegneten Jesus Christus; doch es ist nur einem vollkommenen Mann sichtbar.

Die Geschichte von König Artus und den Rittern seiner Tafelrunde *von Thomas Malory*

Gegen Ende des 12. Jahrhunderts beschreibt Chrétien de Troyes in seinem *Conte du Graal* die Suche von *Perceval le Gallois* nach dem heiligen Gral. Chrétien kommt aus dem Norden Frankreichs, und seine Erzählung scheint keinen Bezug zu den Geschehnissen im Languedoc zu haben. Doch als Wolfram von Eschenbach wenige Jahrzehnte später die Legende vollendet, bemerkt er, Chrétien habe nur einen Teil der Geschichte gekannt; deren Ursprung verlegt er in die ... Provence.

Die Gralssage beginnt mit Joseph von Arimathäa, einem wohlhabenden Juden, der sein eigenes Grab für den Leichnam Christi zur Verfügung stellte. Einer Version zufolge legte er die Hand auf jenen Kelch, den Christus beim Letzten Abendmahl benutzte. Eine andere Version besagt, es habe sich um das Gefäß gehandelt, in dem Joseph das Blut des sterbenden Christus auffing. Später floh Joseph mit diesem *Gral* und einigen Anhängern Jesu aus Palästina. Angeblich gelangten sie bis zur Rhonemündung in Südfrankreich, wo ihre mythische Ankunft noch heute Ende Mai gefeiert wird. Einer anderen Überlieferung nach reiste Joseph sogar bis nach Südengland.

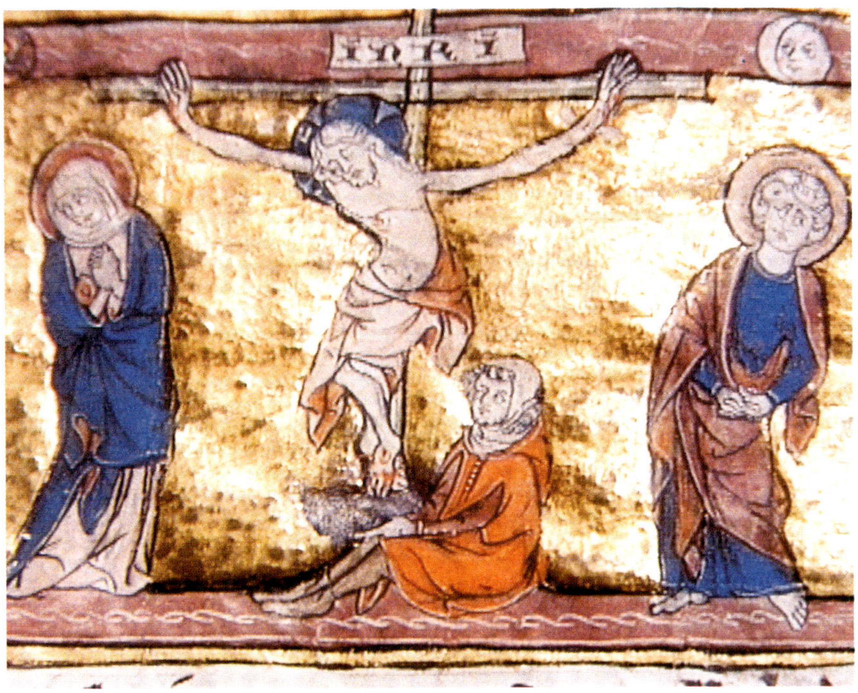

Links: *Joseph von Arimathäa fängt in einem Gefäß das Blut des sterbenden Christus auf. – Abbildung aus einer Handschrift des* Roman de l'Estoire dou Graal *von Robert de Boron. Um 1240, Hermetische Bibliothek Amsterdam.*

Der Legende zufolge scharten sich Josephs Anhänger um eine runde Tafel, auf welcher der Gral stand. Es war Platz für 13 Personen – eine Anspielung auf das Letzte Abendmahl –, doch ein Stuhl, der, auf dem Judas saß, blieb unbesetzt. Auf dem *Munsalvaesche*, dem Berg der Rettung, errichtete man für den Gral eine Burg, in der dessen endgültiger Hüter, der Fischerkönig, einem Orden von Rittern vorstand. Doch dem Hüter des Heiligtums wurde auf geheimnisvolle Weise – durch Verlust des Glaubens oder durch die Liebe zu einer Frau, die seinem Keuschheitsgelübde widersprach – eine Wunde zugefügt, die nicht mehr verheilte. Daraufhin verdorrte das Gebiet um die Gralsburg und verwandelte sich in eine öde Wüste, die erst wieder blühen sollte, wenn der Fischerkönig genas.

Die Ritter der Tafelrunde ziehen aus, um den Gral zu suchen. Die Frauen bleiben an König Artus' Hof zurück, denn jeder Ritter muß sich allein auf die queste *begeben. – Französische Handschrift, 14. Jahrhundert.*

An diesem Punkt vermischt sich die Gralslegende mit dem Mythos um König Artus und die zwölf Ritter der Tafelrunde. Deren Ideal vom vollkommenen Rittertum erhält seinen Sinn durch die Aufgabe, den Gral zu finden und den Fischerkönig zu erlösen. Als Belohnung winkt ihnen innere Wahrheit und die Vereinigung mit dem Göttlichen, die Berührung des *Sangreal*, des Grals, führt zu Transformation und Vervollkommnung.

Nur drei Artusritter gelangen zum Gral, unter ihnen Parzival (Perceval). Doch als er zur Burg kommt, findet er nicht die einfachen Worte des Mitgefühls, durch die Anfortas, der Gralshüter, erlöst würde. Erst nach Jahren vergeblichen Suchens, in denen sich seine Neigung zu Gewaltanwendung und fleischlicher Lust zu »Minne«, spiritueller Liebe, Einkehr und Vergeistigung gewandelt haben, kommt er erneut nach *Munsalvaesche* und erlöst den Leidenden.

Oben: *König Artus, der sagenumwobene keltische Krieger aus dem 6. Jahrhundert, der in zahlreichen Epen des Mittelalters besungen wurde. – Germanisches Museum, Nürnberg.*

Oben: *Der Ritter und Dichter Wolfram von Eschenbach, Verfasser des* Parzival, *der rätselhaftesten Version der Gralslegende. – Große Heidelberger Liederhandschrift (Manessische Handschrift), Universitätsbibliothek Heidelberg.*

Oben links: *König Artus führt das magische Schwert* Excalibur *im Kampf gegen König Lot. – Eine Illustration von Arthur Rackham.*

Der Einfluß der Gralslegende auf den Geist des Mittelalters war gewaltig. Um so mehr erstaunt es, daß die Kirche in einer Zeit, in der ein wahrer Reliquienkult herrschte, nicht ein einziges Mal auf ein Symbol aufmerksam machte, dem allgemein große Bedeutung beigemessen wurde. Erkannte sie in der Legende Symbole aus anderen Kulturen oder gar Ketzerei? Fest steht, daß der Gral zu einem Zeitpunkt populär wurde, als die Auseinandersetzungen zwischen Rom und den Katharern auf ihren Höhepunkt zusteuerten. Könnte es nicht mehr als ein Zufall sein, daß die römische Kirche genau zu diesem Zeitpunkt die *Eucharistie* zum zentralen Bestandteil der Messe machte? Der Meßkelch erinnert an die Vorstellung vom Gral als Kelch, und das Dogma der *Transsubstantiation* (1215), demzufolge sich Wein und Brot im Abendmahlskelch zu Blut und Leib Christi verwandeln, steht in einem besonders auffälligen Gegensatz zu den Lehren der Katharer, die ja das Göttliche von jeglicher Bindung an die

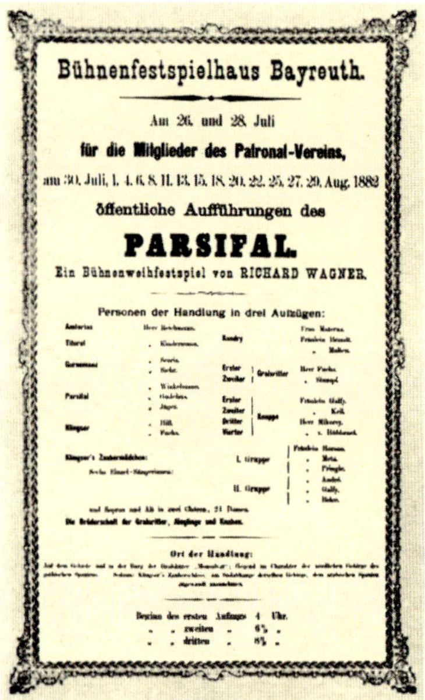

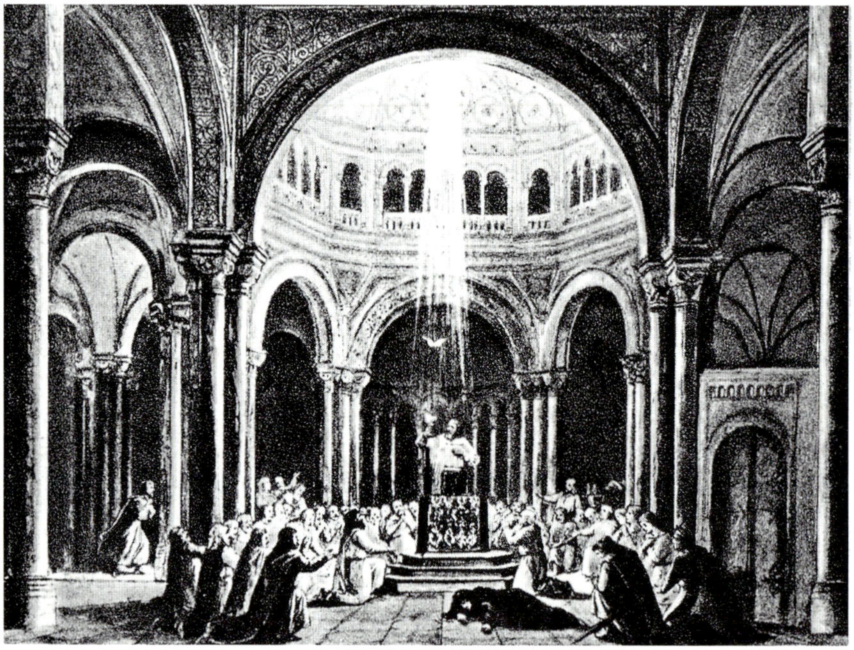

Oben: *Plakat für die Uraufführung von Richard Wagners Oper* Parsifal. *Das Gralsthema übte auf den Komponisten große Faszination aus. Wagner bestimmte, daß die Oper lange Zeit nur in seinem Bayreuther Festspielhaus aufgeführt werden durfte.*

Rechts oben: *Ein Bühnenbildentwurf des Gralstempels von Paul Joukowsky für die Uraufführung der Oper im Jahr 1882.*

Rechts unten: *Szenenfoto aus der berühmten* Parsifal-*Inszenierung von Wieland Wagner aus dem Jahre 1951.*

Materie gelöst sehen wollen. Deshalb wurde auch die These vertreten, die Gralslegende sei ein Mittel gewesen, um die Katholiken an den nordfranzösischen Höfen zu einem scharfen Vorgehen gegen die Häretiker im Languedoc anzustacheln. War nicht Chrétiens Werk im Auftrag des Grafen von Flandern entstanden, der jeden »Ketzer«, dessen er habhaft werden konnte, verbrennen ließ?

Falls die Kirche indessen geglaubt haben sollte, daß die Gralslegende mit der Niederwerfung der Katharer im Languedoc ihre Sprengkraft verlieren würde, hatte sie sich getäuscht. Denn auch in anderen Versionen der Geschichte, besonders in Wolfram von Eschenbachs *Parzival*, lassen sich gnostische Elemente nachweisen. Wolframs Symbolik zielt auf einen Lebensweg ab, bei dem der Mensch zuerst sich selbst suchen muß, um den Gral und damit das Göttliche zu finden.

Oben: *Die Artusritter Galaad und Parzival erblicken in einer Vision den Gral (Französische Handschrift, 14. Jahrhundert). In den meisten Versionen des Stoffes spielt der geheimnisvolle Galaad eine weit größere Rolle als bei Wolfram von Eschenbach, der besonders die menschliche Entwicklung Parzivals für den Erfolg seiner* queste *betont.*

Oben links: *Ein Fragment aus der* Willehalm-*Handschrift von Wolfram von Eschenbach. – Um 1210, Bayerische Staatsbibliothek.*

Wie »katharisch« war das Languedoc zu Beginn des 13. Jahrhunderts wirklich? Nach Schätzungen sympathisierte die Hälfte der Bevölkerung mit den Katharern, doch nur ein Teil von ihnen zählte sich zu den *credentes*, den Gläubigen. Die Lehre forderte die Trennung der Gläubigen von Hab und Gut und Weltentsagung. Die *perfecti* (*parfaits*) hatten das *Consolamentum* empfangen, die Taufe durch Handauflegung, die in ununterbrochener Folge seit den Aposteln weitergegeben wurde; sie bedeutete Berührung mit dem Heiligen Geist und Übertragung der Erlösung bringenden *Gnosis*. Danach verließen sie Haus und Herd, um loszuziehen und zu predigen – an den Höfen der Adligen und in den Hütten der Armen; Kirchen kannte man nicht.

Die Kirche versuchte von Beginn an, die Ausbreitung der Katharer zu unterdrücken, fand aber bei den Herrschern des Languedoc nicht die ge-

wünschte Unterstützung. Bei Disputen mit Vertretern des Klerus erwiesen sich die *parfaits* als gleichrangige, wenn nicht gar bessere Redner. Deshalb griffen die versammelten Bischöfe und Äbte bei einer solchen Gelegenheit 1165 in Lombers, einem Ort in der Nähe von Albi (nach diesem Ort wurden die Katharer in Südfrankreich auch Albigenser genannt), zu ihrer letzten Waffe: Sie drohten offen mit Exkommunikation. Kaiser und Könige zitterten vor dem Bannstrahl aus Rom, weil eine Exkommunikation für sie den politischen Tod bedeutete. Doch die Katharer wandten sich nur zur Tribüne, auf der fast der gesamte Hochadel des Languedoc versammelt war, und riefen: *Hört! Unser Glauben ist der, den wir selbst bekennen!*

Dieses offene Bekenntnis, die Exkommunikation nicht zu fürchten, war in dieser Zeit politisches Dynamit. Die Worte von Lombers sollten für Südfrankreich fatale Folgen haben!

Innozenz III., der 1198 den Heiligen Stuhl bestieg, sah es als seine vordringlichste Aufgabe an, die Kirche zur unangefochtenen Regentin der Welt zu machen. Während seiner bis 1216 dauernden Amtszeit brachte er das Kaiserreich von Konstantinopel, die Königreiche von Serbien und Bulgarien und das Palästina der Kreuzfahrer unter seine Lehnsherrschaft. Er war es jedoch auch, der die Katharer und Bogomilen mit Feuer und Schwert zu bekämpfen aufrief.

Im Juni 1209 zieht ein riesiges Kreuzheer in das Rhonetal. An seiner Spitze stehen der Abt Arnold Amalrich von Cîteaux und der Befehlshaber Simon von Montfort. Nach dem Mord an einem seiner Legaten ist es dem Papst endlich gelungen, König Philipp II. Augustus von Frankreich für dieses Vorhaben zu gewinnen, nicht zuletzt freilich durch das Versprechen auf Beute. *Beschlagnahmt die Güter der Grafen, Barone und Bürger, die sich nicht an der Bekämpfung der Ketzer beteiligen*, hatte Innozenz III. geschrieben. *Zögert nicht, ihr Land Eurem Gebiet einzuverleiben.*

Daraufhin fällt ein Riesenheer von Rittern und Räuberbanden über die wohlhabendste Region Westeuropas her. Am 22. Juli schlägt dieses »Heer Christi« seine Zelte vor Béziers auf, eine reiche Stadt, deren Einwohnerzahl durch Tausende von Flüchtlingen enorm angestiegen ist. Am nächsten Tag wird sie nur noch ein rauchender Trümmerhaufen sein. Das Blutbad ist unbeschreiblich, es wird ohne Ansehen der Person gemordet. Auf die Frage, ob man die Katholiken unter der Bevölkerung nicht verschonen müsse, antwortet Abt Arnold von Cîteaux: *Tötet sie alle! Gott wird die Seinen erkennen!*

Bei diesem Massaker kommen zwischen zehn- bis zwanzigtausend Menschen ums Leben – eine Zahl, die den Autor Yves Rouquette dazu veranlaßt hat, das Geschehen im Languedoc mit dem Atombombenabwurf über Hiroschima zu vergleichen. Angesichts der Tatsache, daß Europas Bevölkerung damals nur fünf bis zehn Prozent der heutigen ausmachte, wirkt diese These nicht einmal übertrieben: man muß nur einmal die Zahl der Opfer mit zehn multiplizieren … Und das war erst der Anfang!

Nach Béziers wird das Städtchen Minerve angegriffen. Auf einem gewaltigen Scheiterhaufen finden hundertundsechzig katharische *parfaits* den Tod. Augenzeugen berichten, daß manche singend in den Tod gingen – denn für sie bedeutete die Vernichtung ihres Körpers die Erlösung.

Auf dem Weg nach Toulouse leistet das Bauerndorf Bran heftigen Widerstand. Als die Verteidiger einige Tage später aufgeben, werden sie »angemessen« bestraft: Man sticht ihnen die Augen aus, schneidet ihnen die Nase ab und reißt ihnen die Zunge heraus. Ein Mann, der ein Auge behalten durfte, führt einen tragischen Zug von hundert wankenden Über-

Oben: *Papst Innozenz III. (1198–1216) auf einem Mosaik aus der antiken Basilika St. Peter in Rom. Innozenz strebte nach der absoluten Herrschaft der Kirche und nahm die »Herausforderung« durch die gnostischen Katharer an. Mit seinen Maßnahmen, insbesondere mit seinem Kreuzzug ins Languedoc, begann die brutale Ausmerzung der Katharer.*

Gegenüber: *Die Helden einer neuen Zeit waren »höfische« Ritter wie dieser von Blumen umgebene junge Edelmann, der auf dem Weg zu seiner Geliebten ist. – Große Heidelberger Liederhandschrift (Manessische Handschrift), Universitätsbibliothek Heidelberg.*

lebenden zwei Tage lang herum, bis Hilfe kommt. Der König von Aragón und andere Herrscher aus Nordspanien sind herbeigeeilt, um Graf Raimund VI. von Toulouse Beistand zu leisten. Doch auch ihre Armee wird bei Muret von den Kreuzfahrern vernichtet. Toulouse und das Languedoc gehen Jahren des Leidens entgegen. Graf Raimund wird zur tragischen Figur. Denn er ist ein treuer Sohn der Kirche – nur weigert er sich, sich an den von der Kirche geforderten Greueltaten zu beteiligen.

Die Grausamkeiten in Südfrankreich dauern ein halbes Jahrhundert lang an. Dann ist der Wohlstand der Region Vergangenheit, das reiche kulturelle Leben ausgelöscht. In diesem am dichtesten bevölkerten Teil Frankreichs hat sich am Ende des Jahrhunderts die Bevölkerungszahl auf weniger als ein Drittel reduziert. Das Languedoc wird sich von diesem Schlag niemals mehr völlig erholen.

Rechts: *Das Massaker von Béziers nach einem Stich aus dem 19. Jahrhundert. – Auf Anweisung des päpstlichen Legaten machte das vom Papst entsandte Heer Christi (1209) keinen Unterschied zwischen Katholiken und Katharern: »Tötet sie alle. Gott wird die Seinen erkennen.« Nach Schätzungen fielen zehn – zwanzigtausend Menschen diesem Massenmord zum Opfer – eine Zahl, die angesichts der Tatsache, daß die Weltbevölkerung im 13. Jahrhundert ungefähr ein Zehntel der heutigen ausmachte, den von Historikern gezogenen Vergleich mit dem Atombombenabwurf auf Hiroshima durchaus rechtfertigt.*

Oben: *Das Gemälde* Die Akkolade *von F. Leighton aus dem Jahr 1893 symbolisiert die mittelalterliche Idealisierung der Frau. Zur Zeit der Spätromantik erlebten die Artuslegenden und der Gralsmythos eine neue Blüte.*

Die Festung Montségur war vor Beginn des Kreuzzuges, um das Jahr 1204, durch Raimund von Péreille wieder aufgebaut worden. In den folgenden Jahren blutiger Metzeleien übte der unzugängliche Montségur eine magische Anziehungskraft aus und entwickelte sich zum geistigen Zentrum des Katharertums.

Erst 1243, nachdem das Kreuzheer im gesamten Languedoc triumphiert hatte, begann die Belagerung der Burg, die zehn Monate den Beweis dafür lieferte, fast uneinnehmbar zu sein. Die Verteidiger wurden von den Dorfbewohnern Montségurs, die jeden Schleichweg kannten, heimlich mit Proviant versorgt. Doch als in der Nacht vor Weihnachten 1243 baskische Söldner, ausnahmslos geborene Bergsteiger, zum Gipfel neben der Burg vordrangen und den Verteidigern die Kehlen durchschnitten, geriet die Abwehrfront ins Wanken.

Im März 1244, in der Nacht vor der Kapitulation, seilten sich der katharische Anführer Amiel Aicard und drei weitere *perfecti* an einer Felswand ab und drangen mit dem, was später der »Schatz der Katharer« genannt wurde, durch die Linien der Belagerer. Laut Überlieferung soll in dieser Nacht auf dem benachbarten Berg Bidorta ein Feuer entzündet worden sein, das für die Eingeschlossenen das Zeichen war, daß sie nun

in Frieden sterben konnten: Ihr höchstes Gut war in Sicherheit, irgendwo in den Felsspalten und Höhlen des Sabartès.

Über diesen »Schatz« wurden unzählige Spekulationen angestellt. Handelte es sich um materielle Werte? Waren es geheime Schriften der katharischen Lehre? Oder war es gar der Gral? Tatsächlich wurde häufig die These vertreten, die Katharer hätten den Kelch des Letzten Abendmahls die ganze Zeit über besessen und ihn als ihren wertvollsten Besitz in einer der zahlreichen Höhlen in der Umgebung von Montségur versteckt. Selbst heute noch begeben sich immer wieder Menschen auf Schatzsuche – wahrscheinlich allein schon deshalb vergeblich, weil materielle Reliquien den Katharern nur wenig bedeuteten. Vermutlich hatten

Die Ruine von Montségur auf einem unzugänglichen Berg im Schatten der französischen Pyrenäen. Erst nach zehnmonatiger Belagerung konnte ein Kreuzfahrerheer das Zentrum der Katharer zur Übergabe zwingen. Über zweihundert katharische perfecti *wurden am Fuß des Berges verbrannt. Die Anlage, die heute dort steht, wurde nach der Kapitulation der Katharer und der Zerstörung der Festung errichtet.*

die vier *perfecti* in dieser sagenumwobenen Nacht tatsächlich etwas bei sich, das für sie das Wertvollste war: sich selbst und damit die Möglichkeit, das *Consolamentum* zu bewahren. Denn mit ihrem Tod wäre die bis auf die Apostel und Jesus zurückgehende Kette der Taufe durch Handauflegung unterbrochen worden.

Wie wertvoll den Katharern dieser Ritus war, belegt ein Ereignis, das nach Meinung des Historikers Michel Rocquebert »das wahre Geheimnis des Montségur« repräsentiert: Kurz vor dem Fall der Burg baten etwa zwanzig Frauen und Männer Bertrand Marti, den Anführer der *perfecti*, das *Consolamentum* empfangen zu dürfen. Als einfache Gläubige hätten sie bei der Übergabe Montségurs mit dem Leben davonkommen

Die katharische Bergfestung Lastours, nördlich von Carcassonne. Die kleine, von Bergleuten bewohnte Stadt wurde jahrelang erfolglos angegriffen und belagert. Erst ein Friedensabkommen zwang die dortigen Katharer zur Flucht. Die Türme, die heute über den Ruinen emporragen, sind von den gegnerischen Truppen errichtet worden.

können, diese Weihe hingegen bedeutete für sie den sicheren Tod. Als die Festung am 16. März 1244 endgültig fiel, gehörten diese kurz zuvor Geweihten zu den zweihundertfünfundzwanzig *perfecti*, die auf eine Wiese am Fuß des Berges geführt und dort verbrannt wurden.

Vielleicht noch mehr als durch Waffengewalt wurde das Languedoc durch ein neues Machtinstrument in die Knie gezwungen, das der Papst speziell zur Bekämpfung der Katharer geschaffen hatte: die Inquisition. Ihr Einsatz lag zu großen Teilen in den Händen des Dominikanerordens, der 1216 von Dominikus Guzmán, dem späteren heiligen Dominikus, gegründet worden war. Zuvor hatte Dominikus im Auftrag Innozenz' III.

jahrelang vergeblich versucht, die Bevölkerung des Languedoc durch Predigten auf den rechten Weg zu bringen.

In den ersten Jahren der Inquisition wurde noch wenig Gebrauch von Folterwerkzeugen gemacht, man setzte statt dessen auf subtilere psychologische Mittel, Angst und Verunsicherung zu erzielen. In manchen Regionen Südfrankreichs wurde die gesamte Bevölkerung systematisch Verhören unterzogen, und das einzige Mittel, den Inquisitoren zu entkommen, bestand darin, andere zu denunzieren. Anhand von Protokollen der Verhöre des Inquisitors Jacques Fournier konnte der Historiker Emmanuel Le Roy Ladurie aufzeigen, wie die soziale Struktur einer friedlichen Bauerngemeinschaft in dem Dorf Montaillou durch das Werk der

Inquisition vollkommen zerbrach, weil jeder jedes Feind wurde. Montaillou ging schließlich in Flammen auf … und der Inquisitor Jacques Fournier bestieg den Päpstlichen Stuhl …

Die katharischen *parfaits* endeten auf dem Scheiterhaufen, und die Inquisitoren ließen sogar die Gebeine Verstorbener ausgraben, um sie zu verbrennen. Selbst die Häuser, in denen die *perfecti* einst ihre Zusammenkünfte abgehalten hatten, wurden in Brand gesteckt. Jede greifbare Spur des Bösen sollte ausgelöscht werden. Es ist bezeichnend für die Unterstützung, die die Katharer von seiten der Bevölkerung erfuhren, daß Überlebende trotzdem noch lange umherziehen konnten. Im Untergrund entstand ein ganzes System von Verstecken. Doch das Netz zog

Die Stadt Carcassonne, eine der stärksten Festungen in Südfrankreich. Ihre Einnahme zu Beginn des Kreuzzugs gegen die Katharer und die Gefangennahme des Burggrafen Trencavel, eines bedeutenden Verfechters der gnostischen Lehre, fügte dem Widerstand im Languedoc kurz nach dem Massaker von Béziers einen weiteren schweren Schlag zu.

sich immer enger zusammen. 1321 wurde der letzte *parfait* verraten und verbrannt. Die Kette des *Consolamentum* war für immer unterbrochen, die Katharer waren ausgerottet.

Zu Beginn des 20. Jahrhunderts begeisterte sich plötzlich eine Gruppe junger Intellektueller aus dem Languedoc für das Katharertum, angeführt von Antonin Gadal, einem Schulmeister aus Ussat-les-Bains im Tal der Ariège. Durch ihn wurde Ussat in der Folgezeit ein Wallfahrtsort für Okkultisten und Esoteriker der verschiedenartigsten Prägungen.

Laut Gadal sind die Höhlen um Ussat, das durch einen unwirtlichen Gebirgsrücken vom Montségur getrennt ist, nach dem Fall der Festung der letzte Zufluchtsort der Katharer gewesen. Irgendwo hier sollen die geflüchteten *parfaits* auch den Gral versteckt haben, den »Schatz der Katharer«. In der riesigen »Kathedralen«-Höhle von Lombrives hat Amiel Aicard angeblich noch jahrzehntelang heimlich gepredigt, und hier sollen bei einem letzten Kampf fünfhundert Katharer eingemauert worden und ums Leben gekommen sein. Weiterhin vermutete Gadal, es habe im Katharismus einen Sonnenkult gegeben. Dies schloß er aus der Tatsache, daß die Festung auf dem Montségur gemäß der Lichteinstrahlung zur Sonnenwende angelegt ist. Der 21. Juni ist gleichzeitig der Namenstag des Apostels Johannes, den die Katharer verehrten. Die Höhle von Ornolac scheint ebenfalls nach der Sonnenwende ausgerichtet zu sein, und als Gadal in dieser *Bethlehem-Höhle* ein ausgehauenes Pentagramm und einen Druidentisch fand, glaubte er, den Weihetempel der Katharer zu erkennen. Unter einem Steinblock grub er einen Meteoriten aus, eingefaßt in eine unbehauene Steinvase. War das der Gral?

Antonin Gadal, ein Schulmeister aus Ussat-les-Bains, in einer Höhle, die ihm zufolge den letzten Katharern als Weihetempel diente. Gadal, ein Phantast und Visionär, gehörte einer Gruppe französischer Romantiker an, durch die das Interesse am Gral und den Katharern zu Beginn des 20. Jahrhunderts wiederauflebte.

War Gadal ein Visionär oder ein Phantast? Walter Birks, ein pensionierter Historiker, war in den frühen dreißiger Jahren ein überzeugter Okkultist sowie Anhänger und designierter Nachfolger Gadals. Wie er sich erinnert, verlor er den Glauben an den Schulmeister aus Ussat, »als ich die antike Isisfigur sah, die er in den Höhlen ausgegraben hatte. Für ihn war sie der Beweis, daß das Katharertum mit dem alten Ägypten in Verbindung stand. Er hatte offenbar vergessen, daß ich sie ihm geschenkt hatte. Sie stammte aus einem Kairoer Andenkenladen.« Fakten waren für Gadal anscheinend nur dann nützlich, wenn sie den Mythos untermauerten!

Im Jahr 1931 begibt sich Otto Rahn auf den Weg nach Montségur – ein junger Deutscher, der von sich selbst schrieb, er sei in Michelstadt im Odenwald »unter der magischen Strahlung des Grals« auf die Welt gekommen.

Rahn schwelgt in romantischen Mythen der Vergangenheit. Die Begegnung mit Gadal und dessen Pamphlet *Der Weg des Heiligen Grals* sind für ihn eine Offenbarung. Zurück in Deutschland, schreibt er ein Buch mit dem Titel *Kreuzzug gegen den Gral*, in dem er unter anderem behauptet: Montségur ist *Munsalvaesche*, die Gralsburg bei Wolfram von Eschenbach; dessen Parzival ist in Wahrheit Graf Trencavel, der sein Land und die Katharer verzweifelt gegen die päpstlichen Kreuzheere verteidigte; und der »Schatz der Katharer« ist der Gral, den Amiel Aicard in den Höhlen um Ussat versteckt hat. Allerdings ist der Gral für Rahn nicht der Kelch des Letzten Abendmahls oder die Schale, in der das Blut des sterbenden Christus aufgefangen wurde, sondern, wie bei Wolfram, ein Edelstein. Rahn deutet ihn als den Stein, der uralten Mythen zufolge einst die Krone oder Stirn Luzifers geschmückt und ihm Erkenntnis geschenkt haben soll … bis er ihn verlor, als ihn der wahre Gott aus dem Himmel verstieß. Luzifer, der gefallene Engel, ist der Demiurg, der verblendete Schöpfer Jahwe des Gnostizismus.

Rahns wilde Spekulationen wären vermutlich kaum beachtet worden, hätten sie nicht das Interesse der Nazis und speziell des Reichsführers der SS, Heinrich Himmler, geweckt. Man hat dem wirren Gedankengebäude, das die Nazis aus Mystik, alten Heldengedichten und dem Gnostizismus geschaffen haben, in der Vergangenheit wenig Beachtung geschenkt. So sind sich nur wenige der Tatsache bewußt, daß der Keim zu Hitlers brutalem Rassismus durch die *Thulegesellschaft* gelegt wurde, einer geheimen Vereinigung von Okkultisten und fanatischen Anhängern der großdeutschen Idee. Diese Gesellschaft propagierte die Reinheit des »germanischen Blutes« – Hitler selbst sprach später vom »Gral des deutschen Blutes« – und berief sich dabei auf Gestalten aus verworre-

Um überhaupt die christliche Weltordnung in einem neuverstandenen germanischen Sinn umformen zu können, mußte er (Himmler) auf alle möglichen okkulten Ideologien zurückgreifen, von denen es ja in der Geschichte des Abendlandes genug gegeben hat. Zum Beispiel auf die Gralsforschung, man kam auf die Katharer, die Waldenser, um aus dem frühen Mittelalter schon zu beweisen, daß das Christentum, wie es sich darstellte, in einer Weise Macht über die Menschen haben wollte, wie sie die SS überwinden wollte – ohne zu sagen, daß die Menschen in eine völlig neue Abhängigkeit geführt wurden.

Aus einem Interview mit Prof. Karl Hüser

Links oben und unten: *Die Nazi-Führer der ersten Stunde hegten einen ausgeprägten Hang zum Okkultismus. Adolf Hitler, Rudolf Hess und vor allem der Reichsführer SS, Heinrich Himmler, versuchten, die Magie des Grals in eine Ideologie zu integrieren, derzufolge der Ursprung christlicher Werte nicht im Mittleren Osten, sondern in einem arischen Urgermanentum zu suchen sei. In nationalsozialistischen Darbietungen ließen sie vorgeblich altgermanische Zeremonien zu neuem Leben erwecken.*

nen Mythen, die Hyperboreer, geliebte Söhne des Sonnengottes. Den Ursprung der arischen Rasse suchten die Anhänger dieser Wahnlehre im *Ultima Thule* des eisigen Nordens oder Tibets.

Zum Vorkämpfer dieser wirren Ideen schwang sich Heinrich Himmler auf, der Anfang der dreißiger Jahre seine SS zu einem Elitekorps von fünfzigtausend, später sogar mehr als zweihunderttausend Mitgliedern aufstockte. Himmler begeisterte sich für alte Mythen und bildete die SS nach dem Vorbild der Ritter des Deutschen Ordens und des Templerordens aus – zu einem »schwarzen Orden des Todes«, der den Totenkopf als Emblem führte. Der Dienst in Konzentrationslagern gehörte zu den Initiationsriten der SS, dort wurde der Charakter für die Verteidigung der Reinheit des Blutes gestählt ... Besonders erschütternd waren die Aktivitäten der geheimen SS-Gruppe *Ahnenerbe*, die die okkulten Nazi-Ideologien ausbauen und die neue »Weltanschauung« mit »Beweisen« untermauern sollte. *Ahnenerbe* organisierte Expeditionen nach Tibet, Island und Finnland, um dort die Spuren der Urgermanen zu suchen, erforschte den alten germanischen Ehrendienst und unternahm den Versuch, das Christentum der neuen »Weltanschauung« anzupassen; man plante sogar, Jesus zu arisieren oder ein fünftes Evangelium zu »entdekken«, verfaßt von einem »unbekannten« blonden Apostel.

Den Mitgliedern von *Ahnenerbe* gelang es nach dem Ende des Krieges, nahezu alle Dokumente über die Tätigkeit der Organisation zu vernichten. Als der Anführer der Gruppe, Wolfram Sievers, schließlich in Nürnberg vor Gericht stand, mußte er sich nur für einen Teil des von ihm mitinitiierten Wahnsinns verantworten: für die grausamen medizinischen Experimente in den Konzentrationslagern, die Sievers und *Ahnenerbe* hatten ausführen lassen.

Eine Ahnung von Himmlers okkultem Wahn bekommt man in der Wewelsburg bei Paderborn, die der Reichsführer zum Ordenszentrum für seine SS-Elite umschmiedete – wofür einige tausend Konzentrationslagergefangene mit dem Leben bezahlen mußten. Megalomane Bauten, in konzentrischen Kreisen rund um die Burg angelegt, sollten das okkulte ideologische Zentrum des Dritten Reichs darstellen. Die SS-Burg als diamantener Kern einer neuen Welt, so hatte Himmler es gewollt.

Heute ist die Wewelsburg eine Jugendherberge mit einem angeschlossenen kleinen Museum. Was Himmler vorschwebte, erkennt man am deutlichsten in dem bizarren Burgsaal und der Krypta: eine gigantische

Oben: *Heinrich Himmler ließ seine SS nach dem Vorbild mittelalterlicher Ritterorden wie dem Deutschen Orden und dem der Templer ausbilden – das heißt zu einem »Schwarzen Orden des Todes«, der den Totenkopf als Emblem führte und den gnadenlosen und brutalen Dienst in den Konzentrationslagern als einen Initiationsritus für seine Novizen betrachtete.*

Rechts: *Ab 1934 diente die Wewelsburg in Westfalen als geistiges Zentrum und Tempel für Himmlers SS-Kult. »Zigeuner« sollten in der Umgebung nicht mehr geduldet werden, da sie zu den zahllosen Nicht-Ariern gehörten, die der »Reichsführer SS« im Zuge der Säuberung der deutschen Rasse ausrotten wollte.*

Links: *Die Krypta und der obere Saal der Wewelsburg wurden im Einklang mit Himmlers wirren Vorstellungen gestaltet. Für die Ranghöchsten der Hierarchie waren zwölf Sitze bestimmt – eine Anspielung auf die um König Artus versammelten Ritter der Tafelrunde, aber auch auf Jesus und seine Jünger beim Letzten Abendmahl.*

Unten: *Ein Nazi-Pamphlet stellt Hitler als Gralsritter dar. Der »Führer« selbst sprach häufig vom »Heiligen Gral des deutschen Blutes«.*

Kuppelhalle, bekrönt mit einer Swastika. Durch den Lichteinfall wirkt der Raum streng sakral. In kreisförmiger Anordnung stehen Stühle für die höchsten SS-Führer, zwölf, wie beim Letzten Abendmahl oder in König Artus' Burg Camelot.

Irgendwann gelangt Otto Rahns *Kreuzzug gegen den Gral* auf Himmlers Schreibtisch. Der findet das Buch »passend« und ordnet die Aufnahme des Autors in die SS an. Rahn wird der SS-Leibstandarte zugewiesen und in Himmlers persönlichem Stab aufgenommen. Diesen faszinieren nicht nur Rahns Thesen zum Gral, sondern auch der Katharismus. Schließlich lehnten auch die Katharer das »jüdische« Alte Testament ab und gingen durch Machenschaften des perfiden Rom zugrunde. Die Nazis begrüßten jeden Angriff auf das »kleinbürgerliche« Christentum und interpretierten den gnostischen *Weg des Herzens zum Göttlichen im Menschen* in ihrem Sinne um. Rahn schreibt, daß nicht der Jude Joseph von Arimathäa den Gral nach Frankreich brachte, sondern das germanische Volk der Westgoten, das ihn während der Völkerwanderung bei der Plünderung Roms erbeutet hatte … Dadurch, daß sie Rahn zufolge ihr

Oben: *Otto Rahn mit seiner Mutter in Ussat-les-Bains 1931. Er trägt bereits einen Pullover mit einem SS-Symbol.*

Reich in Südfrankreich errichteten, ließ sich zugleich noch eine Blutsverwandtschaft der »arischen Rasse« mit den Katharern behaupten.

Rahn propagiert eine von Montségur ausgehende »Erneuerung des Katharismus«, wobei ihn Himmler unterstützt. Wieder in Frankreich, wird Rahn in den Höhlen des Sabartès bei der Fälschung »katharischer« Zeichnungen ertappt, der Spionage beschuldigt und des Landes verwiesen. Sein nächstes Buch, *Luzifers Hofgesind*, ist offen antisemitisch – doch zu dieser Zeit nähert sich Otto Rahns SS-Karriere bereits ihrem Ende. Auch eine Dienstzeit im Konzentrationslager Dachau hat ihn offenbar nicht gestählt. Es wurde viel darüber spekuliert, was dann geschah. Ertrug der Intellektuelle das Henkerswerk nicht? Wurde ihm eine homosexuelle Veranlagung zum Verhängnis? Entdeckte er – Ironie des Schicksals – jüdisches Blut in seinen Adern? Auf jeden Fall bittet er um seine Entlassung aus der SS und kommt kurz darauf, am 13. März 1939, ums Leben, nach Aussage von Himmlers Stabschef Karl Wolff »während eines Schneesturms in den österreichischen Alpen«. Dort herrschte jedoch in diesen Tagen strahlender Sonnenschein …

Besucher der Lomberives-Höhle bei Ussat-les-Bains. Zahlreiche Menschen, darunter viele Anthroposophen, Theosophen und vor allem Rosenkreuzer, suchen diese Höhle auf, in der dem Schriftsteller Maurice Magre und Antonin Gadal zufolge die letzten fünfhundert Katharer lebend eingemauert wurden. Das ist allerdings wenig wahrscheinlich, da die dort gefundenen Gebeine aus der Prähistorie stammen.

Mit dem Katharismus blieb eine von Judäa und dem römischen Vatikan unabhängige Macht bis ins 13. Jahrhundert, die Zeit Chrétiens, hinein aktiv; eine Kraft, die es nicht nötig hatte, sich von jeder jüdischen Mythologie zu reinigen, weil sie sie niemals übernommen hatte.

Otto Rahn, Luzifers Hofgesind

Während des Zweiten Weltkriegs haben deutsche Soldaten »auf der Suche nach dem Gral« angeblich die Höhlen des Sabartès durchsucht. Seitdem kommen immer wieder Legenden um Nazi-Forscher in Montségur und das mysteriöse Verschwinden Otto Rahns auf. Einer Version zufolge sollen die Nazis den Gral sogar gefunden und in der Nacht des 2. Mai 1945 über einer Felsspalte des Schleigeiss-Gletschers in der Nähe von Salzburg abgeworfen haben. Wer sich seitdem zu nah heranwagt, so heißt es, würde den Tod riskieren. Phantastische Geschichten!

Seit Antonin Gadal und sein Akolyth Otto Rahn ihre Theorien veröffentlichten, wird Montségur immer öfter mit dem Gral in Verbindung gebracht. Das Interesse an den Katharern ist neu erwacht, und das Languedoc nennt sich inzwischen *Pays Cathare*, sei es auch nur, um Touristen anzulocken. Montségur und die Höhlen des Sabartès sind heute Wallfahrtsorte, die vor allem von Rosenkreuzern aus den Niederlanden und Deutschland aufgesucht werden. Sie betrachten sich als Reinkarnationen

Jetzt endlich erschien die Königin. Ihr Antlitz strahlte so hell, daß alle meinten, der neue Tag sei angebrochen. Ihr Gewand war aus arabischer Seide, und auf grünem Seidentuch trug sie den Inbegriff paradiesischer Vollkommenheit, Anfang und Ende allen menschlichen Strebens! Dieser Gegenstand wurde »Gral« genannt und übertraf alle Vorstellungen irdischer Glückseligkeit.

Wolfram von Eschenbach, Parsival, *I, 5*

Oben links: *Der* Kelch des Lebens *oder der Gral. Gemälde von B. Adams.*

der alten Katharer und den Gral als ihr heiligstes Symbol. Diesen Pilgern schließen sich Anhänger undurchsichtiger New-Age-Bewegungen an, die sich zu einer Lehre hingezogen fühlten, derzufolge man Gott im eigenen Herzen suchen muß.

Doch ist Montségur wirklich die Gralsburg? Das ist nahezu ausgeschlossen. Die erste Gralsgeschichte wurde etwa zwanzig Jahre vor Errichtung der Burg als Zufluchtsort für die Katharer geschrieben! Und der sagenhafte »Schatz der Katharer«, kann das der Gral sein? Walter Birks, nach Otto Rahn der Lieblingsschüler von Antonin Gadal, der diese Legende in die Welt setzte, schließt das aus. Der Historiker, der sich längst von den okkulten Vorstellungen seiner Jugend distanziert hat und vor Jahren das beste Buch über das Katharertum in englischer Sprache schrieb, beteuert: »Es gab keinen materiellen Schatz, und schon gar nicht war es der Gral – falls dieser überhaupt jemals existiert hat. Amiel Aicard rettete für die Katharer das *Consolamentum*, die apostolische Sukzession … Von dem Gral hatte niemand gehört, bis die Troubadoure über ihn schrieben. Aber auch ohne ihn bleibt die Geschichte der Katharer und Montségurs, und die Wirklichkeit dieser Geschichte ist schöner als all die Phantasien um sie herum. Der Gral ist ein wunderschönes Symbol für das, was wir sind. Er ist das Gefäß, das das Licht in uns umschließt. Und wenn wir uns selbst finden, wenn wir diesen Gral finden, dann füllt er sich mit Licht …«

Das gestohlene Lamm Gottes Der Genter Altar und sein Geheimnis

Oben: Das mystische Lamm – *Ausschnitt aus dem* Genter Altar *der Brüder Jan und Hubert van Eyck*

Als der Kirchendiener der Kathedrale St. Bavo (Sint Baafs) in Gent, ein beherzter Sechzigjähriger, am Morgen des 11. April 1934 seinen Dienst antritt, ahnt er nicht, daß ihm gleich der aufregendste Augenblick seines Lebens bevorsteht. Schon zu Beginn erscheint es ihm verdächtig, daß er eine kleine Seitentür, die normalerweise durch drei Riegel verschlossen ist, nur angelehnt vorfindet. Mißtrauisch begibt er sich auf seinen Rundgang durch die Kathedrale, ohne jedoch etwas Ungewöhnliches zu bemerken. Schließlich nähert er sich dem Chor der Sankt-Johannes-Kapelle, wo der berühmte *Genter Altar* mit den Gemälden von Hubert und Jan van Eyck aufgestellt ist, ein Kunstwerk von unschätzbarem Wert, in dessen Zentrum das *Lamm Gottes (Das mystische Lamm)* steht. Auch hier scheint alles in Ordnung zu sein, die Chorschranke ist geschlossen, und der Schutzvorhang hängt vor dem Altar. Als der Kirchendiener ihn jedoch zurückzieht, erschrickt er angesichts eines riesigen Loches: Eine der zwölf Tafeln, die auf der einen Bildseite *Johannes den Täufer,* den Schutzpatron der Kathedrale und der Stadt Gent, und auf der anderen eine Gruppe von Reitern, die *Gerechten Richter,* darstellt, ist verschwunden. Der alte Mann informiert den zuständigen Domherrn, der ins nächste Polizeikommissariat eilt.

Oben: *Der Historiker Paul de Saint-Hilaire ist Verfasser der beiden maßgeblichen Bücher, die ein ganz neues Licht auf die Frage nach dem Auftraggeber des* Genter Altars *und der Bedeutung der rätselhaften Anspielungen in dem Kunstwerk werfen.*

Das ist der Beginn einer unglaublichen Affäre, die bis heute nicht aufgeklärt ist: Der Altarflügel der *Gerechten Richter,* dessen heutiger Wert auf rund zehn Millionen DM geschätzt wird, ist weiterhin verschollen.

Die Nachricht von dem Diebstahl breitet sich wie ein Lauffeuer aus, doch Polizeikommissar Luysterborgh scheint nicht sonderlich beunruhigt zu sein. Die große Aufmerksamkeit, die die Presse den gestohlenen Bildern schenkt, beeindruckt ihn kaum. Wer, so scheint er sich zu fragen, nimmt schon einfach so zwei Eichenflügel von diesen Ausmaßen mit nach Hause? Noch dazu, wo die Kunstwerke bis in die Details hinein bekannt sind, so daß es praktisch unmöglich ist, sie auf dem Schwarzmarkt zu verkaufen! Darüber hinaus lassen alle Umstände der Tat darauf schließen, daß der Dieb mit den Örtlichkeiten in der Kathedrale vertraut war. Sollte es sich nicht gar um einen frechen Studentenstreich handeln, müßte man die Verantwortlichen demzufolge im Umkreis der Bistumsbehörden suchen. Auf diesem unsicheren Terrain scheint dem Polizeibeamten Vorsicht geboten. Solange es keine handfesten Beweise dafür gibt, daß die *Gerechten Richter* jemals die Kathedrale verlassen haben, sollte man sich vor aufsehenerregenden Initiativen besser hüten.

Die Konsequenz aus dieser unentschlossenen Haltung der Behörden ist, daß die Ermittlungen einen Monat später noch immer auf der Stelle treten. Merkwürdigerweise aber zeigt die deutsche Kriminalpolizei ein gewisses Interesse an dem Fall und bittet darum, über neue Entwicklungen auf dem laufenden gehalten zu werden.

Dann tritt eine theatralische Wendung ein: Die Kriminalpolizei wird darüber informiert, daß sich der Bischof, Monsignore Coppieters, seit einer Woche im Besitz einer Lösegeldforderung befindet! Bereits am 1. Mai hatte er einen maschinengeschriebenen Brief erhalten, der am Abend zuvor in Anvers aufgegeben wurde. Der Verfasser, der mit den Buchstaben »D.U.A.« unterzeichnet hat, behauptet, im Besitz der ge-

stohlenen Gemälde zu sein und erklärt sich bereit, sie im Tausch gegen eine Million belgische Francs – das sind umgerechnet auf heutige Verhältnisse circa fünf Millionen DM – zurückzugeben. Zum Beweis für seine Aufrichtigkeit stellt D.U.A. noch vor Zahlung dieses Betrages die Rückgabe eines der beiden Flügel, desjenigen *Johannes des Täufers,* in Aussicht. Die Transaktion soll über Kleinanzeigen in einer von dem Erpresser ausgewählten Zeitung abgewickelt werden. Wenn der Bischof den vorgeschlagenen Bedingungen zustimme, möge er in der *Dernière Heure* vom 14. auf den 15. Mai ein Inserat mit folgendem Text schalten : »D.U.A.: In Einverständnis mit den Autoritäten akzeptieren wir uneingeschränkt Ihre Vorschläge.« Tatsächlich aber wird man zum vereinbarten Datum in den Spalten der Brüsseler Zeitung nur eine schlichte, von der Leserschaft weitgehend unbemerkte Zeile finden: »D.U.A.: Vorschlag übertrieben!«

Diese lakonische Antwort eröffnet einen Dialog, der sich über fünf Monate hinziehen wird. In einem weiteren Schreiben rechtfertigt der my-

Die Anbetung des Lammes *bildet das Zentrum des* Genter Altars. *Verweisen der Kelch und das Blut womöglich auf den heiligen Gral? Der Templerorden, der laut Wolfram von Eschenbach den Gral in seiner Obhut hatte, benutzte auf seinen Siegeln ebenfalls meistens das Motiv des Lamm Gottes. Und die über das gesamte Kunstwerk verstreuten Kryptogramme lassen darauf schließen, daß den Gemälden auf dem Altaraufsatz eine geheime, über den Bildinhalt hinausgehende Bedeutung innewohnt.*

Der Altaraufsatz in geöffnetem Zustand. Unten links, von einem schwarzen Rahmen eingefaßt, sieht man die Gerechten Richter, *das Tafelbild, das 1934 gestohlen und bis heute nicht wiedergefunden wurde. Rechts daneben befindet sich die Tafel mit den* Streitern Christi, *und das zweitletzte Bild von rechts in der unteren Reihe stellt den Zug der* Eremiten *vor, an dessen Spitze Antonius, der Schutzpatron des nach ihm benannten Antoniusritterordens, erkennbar ist.*

steriöse D.U.A. den geforderten Preis unter Hinweis auf die Risiken, die er auf sich genommen habe. Und er steigert seine Vermessenheit soweit, daß er dem Bischof von Gent eine Provision von fünf Prozent an dem Geschäft anbietet. In der *Dernière Heure* vom 25. Mai erscheint schließlich jene Anzeige, mit der Monsignore Coppieters den Handel akzeptiert. Im Gegenzug erhält der Geistliche einen simplen Gepäckschein, der tatsächlich zur Rückkehr *Johannes des Täufers* führt: Der wertvolle Altarflügel war in der Gepäckaufbewahrung des Brüsseler Nordbahnhofes deponiert worden, eingewickelt in gewöhnliches Packpapier. Glücklicherweise hatten alle Beteiligten Stillschweigen über die Aktion vereinbart; ungeachtet des hohen Schadens, den das Bistum erlitten hatte, wäre die Öffentlichkeit angesichts dieses »Verstecks« gewiß in Gelächter ausgebrochen!

Die nächste Runde ging an Monsignore Coppieters, jedoch auf Kosten seiner Ehre! Das Lösegeld sollte durch einen Emissär des Bischofs übergeben werden, der sich durch eine halbe Zeitungsseite auszuweisen hatte; D.U.A. würde die andere Hälfte mit weiteren Instruktionen hinzufügen. Die Übergabe war für den 14. Juni im Haus eines Priesters in Anvers verabredet worden. Dort erschien ein Taxifahrer, der sich als D.U.A.s Mittelsmann auswies und den Umschlag mit dem Lösegeld mitnahm. Der Kriminalpolizei gelang es am darauffolgenden Morgen, diesen Mann ausfindig zu machen, der jedoch über seinen Auftraggeber nur äußerst vage Angaben machen konnte: Er war allem Anschein nach nicht

Das Werk der van Eycks ist gespickt mit versteckten Symbolen und Texten, die an Geheimschriften denken lassen. Links: *Die lateinischen Sätze, die sich im Halbkreis über der Christusfigur befinden, sind in zwei unterschiedlichen Schrifttypen geschrieben.* Oben: *Am Fuß des Pultes, hinter dem die* Singenden Engel *stehen, erkennt man einen sitzenden Affen – das Maskottchen von Mons (Bergen), Hauptstadt der Grafschaft Hennegau, und Attribut des ersten Schutzpatrons der Stadt, des heiligen Germain d'Auxerre.*

Rechts: *Der Altaraufsatz in geschlossenem Zustand. Als zweites Bild von links unten sieht man* Johannes den Täufer – *den Schutzheiligen der Kathedrale und der Stadt Gent –, die*

rückwärtige Bildseite der 1934 gestohlenen Tafel. Dieses Gemälde (siehe auch oben) tauchte schon einige Monate nach dem Raub in der Gepäckaufbewahrung des Brüsseler Bahnhofs wieder auf. Auf dem Flügel unten links ließ sich Jodocus Vijdt verewigen, jener Kaufmann, der das Kunstwerk im Jahr 1432 der Stadt Gent stiftete. Zahlreiche Forscher sehen in ihm bis heute auch den Auftraggeber des Genter Altars.

darüber informiert gewesen, was sich in dem Umschlag befunden hatte. Monsignore Coppieters hatte D.U.A. zwar sein Ehrenwort gegeben, daß er niemanden über die geheimen Verhandlungen informieren und auch die Nummern der Geldscheine nicht notieren würde, sich aber an beide Zusagen nicht gehalten. Und so, wie Petrus in einer einzigen Nacht Jesus Christus dreimal verleugnet hatte, war auch der Bischof ein drittes Mal wortbrüchig geworden: Der Umschlag enthielt in Wirklichkeit statt der vereinbarten Million nur fünfundzwanzigtausend Francs. Und das nahm D.U.A. seinem »Geschäftspartner« ziemlich übel!

Dieser verpatzte Hinterhalt war das Werk Kommissar Luysterborghs, dem bei der Aufklärung dieses Falles das Pech an den Stiefeln klebte. Einige Zeitungen verbreiteten das Gerücht, der Kriminalbeamte sei sogar so weit gegangen, daß er, als Geistlicher getarnt, die Geldübergabe im Pfarrhaus beobachtet habe.

Auf diese Ereignisse folgte über mehrere Monate hin ein erneuter Austausch von Briefen und Kleinanzeigen. Anfang Oktober jedoch wurde der Dialog jäh unterbrochen ... und danach nie wieder aufgenommen. Unverständlicherweise gab D.U.A. von einem Tag auf den anderen kein Lebenszeichen mehr von sich. Obwohl der Altarflügel noch immer verschwunden war, fühlten sich viele der an den Vorgängen Beteiligten erleichtert. Der Fall wurde zu den Akten gelegt – wie es aussah, würden die *Gerechten Richter* aufgrund der mangelhaften Ermittlungen für immer unauffindbar bleiben.

Am Sonntag, den 25. November 1934, wird Bruder Bornauw, Mönch in der Benedektinerabtei Termonde – eine kleine Stadt in Escaut, zweiunddreißig Kilometer von Gent entfernt –, ans Bett eines Sterbenden gerufen, den man zu einem Nachbarn, dem Juwelier van den Durpel, gebracht hat. Als er dort eintrifft, beugt sich ein Mann, in dem er den Rechtsanwalt De Vos erkennt, über das Gesicht des Unglücklichen, der versucht, dem Juristen irgend etwas anscheinend sehr Wichtiges mitzuteilen. Als der dem Tode Geweihte den Geistlichen erblickt, hält er inne und sagt deutlich hörbar: »Bruder, lassen Sie uns allein ... Ich bin bei Sinnen ... ich muß sprechen ...«

Unten: *Das Sterbebild von Arsène Goedertier, dem mutmaßlichen Dieb des Tafelbilds.*

Links: *Kommissar Mortier mit einer Fotografie des einfallsreichen Kunstdiebs. Der Genter Polizist hat sich geschworen, den undurchsichtigen Fall aufzuklären und die* Gerechten Richter *in die Stadt an der Schelde zurückzubringen.*

Später bestätigte De Vos diese Schilderung des Mönches: »Arsène Goedertier, den ich seit langem kannte, hat in dem Moment, als Bruder Bornauw das Zimmer betrat, folgendes Geständnis abgelegt: ›Ich weiß, wo die *Gerechten Richter* versteckt sind. Sie finden alle Hinweise in der rechten Schublade meines Schreibtisches, in einem Umschlag mit der Aufschrift ›Versicherung‹‹ ... Goedertier wollte noch weiter sprechen, aber die Kräfte verließen ihn. Einige Augenblicke später war er tot!«

Unversehens hielt der Rechtsanwalt also den Schlüssel zur Aufklärung eines Geheimnisses in den Händen, dessen Wert schier unvorstellbar war. Wie sollte er reagieren? Das Geständnis der Polizei und damit der Öffentlichkeit mitteilen? Nein, das war unmöglich! Denn der waghalsige Dieb war wie De Vos selbst Mitglied der *Parti Catholique* – die verhängnisvolle Embolie, der er zum Opfer fiel, hatte Goedertier während einer Parteiversammlung ereilt –, und ein derartiger Skandal würde zwangsläufig auch auf die Partei zurückfallen! Das aber mußte um jeden Preis verhindert werden!

Arsène Goedertier wurde also in seinem Heimatdorf Wetteren, auf halbem Wege zwischen Gent und Termonde, feierlich beerdigt, als wäre nichts gewesen. Bei seiner Bestattung legten auch einige Minister Kränze und Blumen nieder; man hielt zu Ehren des Verblichenen bewegende Re-

Rechts: *Kommissar Mortier studiert die Papiere mit den rätselhaften, kryptischen Hinweisen* (oben), *die laut einer Äußerung Arsène Goedertiers auf dem Sterbebett den Weg zu dem verschollenen Kunstwerk weisen* (unten).

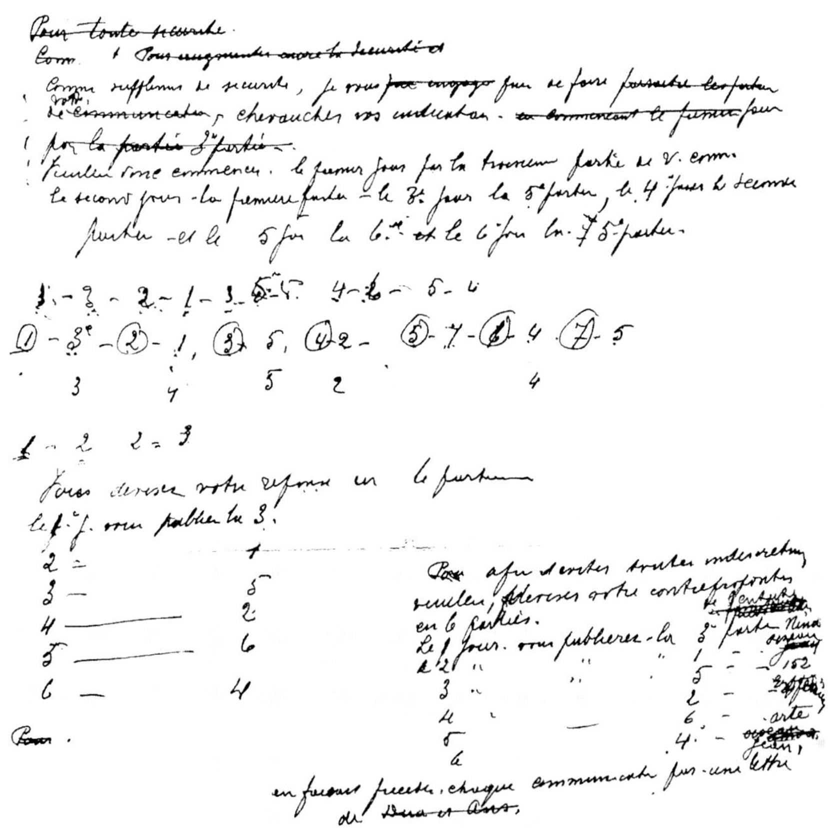

den, und auf den Sterbebildern, die in der Kirche verteilt wurden, war unter anderem auch folgendes zu lesen: »… er sah alles im klaren Licht der Aufrichtigkeit …«

Am Tag nach der Beisetzung, am 30. November 1934, begab sich Rechtsanwalt De Vos zu Goedertiers Witwe und ließ sie die besagte Schublade öffnen. Dort fand er tatsächlich den versprochenen Umschlag, nahm ihn mit nach Hause, öffnete ihn fieberhaft … und holte nacheinander Durchschläge der dreizehn Erpresserbriefe an den Bischof von Gent heraus. Außerdem fand De Vos den Entwurf eines vierzehnten Briefes, der unvollendet und ziemlich unverständlich war. Deutlich wurde nur, daß D.U.A. dem Bischof neue Übergabemodalitäten für die *Gerechten Richter* vorschlagen und ihm zugleich ein Ultimatum stellen wollte. Neben diesen Briefen stieß De Vos noch auf einige Zettel mit obskuren Skizzen und Maßangaben, die er nicht weiter beachtete. Und dann blieb dem Juristen für Bruchteile von Sekunden das Herz stehen: Inmitten all dieser Papiere fand sich zuletzt ein Gepäckschein für den Bahnhof Saint-Pierre in Gent. De Vos wird sich sofort daran erinnert haben, daß man das Bildnis *Johannes des Täufers* einige Monate zuvor in der Gepäckaufbewahrung eines Brüsseler Bahnhofs wiedergefunden hatte. Sollten die *Gerechten Richter*, nach denen die Polizei des Königreichs vergeblich gesucht hatte, tatsächlich auf ähnlich dreiste Weise versteckt worden sein?

Zu dem Zeitpunkt, als die Altarflügel geraubt wurden, war Arsène Goedertier siebenundfünfzig Jahre alt. Der ehemalige Kirchendiener hatte es zum Börsenmakler gebracht, war aktives Mitglied der *Parti Catholique* und sollte zum Akademiedirektor befördert werden. Goedertier war verheiratet, Vater eines Kindes und bewohnte in der Zandstraat von Wetteren ein herrschaftliches Haus. Viele Bewohner des Ortes hielten ihn für einen etwas wunderlichen Kauz, mußten ihm aber anerkennend gewisse detektivische Fähigkeiten zugestehen. Vor einiger Zeit hatte er einen Raubüberfall auf den Juwelier Coosemans in Brüssel aufklären können. Seltsamerweise wurde die Methode der Brüsseler Räuber kurz darauf

Gerechtelijk Arrondissement
GENT
Parket van den Procureur des Konings

BERICHT

De ondergeteekende, Procureur des Konings, brengt ter kennis van het publiek, dat de dader van de diefstal der schilderij "Het Lam Gods" polyptiek der gebroeders Van Eyck, gepleegd in St. Baafs Hoofdkerk, in den nacht van 10 op 11 April 1934, is vereenzelvigd geworden.

Hij is onlangs overleden en was van Belgische nationaliteit.

Het ontvreemde paneel, dat bestaat uit twee op elkander liggende schilderijen op eiken hout, stelt voor op den voorkant hetgeen men overeen gekomen is de Rechtschapen Rechters te noemen ; op den achterkant de beeltenis van den H. Johannes Baptista.

Deze laatste schilderij is weergevonden en reeds aan de St. Baafs Hoofdkerk terug gegeven.

Ongelukkiglijk is het paneel, dat de Rechtschapen Rechters voorstelt zoek gebleven en de dief heeft zijn geheim in den dood medegesleept.

Dit paneel dient teruggevonden te worden opdat het onsterfbaar kunstwerk der Gebroeders Van Eyck volledig zou kunnen hersteld worden. Het gansche land is er bij betrokken en eenieder heeft voor plicht het Gerecht in zijne opzoekingen te helpen.

In name van de Kerkfabriek van St Baafs Hoofdkerk, is de ondergeteekende gemachtigd te verklaren dat eene premie *groot vijf en twintig duizend frank (groot* 25.000 *frank) is uitgeloofd aan hem, die aan het Gerecht of aan een der Geestelijken gehecht aan voormelde Hoofdkerk inlichtingen zal verschaffen die de ontdekking van het vermiste paneel zullen medebrengen.*

Het Parket is er van overtuigd, dat dit paneel **niet werd vernietigd en dat het dient opgespoord te worden in het land en wel voornamelijk te Gent en omliggende.**

Gedaan in het Parket te Gent den 9 Mei 1935

Fr. De Heem.

Arrondissement Judiciaire
de GAND
Parquet du Procureur du Roi

AVIS.

Le Procureur du Roi, soussigné porte à la connaissance du public que l'auteur du vol du panneau de "L'Agneau Mystique" polyptyque des frères Van Eyck, commis dans la Cathédrale St. Bavon à Gand, dans la nuit du 10 au 11 Avril 1934, a pu être identifié.

Il est décédé récemment et était de nationalité belge.

Le panneau derobe qui se compose de deux peintures sur chêne superposées, represente a l'avers ce qu'on est conveau d'appeler les Juges integres et à l'envers la Statue de St. Jean Baptiste.

Cette derniere peinture a pu être retrouvée et a été restituée à la Cathedrale.

Malheureusement le panneau representant les Juges intègres reste introuvable et l'auteur du vol a emporte avec lui, dans la mort, le secret quant a l'endroit ou il l'a caché.

Il importe que ce panneau soit retrouvé et qu'ainsi puisse être intégralement reconstituée l'œuvre immortelle des frères Van Eyck.

Le pays tout entier y est intéressé et il est du devoir de tout citoyen de seconder la Justice dans ses recherches.

Au nom du Conseil de Fabrique de la Cathédrale St. Bavon le soussigné est autorisé à déclarer qu'une prime *de vingt-cinq mille francs* (25.000 *francs) sera attribuee à celui qui aura fourni, soit à la Justice, soit à l'un des membres du Clergé attaché à la Cathedrale des renseignements qui auront eu pour résultat la découverte du panneau des Juges intègres.*

Le Parquet est convaincu que celui-ci **n'a pas été détruit et que c'est dans le pays et plus spécialement à Gand et ses environs qu'il doit être recherché.**

Fait au Parquet de Gand le 9 Mai 1935

Fr. De Heem.

Impr. COLIER & GERONDAL Rue basse, 1-3, GAND

Links: *Im Mai 1935, mehr als ein Jahr nach dem Kunstraub, wurde diese Bekanntmachung in allen Polizeistationen des Königreichs Belgien angeschlagen. Oberstaatsanwalt De Heem teilt darin mit, daß sich das gestohlene Gemälde* (oben) *nach den bisherigen Ermittlungen immer noch in Gent oder Umgebung befinde, und setzt eine Belohnung von fünfundzwanzigtausend Francs für sachdienliche Hinweise aus.*

von einem Einbrecher in Termonde bis ins Detail hinein kopiert; das Opfer war diesmal der Juwelier Van den Durpel, Goedertiers Schwager – und der Täter konnte nie ausfindig gemacht werden!

Ein anderes Mal, Goedertier war damals Kirchendiener in Wetteren, hatte er innerhalb eines Tages den Diebstahl von Gemälden in der Kirche seines Heimatortes aufgeklärt. Der Täter hatte die Kunstwerke freiwillig zurückgebracht, doch Goedertier weigerte sich, dessen Identität preiszugeben. Schließlich war der Hobbydetektiv auch daran beteiligt gewesen, das Rätsel um den Diebstahl zweier alter Gemälde in Genter Kirchen zu lösen, wiederum ohne Preisgabe der Täter!

Arsène Goedertier war ein großer Kunstliebhaber, der in seinen Mußestunden Kopien der großen Meister anfertigte. Wer jedoch geglaubt hatte, in seinem Haus die erlesene Bibliothek eines Gelehrten zu finden, eine Sammlung von Büchern, die seiner Liebe zur Kunst entspräche, wur-

Als der Kirchendiener von St. Bavo am 11. April 1934 die Kirche betrat, entdeckte er den Diebstahl.

de enttäuscht. In den Regalen fand man überwiegend Kriminalromane, allen voran die Werke des französischen Schriftstellers Maurice Leblanc um den Gentleman-Gauner Arsène Lupin. Eines von Lupins Abenteuern schien es, betrachtete man den zerlesenen Zustand des Buches, Goedertier besonders angetan zu haben: *L'Aiguille Creuse (Die hohle Nadel).*

Besonders interessant in diesem Zusammenhang ist die Tatsache, daß Arsène Lupin ebenfalls ein Kunstliebhaber war ... und ein Kunstdieb! Er hatte weltberühmte Gemälde entwendet, darunter eines mit dem Titel *La Vierge à l'Agnus Dei* (Die Jungfrau mit dem Lamm Gottes), und sie durch Kopien ersetzt. Die Originale hatte er in einem Hohlraum im Inneren des berühmten Felsbogens (*aiguille rodeuse*) von Étretat in der Normandie deponiert. Als Schlüssel zu diesem Versteck diente ein Kryptogramm. Die Parallelen zwischen Goedertier und Lupin sind damit noch immer nicht erschöpft. Leblancs vornehmer Dieb und Kunstfälscher ließ sich seine Post in die Normandie nachsenden und benutzte als Identitätsnachweis die Initialen A.L.N. Konnte es sein, daß Goedertier nochmals sein literarisches Vorbild nachahmte, als er seine Erpresserbriefe an den Bischof von Gent mit dem Kürzel D.U.A. unterzeichnete? Tatsächlich ergaben weitere Nachforschungen, daß sich der ehemalige Kirchendiener eine falsche Identität zugelegt hatte. Er benutzte Dokumente, die auf den Namen Arsène Van Damme ausgestellt waren. Nun sind die Buchstaben »U« und »V« im lateinischen Alphabet identisch, und rückwärts gelesen lauten die Initialien von Goedertiers Pseudonym ... D.U.A.!

Am 11. Dezember 1934 begab sich De Vos mit klopfendem Herzen zum Bahnhof Saint-Pierre in Gent und überreichte einem Angestellten den bei der Witwe Goedertier gefundenen Gepäckschein. Niemand weiß, was für einen Plan sich De Vos für sein weiteres Vorgehen zurechtgelegt hatte, jedoch gehört wenig Phantasie dazu, sich die Enttäuschung auszu-

Hier zeigt der Kirchendiener auf die Stelle, wo sich noch am Tag zuvor die Tafel mit den Gerechten Richtern, *und, auf der Rückseite,* Johannes dem Täufer *befand, jetzt aber nur noch ein großes Loch zu sehen ist.*

malen, die den Anwalt überkam, als der Bahnhofsangestellte statt mit den *Gerechten Richtern* mit einer Schreibmaschine zurückkehrte. Zum Glück hatte er sein Vorgehen wenigstens nicht öffentlich gemacht und sich damit der Lächerlichkeit preisgegeben! Und so gelang es ihm schnell, seine Fassung wiederzufinden: Noch war nichts verloren! Sollte sein Parteifreund ihn auf dem Totenbett belogen haben? Das war mit ziemlicher Gewißheit auszuschließen! Die versprochenen Angaben über das Versteck der *Gerechten Richter* mußten also in den übrigen Papieren in Goedertiers Schreibtisch enthalten sein, in jenen Plänen und Notizen, die De Vos zunächst ignoriert hatte.

Wieder zu Hause, stürzte sich der Anwalt in das Studium der fraglichen Blätter und versuchte, den geheimnisvollen Formeln, die der Dieb hinterlassen hatte, einen Sinn zu entlocken. Jedoch vergeblich! Was mochten diese Zahlen nur bedeuten? Er konnte und konnte es einfach nicht herausfinden.

Enttäuscht, aber auch um sein Ansehen bangend – denn eigentlich wäre es seine Pflicht gewesen, die Behörden zu informieren –, entschloß sich De Vos, seinen ihm politisch nahestehenden ehemaligen Vorgesetzten van Ginderachter, zur Zeit Gerichtspräsident von Termonde, um Rat zu fragen. Außerdem übergab er ihm den Umschlag mit Goedertiers Papieren, wohl wissend, daß er in Verdacht geraten konnte, insgeheim einige Dokumente entnommen zu haben.

Von nun an wird der Fall undurchsichtig. Als wäre er auf ein Staatsgeheimnis gestoßen, ist es die erste Sorge des Gerichtspräsidenten, drei hohe Beamte des Königsreichs über den Vorgang in Kenntnis zu setzen: den Generalstaatsanwalt, den ersten Präsidenten des Berufungsgerichts von Gent sowie den Oberstaatsanwalt De Heem. Gemeinsam mit ihnen gründet van Ginderachter eine Art Geheimkomitee, das ohne weiteres Zögern aktiv wird … allerdings in einer unglaublichen Weise! Der erste Schritt des Quartetts besteht darin, alles in ihrer Macht Stehende zu tun, daß die Enthüllungen über die Machenschaften des ehemaligen Kirchendieners Goedertier nicht an die Öffentlichkeit gelangten. Außer De Vos steht nur der rechtschaffene Bruder Bornauw diesem Vorhaben im Wege: Der Mönch war im denkbar ungelegensten Augenblick bei dem Juwelier Van den Durpel aufgetaucht und hatte vielleicht zufällig einige Wortfetzen von Goedertiers Geständnis mitbekommen. Glücklicherweise ist Bruder Bornauw jetzt weit weg von Gent: Er hat sich für einige Zeit zur Meditation in das Kloster Pierre-qui-Vire zweihundert Kilometer südlich von Paris zurückgezogen. Und was den Hauptzeugen betrifft, findet sich ebenfalls eine Lösung: Der Diskretion des Rechtsanwalts De Vos versichert man sich, indem man ihm eine steile politische Karriere in Aussicht stellt. Ein Jahr später verhilft De Vos' Schweigen ihm zu einem Sitz im Senat.

Während des Zweiten Weltkriegs versuchen die Belgier, den Aufsatz des Genter Altars *über Südfrankreich nach Rom zu schaffen, um ihn im Vatikan vor dem Zugriff der Deutschen zu schützen. Das Vorhaben mißlingt, obwohl das Kunstwerk bereits in den unbesetzten Teil Frankreichs geschafft werden konnte. Nachdem die Deutschen den Altaraufsatz 1940 in ihren Besitz gebracht haben, wird Oberleutnant Koehn damit beauftragt, das fehlende Tafelbild wiederzufinden.*

Die vier Juristen durchsuchen mit dem Einverständnis der Witwe Goedertier nochmals das Haus in Wetteren. Sämtliche Gegenstände, Bücher und Dokumente, die irgendwie mit dem Fall in Zusammenhang stehen, werden konfisziert – und damit sind zugleich alle Indizien beseitigt, die zur Aufklärung des Falles beitragen könnten. Jetzt, wo eine offizielle Untersuchung definitiv keine Aussicht mehr auf Erfolg hat, erstellen die vier eine Akte, in der als zusätzliche Vorsichtsmaßnahme der Name Goedertier überall durch ein »x« ersetzt wird. Mit dem Vermerk »Geheimdokumente« versehen, wird diese Akte dem Staatsanwalt De Heem anvertraut, der sie dann entgegen allen Vorschriften in seinem Privathaus aufbewahrt. Dort fällt sie 1941 den Deutschen in die Hände!

Einen Monat später, das Feld ist inzwischen gründlich umgegraben, gejätet und geharkt worden, informiert man endlich auch den glücklosen Kommissar Luysterborgh. Nochmals vier Monate vergehen, bis man glaubt, es sei genug Gras über die Sache gewachsen. Am 9. Mai 1935 wird schließlich auch die Öffentlichkeit über den Stand der Dinge aufgeklärt. Staatsanwalt De Heem läßt in allen Polizeibüros des Reiches einen Anschlag aushängen: »Die Staatsanwaltschaft ist überzeugt, daß die *Gerechten Richter* nicht zerstört wurden, sondern sich immer noch im Land befinden und in Gent und Umgebung zu suchen sind. Im Namen des Kirchenrates der Kathedrale St. Bavo ist der unterzeichnende Oberstaatsanwalt berechtigt, demjenigen eine Belohnung von fünfundzwanzigtausend Francs zukommen zu lassen, der entweder der Justiz oder einem Mitglied des zur Kathedrale gehörigen Klerus Hinweise geben kann, die zum Wiederauffinden des Gemäldes führen.«

Die Jagd nach dem Schatz ist eröffnet!

Im Mai 1940 erhält eine deutsche Truppeneinheit, die hinter den Alliierten herjagt, per Radio den überraschenden Befehl, sofort den Kurs zu ändern. Die Soldaten sollen sich ungeachtet der aktuellen Kriegserfordernisse nach Gent begeben, um den Altar der van Eycks zu beschlagnahmen. Aufgrund eines auf ähnliche Weise übermittelten Befehls des Oberkommandos der Wehrmacht hat die deutsche Luftwaffe zuvor bereits bei ihren Bombenangriffen das Stadtzentrum und die Kathedrale von

Gent verschont. Daß diese Fürsorge für das Polyptychon rein kultureller oder finanzieller Natur gewesen sein sollte, ist wenig glaubhaft!

Kaum weniger überraschend als das Verhalten der Invasoren ist die Tatsache, daß sich die belgische Regierung nach dem Einmarsch der Deutschen die Zeit genommen hat, darüber zu verhandeln, wie der Altaraufsatz in Sicherheit zu bringen sei – und zwar im Vatikan! Die Teile des Altars werden verpackt und auf den Weg zu ihrem Bestimmungsort gebracht. Als die Wehrmachtsangehörigen in die Kathedrale eindringen, finden sie die Sankt-Johannes-Kapelle leer.

Wenig später wird der belgische Konvoi, der das wertvolle Kunstwerk nach Rom transportieren soll, durch den Kriegseintritt Italiens am Fuße der Pyrenäen gestoppt. Man beschließt, den Altaraufsatz unter größter Geheimhaltung in den Kellerräumen des Museums von Pau unterzustellen. Doch der deutsche Geheimdienst ist dem Konvoi bereits auf den Fersen. Ohne Rücksicht darauf, daß sich der *Genter Altar* jenseits jener Demarkationslinie befindet, die das besetzte Frankreich vom Hoheitsgebiet der Vichy-Regierung trennt, bemühen sich die deutschen Agenten darum, das Versteck ausfindig zu machen. Schließlich wird Hitler höchstpersönlich eingeschaltet. Die Angelegenheit scheint ihm soviel zu bedeuten, daß er sich umgehend mit Marschall Pétain in Verbindung setzt und die Herausgabe des Kunstwerks fordert – als handele es sich um deutsches Kulturgut! Der französische Staatschef gibt dem Ansinnen des »Führers« tatsächlich nach. Und so begeben sich die Gemälde der van

Ähnlich gespenstisch wie diese tanzenden Geister auf dem Dach des Genter Schlosses erscheinen auch die Hintergründe für das Verschwinden der Gerechten Richter.

Die Tafel mit den Streitern Christi. *Im Hintergrund sind die Herrscher der europäischen Königreiche zu erkennen, vereint zu einem Kreuzzug, der nie stattfinden sollte.*

Gegenüber rechts: *Ausschnitt aus dem Gemälde* Die Streiter Christi. *In der Vergrößerung* (unten) *lassen sich deutlich das Zeichen des Antoniusritterordens (T) und die magische Inschrift auf dem Schild erkennen.*

Eycks – mit Ausnahme der *Gerechten Richter* – sorgfältig verpackt auf die Reise ins Dritte Reich. Um den Altaraufsatz zu vervollständigen, wird Oberleutnant Koehn nach Belgien geschickt mit dem Befehl, koste es was es wolle, den fehlenden Altarflügel zu finden!

Die Argumente, mit denen die Deutschen *Das Lamm Gottes* für sich reklamierten, waren indes gar nicht so abwegig, wie man in Belgien glaubte. Schon im Jahr 1432 war das Polyptychon – entgegen früheren Theorien über seine Entstehungsgeschichte –, eher zufällig in die Stadt an der Schelde gelangt. Seitdem hatten die Genter es mehrmals verloren und zurückbekommen. Im Zuge der Revolutionskriege hatten französische Re-

publikaner die südlichen Niederlande (Belgien) besetzt, den Altaraufsatz nach Frankreich verschleppt und im Musée Central d'Art aufgestellt. Der Bourbone Ludwig XVIII., der nach Napoleons Verbannung den Thron bestiegen hatte, gab den Belgiern das Kunstwerk zurück, erntete dafür jedoch nicht den erwarteten Dank: Noch im selben Jahr 1821 verkaufte ein Mittelsmann des Bistums die Arbeit der van Eycks an einen englischen Sammler, der es an den Preußenkönig Friedrich Wilhelm III. weiterveräußerte. So befand sich das Kunstwerk rechtmäßig in Berlin, bis eine Bestimmung des Versailler Friedensvertrages es 1920 einem Klerus zurückgab, der seiner alles andere als würdig war!

Der geringe Eifer, den die Kirche an den Tag legte, um *Das Lamm Gottes* zu behalten, hatte vermutlich die gleiche Ursache wie Hitlers Hartnäkkigkeit, es um jeden Preis in seinen Besitz zu bringen. Beide Reaktionen gründen in einer verborgenen Bedeutung der Gemälde auf dem Altaraufsatz, die in enger Verbindung mit einer esoterischen mittelalterlichen Ideologie steht, die in wechselnden Rhythmen immer wieder von okkulten Gesellschaften in Anspruch genommen wurde.

Die Existenz einer zweiten, über den Bildinhalt hinausgehenden Bedeutung, die dem Altaraufsatz einen hintergründigen Sinn und rational nur schwer meßbaren Wert verleiht, kann demjenigen, der die zwölf Einzelteile des Werkes aufmerksam studiert, kaum entgehen. Ein Beispiel für das offensichtlich Mysteriöse des Polyptychons liefert das den *Gerechten Richtern* benachbarte Bild *Die Streiter Christi.* Im Vordergrund

Unten: *Auf den Siegeln, die die Meister des Templerordens in Spanien, der Provence, der Normandie und in England verwendeten, war meistens das Lamm Gottes abgebildet. – Im Bild das Siegel des englischen Meisters William de la More aus dem Jahr 1304.*

Oben: *In Deutschland prägten die Meister der Templer im allgemeinen das Haupt von Johannes dem Täufer auf ihre Siegel. – Siegel eines Ordensritters, 1271.*

Oben rechts: *Gedenktafel eines Nürnberger Patriziers, der 1462 zum Heiligen Grab gepilgert war und auf dem Weg dorthin angeblich sechzehn Ordensmitgliedschaften erworben hatte, darunter auch die des Antoniusritterordens (Glöckchen am Krückenkreuz hängend).*

sind drei Reiter zu erkennen, die das Bündnis der europäischen Herrscher anführen. Einer von ihnen hält ein silbernes Schild mit einem Kreuz aus Blut, auf dem kaum sichtbare Buchstaben folgende merkwürdige Worte bilden: *DS FORTIS : ADONAY : SABAOT : V – EMA (N) VEL : IHS : XPC AGLA.* Diese Buchstabenreihung ist im Lateinischen, Hebräischen, Griechischen und Koptischen gleichermaßen unverständlich und stellt eine Art Talisman dar, eine magische Formel, die man unauffällig in die Waffen eingravierte, um deren Kraft zu verstärken. Angeblich war sie von Gott eigenhändig auf Pergament geschrieben worden – mit Blut aus einer Wunde Jesu Christi. In dieser Weise war sie jedenfalls von den Katharern benutzt worden, jenen Ketzern, gegen die die Kirche

im 13. Jahrhundert einen Kreuzzug geführt hatte und deren Unterdrückung einer der Gründe für die Schaffung der Inquisition gewesen war. Rund siebenhundert Jahre später zeigten die Vordenker des Nationalsozialismus ein auffälliges Interesse an den Doktrinen der Katharer.

Zu Zeiten der van Eycks war es ein gefährliches Spiel, das man leicht mit dem Leben bezahlen konnte, solch kompromittierende Formeln zu benutzen. Kein Maler wäre das Risiko eingegangen, sein Werk mit ihnen zu versehen und damit die Aufmerksamkeit der Inquisitoren auf sich zu lenken, wenn er nicht Anweisungen eines Auftraggebers gehabt hätte, der so mächtig sein mußte, daß er den Bannstrahl aus Rom nicht fürchten mußte. Dieser Auftraggeber wollte offensichtlich die Aufmerksamkeit einiger ausgewählter Eingeweihter ganz gezielt auf den Reiter mit dem blutfarbenen Kreuz lenken!

Oben: *Das Antoniuskreuz. Der Antoniusritterorden von Barbefosse verstand sich als Erbe des verbotenen Templerordens.*

Links: *Die Kapelle des heiligen Antonius in Barbefosse, in der ein Barthaar des Heiligen als Reliquie verehrt wurde. Als Herzog Albrecht I. von Niederbaiern und Graf von Hennegau im Jahr 1382 ein vermeintliches Wunder, den plötzlichen Einhalt einer Brandepidemie, zum Anlaß nahm, den Antoniusritterorden zu gründen, wählte er diesen Ort in der Nähe von Mons als Sitz des Ordens. – Hieronymus Bosch zugeschriebenes Gemälde, Museum von Valenciennes.*

Die drei Ritter stellen gewiß nicht, wie einige Kritiker schrieben, die Erzengel dar, denn sie haben keine Flügel und tragen eindeutig identifizierbare Banner: Der erste hält die rote Fahne mit dem weißen Kreuz des Johanniterordens (des späteren Malteserordens) und der dritte die Fahne des Ordens vom Heiligen Grab; der Ritter in der Mitte, derjenige mit dem Talisman auf dem Schild, schwingt ohne jeden Zweifel die weiße Fahne mit dem roten Kreuz der *Tempelritter!*

Der Einwand liegt auf der Hand: Zu Lebzeiten der van Eycks lag es ein Jahrhundert zurück, daß die Tempelritter okkulter Praktiken angeklagt, gefoltert und verbrannt worden waren. Der Orden existierte seitdem nicht mehr! Andererseits versicherten Augenzeugen, 1410 bei der Schlacht von Tannenberg Ritter mit dem Banner des Ordens kämpfen gesehen zu haben. Sollten diese Zeugen etwa nur geträumt haben?

Oben: *Das Wappen der Jakobäa von Bayern, umgeben von der Ordenskette der Antoniusritter. Jakobäa war die Tochter Wilhelms IV., des Grafen von Hennegau und Großmeisters des Ordens, der bei Jan van Eyck das heute als* Genter Altar *bekannte Kunstwerk in Auftrag gab. – Zeichnung im Manuskript der Ordensstatuten, das sich heute in der Königlichen Bibliothek in Brüssel befindet.*

Rechts: Der Mann mit der Nelke – *und der Ordenskette der Antonius-Ritterschaft um den Hals. Dieses Gemälde von Jan van Eyck stellt François de Borselles dar, den letzten Großmeister des Ordens und letzten Ehemann Jakobäas von Bayern.*

Die Erklärung ist denkbar einfach: Unter den aus ganz Europa zusammengetrommelten Truppen, die mit den Rittern des Deutschen Ordens gegen die Polen antraten, befand sich auch eine kleine Gruppe unter der Führung des Grafen von Hennegau (Hainaut). Diese Ritter, die zu dem heute fast vergessenen Antoniusritterorden von Barbefosse gehörten, hatten das Banner des Templerordens gehißt. Sie erkannten sich untereinander an einem kleinen Schild mit dem Antoniuskreuz (T), dem Symbol des heiligen Antonius, das sie in der Mitte ihrer Wappen trugen. Eben dieses Emblem, das rote Wappenschild mit dem goldenen Antoniuskreuz, findet man überraschenderweise auch auf dem Schild des Ritters mit dem Blutkreuz. Und auf dem gegenüberliegenden Altarbild ist an der Spitze des Zuges der heiligen Eremiten der Schutzpatron des Ordens in Person zu erkennen – Antonius mit dem blauen Antoniuskreuz der Kaplane von Barbefosse auf der Schulter.

Die Herkunft der Ritterschaft des heiligen Antonius, die sich als Erbe des Templerordens verstand, ist rätselhaft. Ihr erster Großmeister war

niemand Geringerer als der Sohn des deutschen Kaisers Ludwig IV. (der Bayer), Herzog Albrecht I. von Niederbaiern-Straubing und Graf von Hennegau. Diese Grafschaft in den südlichen Niederlanden war im 14. Jahrhundert durch verwandtschaftliche Bindungen an die Wittelsbacher in den Einflußbereich des Kaiserreiches geraten. Im Jahr 1382 hatte Albrecht ein vemeintliches Wunder, den plötzlichen Einhalt einer Brandepidemie, zum Anlaß genommen, den militärischen Orden zu gründen und ihm das armselige Oratorium von Barbefosse in der Nähe von Mons als Sitz zuzuweisen. Dort verehrte man ein Barthaar des heiligen Antonius als Reliquie. Die Großen jener Zeit bezeugten dem erstaunlichen Orden bald ihre Bewunderung und legten Wert darauf, sich mit der Antoniuskette und einem Glöckchen um den Hals, das je nach Machteinfluß und Wichtigkeit des Dargestellten aus Gold oder Silber bestand, darstellen und malen zu lassen.

Dies scheint auf den ersten Blick wenig bedeutsam zu sein. Überraschenderweise jedoch zeigte später das Berliner Museum ein außer-

Die Krypta der Kathedrale in St. Bavo. Nachdem Oberleutnant Koehn 1942 die Zettel mit Arsène Goedertiers kryptischen Notizen gefunden hatte, glaubte er, das Rätsel gelöst zu haben. Alles deutete seiner Meinung nach darauf hin, daß die Gerechten Richter *in einem Sarkophag in der Krypta versteckt waren. Doch am Morgen nach dieser vermeintlichen Entdeckung erlebte der SS-Offizier eine böse Überraschung.*

ordentliches Interesse an diesen Porträts. Die wichtigste Erwerbung der Deutschen war das Bildnis von François de Borselles, des letzten Ordens-Großmeisters, das besser bekannt ist unter dem Titel *Der Mann mit der Nelke.* Dieses Kunstwerk stammt von Jan van Eyck, einem Lütticher im Dienste des Herzogs von Burgund und Grafen von Flandern, Johann Ohnefurcht. Johann, selbst Ritter von Barbefosse, war Schwiegersohn des Herzogs Albrecht und Schwager von Wilhelm IV., der seinem Vater im Jahr 1404 als Graf von Hennegau und Großmeister des Antoniusritterordens nachgefolgt war.

Wilhelm IV. war von demselben Traum besessen, den Jahrhunderte zuvor Karl der Große verfolgt hatte und der später Napoleon Bonaparte

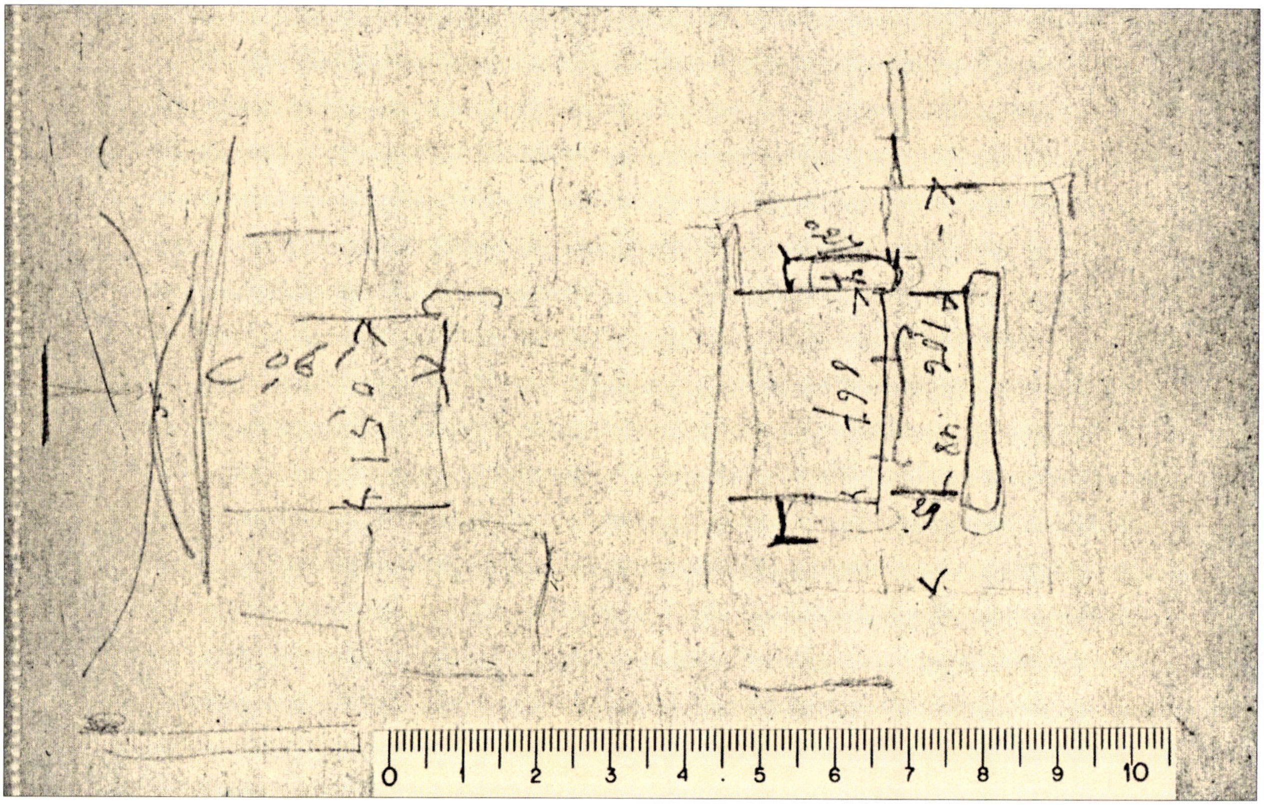

Die Zeichnung, die vermutlich zum Versteck führte. Ist darauf wirklich ein Sarkophag dargestellt, oder handelt es sich vielleicht um die Kajüte eines Schleppkahns? Einer der Beamten, der mit der Untersuchung des Falles betraut ist, vertritt die Auffassung, daß sich der Diebstahl unter Zuhilfenahme eines Kahns, der nur wenige Schritte von der Kathedrale entfernt festgemacht worden sei, abgespielt habe. Bei dieser Theorie ließe sich eine Paralle zu den Abenteuern der Romangestalten Arsène Lupin und der Gräfin Cagliostro des belgischen Kriminalautors Maurice Leblanc ziehen. Und Goedertier hatte schon mehrfach von Leblanc inspirierte Vexierspiele getrieben …

und Adolf Hitler gleichermaßen reizen sollte: nämlich den Machtbereich des Abendlandes bis an die Grenzen des untergegangenen Römischen Reiches auszudehnen. Anders als seine Nachfolger wollte Wilhelm die Könige und Prinzen Europas zu einer Koalition unter dem kaiserlichen Hirtenstab vereinen. Zu Beginn des 15. Jahrhunderts stand einzig Frankreich diesem Vorhaben im Wege. Doch dessen König Karl VI. dämmerte im Wahnsinn dahin und hatte die Regentschaft faktisch an seine Frau abgetreten – an Wilhelms Cousine Isabeau von Bayern!

Wilhelm plante einen Kreuzzug, der zur Wiedereroberung der heiligen Stätten unter Führung des deutschen Königs Sigismund (Siegmund), dem Sohn Kaiser Karls IV., führen sollte. Er selbst verstand sich als Seele des Unternehmens. Und da man nicht wußte, an welchen der Päpste man sich wenden sollte, an den in Rom oder den in Avignon, wollte sich Graf Wilhelm IV. das göttliche Einverständnis unmittelbar einholen: durch ein Wunder!

Dem göttlichen Zeichen wußte man nachzuhelfen: Ein Verwandter des Grafen, der Ritter Jean du Bois de Barbefosse, hatte am Pfingstfreitag

1405 die erwünschte Vision. Als er in der Burgkapelle von Bois-Seigneur-Isaac in der Nähe von Hal betete, wurde er plötzlich von einem Blutstrahl übergossen, der aus der rechten Seite des Gekreuzigten floß. Um die gewünschte Wirkung zu steigern, wiederholte sich dieses Wunder die ganze Woche über. Von Glaubenseifer beseelt, ließ das Volk am Ort des Geschehens eine Gedenkkapelle errichten. Wilhelm IV. nutzte diese Gelegenheit, um für den Altar der Kapelle einen Aufsatz in Auftrag zu geben, der sowohl die Kreuzzugsidee verherrlichen als auch die Weltanschauung des Grafen widerspiegeln sollte. So wurde die Idee zu einem außerordentlichen Kunstwerk geboren, das mit verschlüsselten Geheimtexten nur so gespickt war: *Das Lamm Gottes.*

Der Eingang zu dem Salzstock in Altaussee, wo die Nationalsozialisten den Genter Altar *zusammen mit anderen Kuntwerken, die sie in ganz Europa zusammengeraubt hatten, versteckt hielten. Österreichische Widerstandskämpfer verhinderten im Jahr 1945, daß der Salzstock – einem Befehl Hitlers entsprechend – in die Luft gesprengt wurde.*

Einige der geheimen Botschaften wurden erst Jahrhunderte später entziffert. Im Jahr 1962 entdeckte ein belgischer Geistlicher auf der roten Mütze eines Juden, der auf dem zentralen Gemälde unten links zwischen den Gerechten des Alten Testaments steht, folgende Buchstaben, die kaum größer als eineinhalb Millimeter sind: *V K JUNII M CCCC 17* – »der Vorabend der Kalenden des Juni 1417«, das heißt, der 31. Mai selbigen Jahres. Man glaubte, damit die Fertigstellung des Altarbildes präzise datiert zu haben. Tatsächlich aber hatte der Schöpfer des Kunstwerks mit dieser Inschrift auf jenen schicksalhaften Tag verwiesen, an dem sämtliche Hoffnungen auf einen neuen Kreuzzug in sich zusammenbrachen! Am 31. Mai 1417 erlag Wilhelm IV. in seinem Schloß in Bouchain den Folgen einer Beinverletzung. Schnell verbreitete sich das Gerücht, er sei vergiftet worden – von Juden, die Wilhelms ehrgeizigen Kreuzzugsplänen feindlich gesonnen seien.

Für die van Eycks und den unvollendeten Altaraufsatz bedeutete dies eine ungewisse Zukunft. Wilhelms einzige Erbin war seine sechzehnjährige Tochter Jakobäa, die sich schon bald der Ansprüche ihres zweiten

Ehemanns, Johanns IV. von Brabant und Limburg, auf ihre Besitztümer zu erwehren hatte. Aus diesem Grunde suchte Jan van Eyck in Lille bei Herzog Philipp dem Guten von Burgund Zuflucht. Im Jahr 1428, zwei Jahre nach dem Tod seines Bruders, schwanden die letzten Hoffnungen, die der Maler in das Haus Bayern gesetzt haben mochte, endgültig dahin. Jakobäa wurde gezwungen, ihre Rechte an Burgund abzutreten, und zog sich in das Schloß von Goes zurück. Dort suchte van Eyck sie noch einmal auf und fertigte von ihr und ihrem letzten Gemahl François de Borselles Porträts an, auf denen beide die Ordenskette der Antoniusritterschaft tragen. Der Künstler gab ihnen eine Nelke in die Hand – als Symbol der Liebe über den Tod hinaus.

Nachdem *Das Lamm Gottes* der ihm zugedachten Funktion beraubt worden war, holte sich Jan van Eyck von Jakobäa die Zustimmung ein, das Werk zu verkaufen. Der Maler wurde schnell mit dem Tuchhändler Josse Veydt (Jodocus Vijd) aus Gent handelseinig, der den Altaraufsatz seiner Heimatstadt stiftete und sich selber auf einer der Außentafeln verewigen ließ.

Patrick Bernauw, einer der Autoren, der sich mit dem Rätsel um das gestohlene Tafelbild beschäftigt. Seiner Meinung nach befindet sich das Gemälde in dem hinter ihm liegenden Gebäude.

Angesichts dieser Vorgeschichte wird nachvollziehbar, weshalb Hitler die aus dem Museumskeller von Pau geraubten Teile des Polyptychons nach Bayern bringen ließ und beabsichtigte, sie zum Herzstück des geplanten »Führermuseums« in Linz an der Donau zu machen. Aber das Kunstwerk war unvollständig. Und so erteilte der »Führer« Heinrich Himmlers SS-Schergen den Befehl, die verschwundenen *Gerechten Richter* ausfindig zu machen.

Von Brüssel aus trifft also Oberleutnant Koehn in Gent ein, steigt im Hotel Cecil ab, läßt sich alle verfügbaren Dokumente vorlegen und registriert mit Unverständnis, daß keiner der Zeugen, die bei Goedertiers Tod anwesend waren, je von den Justizbehörden vernommen wurde. Die Ermittlungen müssen völlig neu aufgerollt werden.

Ein Jahr verbringt der SS-Offizier damit, die Ereignisse der Jahre 1934 und 1935 minutiös zu rekonstruieren, und noch immer zeichnet sich nicht die geringste Spur ab. Plötzlich aber, im Sommer 1942, steigert Koehn seine Aktivitäten, ganz so, als hätte er irgend etwas gewittert. Könnte Arsène Goedertier auf seinem Sterbebett möglicherweise mehr gesagt haben, als man bislang offiziell verlauten ließ?

Koehn eilt nach Termonde und befragt Bruder Bornauw über die Identität und das Anliegen eines Besuchers, den der Mönch im Januar 1935 im Kloster Pierre-qui-Vire empfangen hatte. Nach diesem Gespräch ist der Offizier davon überzeugt, daß sich des Rätsels Lösung auf jenem Blatt mit Skizzen und Maßangaben befindet, das De Vos zwischen den Erpresserbriefen an Monsignore Coppieters gefunden hatte. Koehn studiert die Zeichnungen aufmerksam und kommt zu dem Schluß, daß sie sich auf ein Treppenhaus oder einen Dachstuhl beziehen könnten. Die Maßangaben entsprechen zudem denen des Altarflügels, jetzt gilt es nur noch, den beschriebenen Ort zu finden …

Zunächst wird das Haus in der Zandstraat von oben bis unten durchsucht, jedoch vergeblich. Abermals kommen Zweifel auf: Hatte Goedertier seinem Parteifreund im Angesicht des Todes doch einen letzten Streich gespielt? Oberleutnant Koehn weigert sich kategorisch, diese Überlegung in Betracht zu ziehen. Und Aufgeben kommt für ihn nicht in Frage. Also geht er noch einmal Stück für Stück die Akteneintragungen durch und stößt dabei auf ein Notizheft, von dem bislang noch nie die Rede gewesen ist. Einige Seiten sind herausgerissen, doch die übrigen erregen seine Aufmerksamkeit: In Bleistiftzeichnungen erkennt Koehn einen Rundbogen, eine Art Sarkophag, der ihm ein Déjà-vu-Gefühl vermittelt. Alles erinnert an eine Krypta … diejenige von St. Bavo?

Wieder in Gent, setzt sich der Deutsche über ein Verbot des Bischofs hinweg und untersucht die Kathedrale. Er spürt, daß er dem Ziel nahe ist. Um siebzehn Uhr unterbricht ihn der Kirchendiener bei der Arbeit, es sei Zeit, das Gotteshaus zu schließen. Koehn zögert, fügt sich aber schließlich ... was er am nächsten Tag bitter bereuen wird! Gegen neun Uhr morgens öffnet der Kirchendiener mit Unschuldsmiene die Tür zur Krypta und läßt Koehn hinein. Der Offizier erstarrt, er spürt sofort, daß man ihn überlistet hat. Unverzüglich bricht er die Nachforschungen ab und schreibt seinen Bericht – mit dem niederschmetternden Resumee: »Auftrag nicht erfüllt!« Danach wird er »zur Erholung« an die Ostfront geschickt.

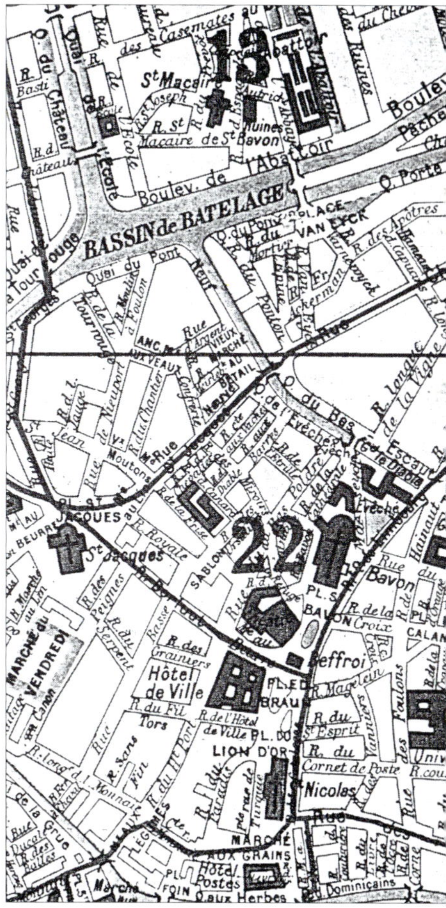

Waren die *Gerechten Richter* tatsächlich in der Krypta von St. Bavo versteckt gewesen? Hatte der Bischof davon gewußt und das Kunstwerk im letzten Moment vor dem Zugriff der Deutschen retten können? All diese Vermutungen scheinen nicht wenig unwahrscheinlich zu sein. Kommissar Mortier von der Genter Polizei, der später die Akte des Falles veröffentlichte, erwähnt diese Episode mit keinem Wort. Der Architekt Winders hingegen, ein Doppelagent, der seine Beziehungen zur Wehrmacht genutzt hatte, um die Glocken der Kirche zu retten, bestätigt die gewagte Hypothese. Er habe, sagt er, von den Absichten Koehns gewußt und den Bischof informiert. Mehr ist aus ihm nicht herauszubekommen! »Vier Personen«, erklärt er sibyllinisch, »haben ihre Geschwätzigkeit schon mit dem Leben bezahlt. Ich selbst werde seit 1934 regelmäßig bedroht und möchte die Liste nicht verlängern. In Mortiers Akte tauchen drei wichtige Briefe nicht auf. Aus welchem Grund?«

Oben links: *Die Kathedrale St. Bavo in Gent – von der Richtung aus aufgenommen, die der Dieb eingeschlagen haben muß, um mit nur wenigen Schritten zu seinem Kahn zurückgelangen zu können.*

Oben: *Ausschnitt aus einem zeitgenössischen Stadtplan. Hinter der Apsis der Kathedrale (22) sieht man den Kanal, auf dem ein Kahn über* das bassin de batelage *direkt in die Schelde gelangen kann.*

Auch Kommissar Mortier verfing sich in Fallstricken: Wohin er sich wandte, er griff ins Leere. Sollten die Genter Akten womöglich vorsätzlich »gereinigt« worden sein? Tatsache ist, daß bis heute eine Reihe von Dokumenten und Fotos verschollen sind. Selbst die Aufzeichnungen Koehns wurden verstümmelt. Diese Ungereimtheiten und das beharrliche Schweigen derer, die mehr wissen müßten, können den Eifer des Kommissars indes nicht bremsen. Mortier hat sich geschworen, die mysteriösen Umstände des Genter Kunstraubs aufzudecken, notfalls auch auf Kosten seiner Karriere. Denn für einen Polizisten darf ein unaufgeklärter Fall niemals zu den Akten gelegt werden.

Als die Alliierten im Frühjahr 1945 den Rhein überschreiten, richtet das amerikanische Hauptquartier, das man in diesen Wochen mit anderen Aufgaben beschäftigt glauben sollte, unverzüglich eine Spezialabteilung unter dem Befehl von Captain Posey ein, deren Hauptaufgabe darin besteht, *Das Lamm Gottes* wiederzufinden! Eile ist geboten, denn es heißt, die Machthaber des Dritten Reiches hätten den Befehl gegeben, sagenhafte Reichtümer, darunter mehr als zehntausend in den besetzten Gebieten beschlagnahmte Gemälde, zu vernichten. Große Teile des gemeinsamen Kunsterbes der westlichen Welt sind in höchster Gefahr! Die Verbündeten werden gebeten, den amerikanischen Detektiven bei ihren Nachforschungen über den Verbleib des Polyptychons Hilfe zu leisten.

Computergraphik: Im Schatten von Arsène Goedertier verstecken sich hohe politische Persönlichkeiten und deren Komplizen, die in den Diebstahl und einen wahrscheinlichen Weiterverkauf des Gemäldes involviert sind.

Der belgische Geheimdienst ist seit Monaten darüber informiert, daß der *Genter Altar* Ende 1944 mit anderen Kunstwerken in einem Salzstock bei Altaussee in der Steiermark untergebracht wurde und der Gauleiter der Region Anweisung hat, alles in die Luft zu sprengen, sobald die Alliierten in den Ort kommen! Doch in Brüssel scheint niemand darüber beunruhigt zu sein, man läßt Captain Posey im dunkeln tappen! Hätten nicht österreichische Widerstandskämpfer die Zugänge zu dem Salzstock versperrt, wäre der Altaraufsatz vermutlich verloren gewesen.

Man schreibt den 4. Mai 1945. Captain Posey hat einige Tage zuvor doch noch von den ihm vorenthaltenen Informationen Wind bekommen und benachrichtigt unverzüglich General Patton. Die Geschichte wiederholt sich: Der berühmte General leitet die 80. Infanteriedivision und einige Panzereinheiten um und schickt sie im Eiltempo nach Altaussee. Die amerikanischen Truppen bilden eine Sperrzone um den Salzstock und warten auf Captain Posey, dem die Ehre zuteil werden soll, als erster in die versperrten Gänge einzudringen, in denen er auf eine unvorstellbare Ansammlung künstlerischer Reichtümer stoßen wird. Wochen später taucht eine belgische Militärdelegation mit dem Konservator van Puyvelde in Altaussee auf. Posey stellt die Gruppe unter verschärften Arrest und weigert sich kategorisch, mit ihr zusammenzuarbeiten.

Nach diesen Wirrnissen kehrte der *Genter Altar* schließlich in den Schoß der Kirche zurück. Seitdem drängen sich wieder die Massen in der Kathedrale St. Bavo, um den Altar mit den Gemälden der van Eycks zu bewundern. Es gibt jedoch kaum einen Kommentar, der sich nicht verstimmt über die Kopie der *Gerechten Richter* äußert. Die Frage, was aus dem Original – das in Wirklichkeit, das sei nebenbei erwähnt, Wilhelm IV. von Hennegau und sein Gefolge darstellt – geworden ist, konnte bis heute nicht beantwortet werden.

Oberleutnant Koehn war vermutlich der Wahrheit ziemlich nahe gekommen. Es ist unvorstellbar, daß sich der gläubige Katholik Arsène Goedertier im Angesicht des Todes einen letzten Streich erlaubt haben sollte. Also dürften sich die Informationen über das Versteck tatsächlich in dem erwähnten Umschlag befunden haben. Wenn die Untersuchungsbeamten den Skizzen keine entsprechenden Örtlichkeiten zuordnen konnten, lag das wahrscheinlich daran, daß sie verschlüsselt waren. Der

Börsenmakler hatte den Spleen, den Romanhelden Arsène Lupin nachzuahmen – und der läßt bekanntlich kaum eine Gelegenheit aus, mit Geheimschriften zu spielen. Welch ein Triumph wäre es für Goedertier gewesen, in seinen Briefen an den Bischof Hinweise auf den Ort des Verstecks einzuflechten, ohne ernsthaft befürchten zu müssen, daß man ihm auf die Schliche kommt? Und dann mit den Behörden Katz und Maus zu spielen? »Wo befinden sich die *Gerechten Richter*?« »Aber, meine Herren, ich habe es doch geschrieben! Nehmen Sie den zweiten Buchstaben jeden Wortes ab der fünften Zeile und …«

Für diese These spricht noch ein weiteres Indiz. Der letzte, unvollendete Brief des Diebs an den Bischof von Gent endet auf eigenartige Weise: Unter dem Vorwand, man müsse zusätzliche Sicherheitsmaßnahmen ergreifen, schlägt D.U.A. vor, die Antwort der kirchlichen Autoritäten auf sechs kurze und kodierte (!) Anzeigen zu verteilen. Außerdem muß man kein Geheimagent sein, um festzustellen, daß die Zahlenfolgen und sinnlosen Worte am unteren Ende der Seite nur in einer vagen Beziehung zu der Zeichnung stehen, auf die sie angeblich verweisen. Ohne Zweifel handelt es sich um einen Geheimtext, der nach der Methode der Buchstabenumstellung verschlüsselt werden sollte. Auch wenn die unvollendete Botschaft schwer zu deuten ist – sie allein weist den Weg zum Aufenthaltsort der *Gerechten Richter*!

Bis zu dem Moment, in dem Sie diese Zeilen lesen, werden die *Gerechten Richter* kaum aus der Versenkung aufgetaucht sein. Das Gemälde ist weit weg von seinem Bestimmungsort … Doch wer das Milieu der Sammler kennt, darf sich noch immer eine Chance ausrechnen, vielleicht nicht gerade Multimillionär zu werden, aber doch soviel über das Geheimnis herauszufinden, daß er sich damit … eine Menge Ärger einhandeln kann!

Gent. An dieser Stelle muß der Schleppkahn des Diebes vertäut gewesen sein, doch die Polizei hat diesen Ort nie sorgfältiger nach Hinweisen untersucht. Dabei konnte das Boot des Diebes von hier aus über den Kanal direkt in die Schelde und auf dem Fluß weiter bis nach Wetteren gelangen. Es existieren Zeugenaussagen, laut denen mehrere Monate lang ohne ersichtlichen Grund ein Kahn in der Nähe der Schule, an der Goedertier unterrichtete, vertäut gewesen sei. Und es hätte ohne weiteres sein können, daß der Kahn den Fluß weiter entlang bis nach Termonde gefahren ist und sich zu dem Zeitpunkt hinter dem Juweliergeschäft Van den Durpel befunden hat, als Goedertier dort im Haus seines Schwagers auf dem Sterbebett lag. Von dort aus hätte der Schleppkahn seine Route Richtung Antwerpen fortsetzen können, wo sich dann endgültig die Spuren verlieren …

Zeittafel

Die Bundeslade

um 1250 v. Chr.
Zeitpunkt, zu dem die Bundeslade angefertigt worden sein soll.

1000–970 v. Chr.
Regierungszeit König Davids. Er gründet das ganz Palästina umfassende Reich Israel mit Jerusalem als Hauptstadt. Während seiner Herrschaft kommt die Bundeslade nach Jerusalem.

970–931 v. Chr.
Regierungszeit König Salomos. Bau des Tempels in Jerusalem.

955 v. Chr.
Die Bundeslade wird im Tempel – errichtet als *Ruhestätte für die Bundeslade des Herrn* – aufgestellt.

697–642 v. Chr.
Regierungszeit König Manasses, der die kultische Verehrung Jahwes untersagt und ein Bildnis der Fruchtbarkeitsgöttin *Aschera* im Tempel aufstellt. Jüdische Priester bringen daraufhin die Bundeslade wahrscheinlich aus Jerusalem fort an einen sicheren Ort.

um 650 v. Chr.
Bau eines zweiten jüdischen Tempels auf der Nil-Insel Elephantine, der wahrscheinlich von jüdischen Priestern durchgeführt wird, die vor Manasses Angriffen auf ihre religiöse Tradition dorthin geflohen sind. Womöglich wurde auch dieser Tempel eigens für die Bundeslade errichtet.

587 v. Chr.
Zerstörung Jerusalems und des Tempels durch Nebukadnezar. Der größte Teil der Bevölkerung wird in die Verbannung nach Babylon geführt (Babylonische Gefangenschaft).

538 v. Chr.
Nachdem Babylon von den Persern erobert wurde, gestattet König Kyros den Judäern die Rückkehr in ihre Heimat und den Wiederaufbau des Tempels in Jerusalem.

Die Schriftrollen vom Toten Meer

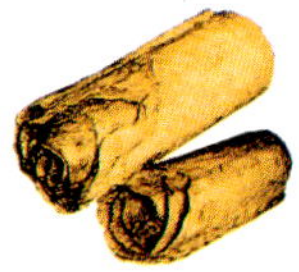

198 v. Chr.
Palästina fällt an das Reich der Seleukiden; unter Antiochos IV. Epiphanes beginnt eine systematische Hellenisierungspolitik. Dies führt zum Makkabäeraufstand.

142 v. Chr.
Wiedereinrichtung eines selbständigen jüdischen Staates.

130 v. Chr.
Gründung der Gemeinschaft von Qumran (bis 68 n. Chr.).

63 v. Chr.
Der jüdische Staat kommt unter römische Oberherrschaft. Hyrkanos II. wird zum Landesherrn unter römischem Oberbefehl ernannt.

40 – 4 v. Chr.
Regierungszeit Herodes des Großen, der den zweiten Tempel ausbauen läßt. Wegen seiner hellenistischen Einstellung ist der Herrscher bei einem Großteil der Bevölkerung verhaßt.

4 v. Chr. – 40 n. Chr.
Herodes Antipas wird Nachfolger von Herodes dem Großen; er läßt Johannes den Täufer hinrichten.

30
Kreuzigung Jesu – nach astronomischen Berechnungen fand sie im Jahr 33 statt.

34–67
Ungefähre Zeit des Wirkens von Paulus.

62
Tod des Jakobus, des Bruders von Jesus. Jakobus stand der Jerusalemer Urgemeinde vor.

66–70
Jüdischer Krieg, der mit der Eroberung Jerusalems durch die Römer im Jahr 70 endet.

68
Die Qumransiedlung wird zerstört.

Das Turiner Grabtuch

30
Kreuzigung Jesu – nach astronomischen Berechnung im Jahr 33.

Mitte 6. Jh. (–944)
Edessa (heute Urfa) ist infolge eines dort aufbewahrten Tuches, des *Heiligen Gesichts von Edessa*, ein berühmter Wallfahrtsort. Seit dieser Zeit setzt sich in der Kunst ein stabiles Bild vom Aussehen Jesu durch.

685–695
Kaiser Justinian II. läßt als erster Monarch Münzen mit dem Haupt Jesu prägen. Die Jesus-Darstellung zeigt unverkennbare Ähnlichkeit mit dem Antlitz auf dem Turiner Grabtuch.

944
Das *Heilige Gesicht von Edessa* wird von Edessa nach Konstantinopel überführt.

1192
Entstehung des Budapester *Codex Pray* mit einer Zeichnung von der Bestattung Jesu, die in auffälliger Analogie zum Turiner Grabtuch steht. Nach heutiger Meinung kann man davon ausgehen, daß diese Zeichnung die Kenntnis des Turiner Grabtuchs voraussetzt.

1202–1204
Vierter Kreuzzug. Der Soldat Robert de Clari berichtet von der *sydoine*, die in Konstantinopel aufbewahrt wird. Seitdem die Stadt von den Kreuzzugssoldaten erobert wurde, gilt das Tuch als verschwunden.

1307
Philipp IV. (der Schöne) von Frankreich läßt alle Tempelritter verhaften.

1312
Auflösung des Templerordens.

1314
Geoffroi de Charnay, einer der führenden Templer, wird auf dem Scheiterhaufen verbrannt.

Der Pilgerweg nach Santiago de Compostela

44
Jakobus der Ältere, der der Legende zufolge in Spanien das Evangelium verkündet hatte, wird nach seiner Rückkehr in Palästina von Herodes Agrippa enthauptet.

711
Beginn der maurischen Herrschaft auf der Iberischen Halbinsel. Nur das Königreich Asturien im Nordwesten bleibt christlich.

722
Von Asturien aus setzt die *Reconquista* ein. Die Zurückdrängung der arabischen Herrschaft endet 1492 mit der Eroberung Granandas.

768–814
Regierungszeit Karls des Großen.

778
Feldzug Karls des Großen gegen die Mauren in Nordspanien.

Beginn des 9. Jahrhunderts
Auffindung des angeblichen Grabs des Apostel Jakobus. Der Heilige wird zum Schutzpatron Spaniens und der *Reconquista* ernannt.

950/951
Bischof Godeschalk von Le Puy gilt als erster aus dem Ausland kommender Jakobs-Pilger.

1019–1109
Santo Domingo de la Calzada widmet sein Leben der Betreuung der Pilger und dem Ausbau des *Camino*.

um 1100
Das altfranzösische Heldengedicht *Chanson de Roland* (Verfasser anonym) entsteht.

1119–1124
Regierungszeit von Papst Calixtus II. Während seiner Amtszeit wird Santiago de Compostela zum Erzbistum (1120) ernannt.

Die Gralsburg Montségur

Um 50
Zu dieser Zeit entsteht die vermutlich älteste gnostische Handschrift, die erst 1945 in Ägypten gefunden wird.

60–130
Entstehung der »anerkannten« Evangelien.

313
Das *Mailänder Toleranzedikt* Konstantins des Großen verkündet die völlige Religionsfreiheit und Gleichberechtigung des Christentums. Mit dieser Bestimmung wird dem Christentum der Weg geebnet, zur Staatsreligion des Römischen Reiches aufzusteigen.

325
Auf dem Konzil von Nizäa wird ein einheitliches, verbindliches Glaubensbekenntnis festgelegt.

9. Jahrhundert
Gnostiker aus Syrien und Edessa werden verfolgt und zum Teil auf den Balkan deportiert. Von dort aus finden ihre Lehren durch die Bogomilen in den folgenden Jahrhunderten nicht nur auf dem Balkan Verbreitung, sondern wirken auf ganz Europa aus. Vor allem im Süden Frankreichs fallen sie auf fruchtbaren Boden, wo sich im Laufe des 11. Jahrhunderts die Katharer als eine eigene Glaubensgemeinschaft von den Bogomilen abspalten.

1179
Auf dem III. Laterankonzil werden die Katharer von der römisch-katholischen Kirche offiziell exkommuniziert und zu Ketzern erklärt.

Um 1180
Mit dem Epos *Le Roman de Perceval ou Le Conte du Graal* von Chrétien de Troyes verbreitet sich die Vorstellung vom Heiligen Gral in Europa.

1198 (–1216)
Papst Innozenz III. besteigt den Heiligen Stuhl.

Das Lamm Gottes Der Genter Altar

1118/19
Gründung des Templerordens.

1312
Auf dem Konzil von Vienne wird der Templerorden aufgelöst.

1382
Herzog Albrecht I. von Niederbaiern-Straubing und Graf von Hennegau, Sohn des deutschen Kaisers Ludwig IV., gründet den Antoniusritterorden, der sich als Erbe des verbotenen Templerordens versteht, und ist zugleich dessen erster Großmeister.

1404
Wilhelm IV. tritt die Nachfolge seines Vaters Albrecht als Graf von Hennegau und Großmeister des Antoniusritterordens an.

1405
In einer Kapelle wird der Ritter Jean du Bois de Barbefosse Zeuge eines Wunders, das Wilhelm IV. zum Anlaß nimmt, bei den Brüdern van Eyck einen Altaraufsatz in Auftrag zu geben. Dieser soll die Kreuzzugsidee und damit auch die politischen Pläne des Grafen zum Ausdruck bringen.

1410
Bei der Schlacht von Tannenberg werden Ritter des Grafen von Hennegau mit dem Banner des Templerordens gesehen.

1417
Am 31. Mai stirbt Wilhelm IV.

1426
Tod Hubert van Eycks.

1432
Fertigstellung und Verkauf des Altaraufsatzes an den Tuchhändler Josse Veydt in Gent, der ihn seiner Heimatstadt stiftet.

1441
Tod Jan van Eycks.

Im Verlauf des 5. Jh. v. Chr.
Der Tempel auf Elephantine wird im Zuge der Auseinandersetzungen zwischen den jüdischen Einwanderern und den Ägyptern zerstört; die Juden werden von der Insel vertrieben.

ca. 470 v. Chr.
Die Bundeslade taucht – den Aussagen der Mönche auf der Insel Tana Kirkos zufolge – auf ihrer Klosterinsel auf, wo sie ungefähr achthundert Jahre von jüdischen Mönchen verwahrt wird.

331 n. Chr.
König Ezana von Äthiopien nimmt den christlichen Glauben an. Während seiner Regierungszeit kommt es zur Christianisierung des Landes, die Bundeslade wird nach Aksum, in die »heilige Stadt« Äthiopiens, gebracht.

1096–1099
Erster Kreuzzug, der mit der Eroberung Jerusalems und der Gründung des Kreuzfahrerstaates im Heiligen Land endet.

1118/19
Gründung des Templerordens in Jerusalem.

um 1180
Le Roman de Perceval ou le Conte de Graal von Chrétien de Troyes. Mit diesem Werk verbreitet sich die Vorstellung vom Heiligen Gral in Europa.

1200–1210
Wolfram von Eschenbach vollendet seinen *Parzival.* Ungefähr im gleichen Zeitraum wird das Nordportal der Kathedrale von Chartres mit den Skulpturen der Königin von Saba, dem Gral und der Bundeslade errichtet.

1981
Der Regisseur Steven Spielberg dreht den Film *Jäger des verlorenen Schatzes (Raiders of the Lost Ark)* mit Harrison Ford als Indiana Jones in der Hauptrolle.

73
Die Festung Masada, letzte Bastion des jüdischen Widerstands gegen die Römer, fällt.

60–130
Entstehung der »anerkannten« Evangelien.

1947 (–1956)
Entdeckung der Qumranrollen.

Mai 1948
Ende des britischen Mandats über Palästina und Proklamation des Staates Israel. Die bis zu diesem Zeitpunkt gefundenen Fragmente der Qumrantexte werden von Israel nach und nach aus aller Welt zurückgekauft und im *Shrine of the Book* in Jerusalem verwahrt.

1948–1949
Palästinakrieg.

Juni 1949
Waffenstillstandsabkommen zwischen Israel und Jordanien: Jerusalem wird zwischen den beiden Ländern geteilt, Ost-Jerusalem kommt unter jordanische Verwaltung. Die nach dieser Zeit geborgenen Schriftrollen werden im Rockefeller-Museum von Ost-Jerusalem untergebracht.

Mitte der 50er Jahre
Ausgrabung der Qumransiedlung.

1967
Sechs-Tage-Krieg: Jerusalem wird wieder vereinigt. Auch die Teile der Qumranrollen, die sich im Ostteil der Stadt befinden, kommen unter israelische Verwaltung.

1991
Die Huntington Bibliothek in Kalifornien erlaubt den Zugang zu ihren Kopien der Qumrantexte.

1992
Veröffentlichung der Faksimile-Ausgabe der Qumranrollen.

1994
Im Vatikan werden die Schriftrollen vom Toten Meer ausgestellt. Der Katholische Nachrichtendienst hält die These von Qumran als einer Essener – Gemeinde aufrecht.

1350
Seit dieser Zeit befindet sich das Turiner Grabtuch nachweislich im Besitz der Familie de Charny, den Herzögen von Lirey.

1389
Der französische Bischof Pierre d'Arcis bezeichnet in einem Brief an Papst Klemens VII. in Avignon das Turiner Grabtuch als Fälschung.

1453
Das Turiner Grabtuch geht in den Besitz des Hauses Savoyen, der späteren Herrscher von Italien, über.

1516
Eine Kopie des Grabtuches wird angefertigt.

1532
Brand in der Kapelle von Chambéry. Die Silberschatulle, in der die Reliquie aufbewahrt wird, schmilzt an einigen Stellen.

1578
Das Tuch wird nach Turin gebracht und seitdem dort aufbewahrt.

1898
Am 28. Mai macht der Hobbyfotograf Secondo Pia das erste Foto des Grabtuchs und entdeckt, daß das Bild auf dem Tuch einen »Negativcharakter« hat.

1931
Die Aufnahme des Fotografen Guiseppe Enrie bestätigt die Entdeckung von Secondo Pia.

1978
Erste umfangreiche wissenschaftliche Analyse des Turiner Grabtuches.

Oktober 1988
Offizielle Bekanntgabe, daß es sich nach den Ergebnissen der Radiokarbondatierung bei dem Grabtuch um eine Fälschung handele, die aus der Zeit zwischen 1260 und 1390 stammen müsse.

Mitte des 12. Jahrhunderts
Der erste Pilgerführer, das *Liber Sancti Jacobi (Codex Calixtinus)*, entsteht.

1198
Papst Innozenz III. verleiht Santiago de Compostela das Privileg des Heiligen Jahres.

1982
Elías Valiña Sampedro veröffentlicht den *Guìa del Peregrino*, das *Rote Büchlein des Pilgers.*

Ende der 80er Jahre
Unerwarteter Aufschwung des Pilgerstromes nach Santiago de Compostela.

1204
Raimund von Péreille baut die Burgruine Montségur in den französischen Pyrenäen wieder auf. Die Festung wird in den folgenden Jahrzehnten zum Zentrum der Katharer.

1200–1210
Der *Parzival* von Wolfram von Eschenbach wird vollendet.

1209 (–1229)
Kreuzzug gegen die Katharer in Südfrankreich, der unter dem Namen *Albigenserkriege* in die Geschichte eingeht. Der Frieden von Meaux bringt 1229 zwar die Unterwerfung des Languedoc unter Frankreich, nicht aber das Ende des Krieges gegen die »Ketzer«.

1215
Auf dem IV. Laterankonzil wird in deutlicher Abgrenzung zu den Eucharistielehren der Katharer das Dogma der Transsubstantiation aufgestellt.

1216
Gründung des Dominikanerordens.

1231
Papst Gregor IX. erklärt die Inquisition zu einer päpstlichen Gerichtsbarkeit und ernennt die Dominikaner zu päpstlichen Inquisitoren.

1243
Nach dem länger als dreißig Jahre dauernden Krieg gegen die Katharer beginnt die Belagerung der Burgfeste Montségur.

1244
Nach zehnmonatiger Belagerung wird Montségur am 16. März endgültig von den päpstlichen Heeren eingenommen. In der Nacht zuvor gelingt es vier *parfaits* zu fliehen und sich mit dem angeblichen Schatz der Katharer in Sicherheit zu bringen. In den folgenden Jahrzehnten werden die Katharer weiterhin systematisch verfolgt.

1321
Der letzte *parfait* stirbt auf dem Scheiterhaufen. Daraufhin ist die Weitergabe des *consolamentum* nicht mehr möglich, die Katharer sind endgültig vernichtet.

Anfang des 20. Jahrhunderts
Antonin Gadal vertritt die These, daß die Katharer zuletzt in den Höhlen von Ussat in der Nähe von Montségur Zuflucht gesucht hätten, wo sie seiner Meinung nach auch den sogenannten »Schatz der Katharer« versteckt hielten. In der Folge wird Ussat zu einem Wallfahrtsort für Okkultisten und Esoteriker der unterschiedlichsten Prägung.

1931
Der Deutsche Otto Rahn, fasziniert von den esoterischen Spekulationen über Montségur, verfaßt nach einem Aufenthalt dort das Buch *Kreuzzug gegen den Gral.* Die darin vertretenen Thesen über den Gral und die Katharer wecken einige Jahre später das Interesse Heinrich Himmlers.

1933
Die Nationalsozialisten kommen an die Macht, unter Heinrich Himmler wird die SS zu einem gewaltigen Machtapparat ausgebaut. Die SS vertritt eine extreme Rassenideologie, zu deren historischer Legitimierung sie unter anderem die Organisationsformen und das Gedankengut der Katharer uminterpretiert und zur Begründung nationalsozialistischer Rassentheorien verwendet.

1945
In Ägypten werden auf Papyrusrollen gnostische Handschriften entdeckt, darunter das *Thomasevangelium*.

1920
Durch eine Bestimmung des Versailler Vertrages wird der *Genter Altar*, der während der Revolutionskriege nach Frankreich verschleppt worden war und sich danach im Besitz des preußischen Königshauses befunden hatte, wieder an Belgien zurückgegeben.

1934
Am 11. April wird aus der Kathedrale St. Bavo in Gent ein Tafelbild des Altaraufsatzes gestohlen, das auf der einen Seite *Johannes den Täufer*, auf der anderen die *Gerechten Richter* darstellt. *Johannes der Täufer* taucht noch im selben Jahr wieder auf, doch die *Gerechten Richter* sind bis heute verschollen. Am 25. November gesteht Arsène Goedertier auf dem Sterbebett, daß er über den Verbleib des Tafelbildes Bescheid weiß. In seinem Schreibtisch werden verschlüsselte Hinweise auf den vermeintlichen Aufenthaltsort der *Gerechten Richter* gefunden. Jedoch konnte das Rätsel bis heute nicht gelöst werden.

1934/1935
Alle Hinweise, die das Mitglied der *Parti Catholique*, Arsène Goedertier, in Zusammenhang mit dem Diebstahl bringen, werden in einem Geheimdokument gesammelt und unter Verschluß gehalten. Im Mai wird offiziell ein Finderlohn für das Tafelbild ausgesetzt.

1940
An deutsche Truppen ergeht der Befehl, den *Genter Altar* zu beschlagnahmen. Die Belgier versuchen, den Altaraufsatz in Sicherheit zu bringen, doch Hitler gelingt es, das Kunstwerk in seinen Besitz zu bekommen.

1941/42
Oberleutnant Koehn forscht in Gent erfolglos nach dem Verbleib der verschwundenen Tafel.

1944
Die Nationalsozialisten schaffen den Altaraufsatz zusammen mit anderen Kunstschätzen in einen Salzstock bei Altaussee in der Steiermark.

1945
Die Allierten retten die dort verborgenen Kunstschätze und bringen den *Genter Altar* nach Belgien zurück.

Literaturhinweise

Adolf, Helen: New Light on Oriental sources for Wolfram's *Parsival* and other Grail Romances. In: Publications of the Modern Language Association of America, 62 (März 1947), S. 306-324.
Allegro, John M.: The Dead Sea Scrolls. Harmondsworth 1956.
Allegro, John M.: The Dead Sea Scrolls. A Reappraisal. Harmondsworth 1975.
Baigent, Michael/Leigh, Richard/Lincoln, Henry: Der Heilige Gral und seine Erben. Ursprung und Gegenwart eines geheimen Ordens. Bergisch Gladbach 1993.
Baigent, Michael/Leigh, Richard: Der Tempel und die Loge. Das geheime Erbe der Templer in der Freimaurerei. Bergisch Gladbach 1993.
Baigent, Michael/Leigh, Richard: Verschlußsache Jesus. Die Qumranrollen und die Wahrheit über das frühe Christentum. München 1991.
Barber, Malcolm: The Trial of the Templars. Cambridge 1989.
Baumbach, Günther: Qumran und das Johannes-Evangelium. Berlin 1957.
Bent, Theodore: The Sacred City of The Ethiopians. Travel and Research in Abyssinia in 1893. 2. Auflage. London, New York, Bombay 1896
Bernadac, Christian: Le Mystère Otto Rahn. Paris 1978.
Bernadac, Christian: Montségur et le Graal. Paris 1994.
Birks, Walter/Gilbert, R.A.: The Treasure of Montségur. Wellingborough 1987.
Black, Matthew: The Scrolls and Christian Origins. Studies in the Jewish Backround of the New Testament. New York 1961.
Borne, Gerhard von dem: Der Gral in Europa. Wurzeln und Wirkungen. Stuttgart 1976.
Borst, Arno: Die Katharer. Freiburg i. Br. 1991.
Bottineau, Yves: Der Weg der Jakobspilger. Geschichte, Kunst und Kultur der Wallfahrt nach Santiago de Compostela. Bergisch Gladbach 1987.
Braun, Herbert: Qumran und das Neue Testament. Tübingen 1966.
Bulst, Werner/Pfeiffer, Heinrich: Das Turiner Grabtuch und das Christusbild. Frankfurt a. M. 1987.
Bulst, Werner: Betrug am Turiner Grabtuch. Der manipulierte Carbontest. Frankfurt a. M. 1990.
Burdach, Konrad: Der Gral. Forschungen über seinen Ursprung und seinen Zusammenhang mit der Longinuslegende. Darmstadt 1974.
Burman, Edward: The Templars. Knights of God. Wellingborough 1986.
Burrows, Millan: Mehr Klarheit über die Schriftrollen. Neue Rollen und neue Deutungen nebst Übersetzung wichtiger jüngst entdeckter Texte. München 1958.
Burrows, Millan: Die Schriftrollen vom Toten Meer. München 1957.
Caucci van Saucken, Paolo: Santiago de Compostela. Augsburg 1993.
Caucci van Saucken, Paolo/Defoer, H.L.M.: Santiago de Compostela. 1000 jaar europese bedevaart. (Katalog zur Santiago de Compostela-Ausstellung in Gent 1985)
Cels, Jos: Meneer Arseen en de Rechtvaardige rechters. Brüssel 1963.
Charpentier, Louis: Der Pilgerweg nach Compostela. Spaniens berühmteste Wallfahrtsstraße. München 1993.
Charpentier, Louis: Die Geheimnisse der Kathedrale von Chartres. 10. Aufl. Köln 1988.
Chrétien de Troyes: Le Roman de Perceval ou Le Conte du Graal / Der Percevalroman oder die Erzählung vom Gral. Übers. und hg. v. F. Olef-Krafft. Stuttgart 1991
Churton, Tobias: The Gnostics. London 1987.
Coremans, Paul: L'Agneau mystique au laboratoire. Antwerpen 1953.
Cullmann, O.: Secte de Qumran, Hellénistes des Actes et quatrième Évangile. In: Les manuscrits de la Mer Morte (Colloque de Strasbourg 1955). Paris 1957.
Daniélou, Jean: Qumran und der Ursprung des Christentums. Mainz 1958
Demurger, Alain: Die Templer. Aufstieg und Untergang 1118-1314. München 1993.
Doresse, Jean: Ancient Cities and Temples of Ethopia. London 1959.
Dubarle, A. M.: Histoire ancienne du linceul de Turin jusqu'au XIII siècle. Paris 1958.
Dupont-Sommer, André: Die essenischen Schriften vom Toten Meer. Tübingen 1960.
Eisenman, Robert: Maccabees, Zadokites, Christians and Qumran. Leiden 1983.
Eisenman, Robert/Wise, Michael: Jesus und die Urchristen. Die Qumran-Rollen entschlüsselt. München 1993.
Enrìquez de Salamanco, Cayetano: Der Pilgerweg nach Santiago de Compostela. Freiburg i.Br. 1992.
Erbstösser, Martin: Ketzer im Mittelalter. Stuttgart 1984.
Flusser, David: Das Christentum - eine jüdische Religion. München 1990.
Flusser, David: The Dead Sea Sect and Pre-Pauline Christianity. In: Aspect of the Dead Sea Scrolls. C. Rabin/Yigael Yadin (ed.). Jerusalem 1958.
Fossati, Luigi: La Santa Sindone. Nuova Luce su Antichi Documenti. Turin 1961.
Friedman, Richard Elliott: Wer schrieb die Bibel? Wien, Rastatt 1989.
Gadal, Antonin: Auf dem Wege zum Heiligen Gral. Harlem 1980.
Gadal, Antonin: Das Erbe der Katharer. Harlem 1993.
Haberland, Eike: Untersuchungen zum äthiopischen Königstum. Wiesbaden 1965.
Hancock, Graham/ Pankhurst, Richard/ Willetts, Duncan: Under Ethiopian Skies. London/Nairobi 1983.
Hancock, Graham: Die Wächter des heiligen Siegels. Auf der Suche nach der verschollenen Bundeslade. Bergisch Gladbach 1992.
Heller, John: Report on the Shroud of Turin. Boston 1983.
Herbers, Klaus: Der Jakobsweg. Mit einem mittelalterlichen Pilgerführer unterwegs nach Santiago de Compostela. Tübingen 1993.
Horne, Alexander: King Solomon's Temple in Masonic Tradition. Wellingborough 1972.
Ivanov, Andrei A./Kouznetsov, Dimitri A.: On the Accuracy of the Radiocarbon Method for Dating Ancient Linen Textile Samples. In: Recherches sur le Linceul de Turin, Actes du Symposium Scientifique International de Rome, 10-11-12 juin 1993. Paris 1994.
James, John: Medieval France. A Guide to the Sacred Architecture of Medieval France. London 1987.
Jeremias, G.: Der Lehrer der Gerechtigkeit (Studien zur Umwelt des Neuen Testaments 2). Göttingen 1963.
Kaufmann, Hans-Günther/Lozano, Millán B.: Santiago de Compostela. Auf alten Wegen Europa neu entdekken. Innsbruck 1992.
Kebra Nagast: Nach den Handschriften in Berlin, London, Oxford und Paris zum ersten Mal im äthiopi-

schen Urtext herausgegeben und mit einer dt. Übersetzung versehen von C. Bezold. In: Abhandlungen der philos.-philo. Klasse d. bayer. Akademie der Wissenschaften zu München, Bd. 23, 1. Abtlg. München 1909.
Kebra Nagast [Budge 1932]: The Queen of Sheba and her Only Son Menelik. Being the »Book of the Glory of Kings«. Oxford 1932.
Kenyon, Kathleen: Jerusalem. Die heilige Stadt von David bis zu den Kreuzzügen. Bergisch Gladbach 1968.
Kersten,Holger/Gruber, Elmar: Das Jesus-Komplott. Die Wahrheit über das Turiner Grabtuch. München 1972.
Kessler, David: The Falashas. The Forgotten Jews of Ethiopia. New York 1985.
Klinzing, Georg: Die Umdeutung des Kultus in der Qumrangemeinde und dem Neuem Testament. Göttingen 1971.
Kohlbeck, Joseph A./Nitowski, Eugenia L.: New Evidence May Explain Image on Shroud of Turin: Chemical Tests Link Shroud to Jerusalem. Mailand 1990.
Kuhn, Karl G.: Konkordanz zu den Qumrantexten. In Verbindung mit A.-M. Denis und R. Deichgräber, W. Eiß, G. Jeremias und H.-W. Kuhn. Göttingen 1960.
Lechner, Kilian: Pilgerwege nach Santiago. Bamberg 1989.
Lejeune, Jérome: Les révélations du Maitre du Codex de Pray, au milieu du XII siècle. In: Recherches sur le Linceul de Turin, Actes du symposium Scientifique International de Rome. Paris 1994.
Littman, E. (Hg.): The Legend of the Queen of Sheba in the Tradition of Axum, Bibliothecia Abessinia(Studies concerning the Languages, Literature and History of Abyssinia, Vol.I). Princeton 1904.
Malangre, Heinz: Auf Pilgerfahrt nach Santiago de Compostela. Vom falschen und vom wahren Jakob. Kevelaer/Aachen 1987.
Matthews, John: Der Gral. Die Suche nach dem Ewigen. Frankfurt a. M. 1981.
Mayer, Hans E.: Geschichte der Kreuzzüge. 7.überarb. Aufl. Stuttgart 1986.
Milik, J.T.: Ten years of Discovery in the Wilderness of Judaea. London 1959.
Miller, Malcom: Chartres Cathedral. Illustrating the Medieval Stained Glass and Sculpture. London o.J.
Miller, Malcom: Chartres. The Cathedral and the Old Town. London o. J.
Minority Rights Group Report Nr. 67: The Falashas. The Jews of Ethiopia. London, Juli 1985.
Moerland, Bram: Montségur, Gnosis, Gnostiek en de Katharen. Den Haag 1992.
Morgenstern, Julian: The Ark, the Ephod and the Tent Meeting. In: Hebrew Union College Annual, Vol. XVII (1942-1943).
Morgenstern, Julian: The Book of the Covenant. In: Hebrew Union College Annual, Vol. V (1928).
Mortier, Karel / Kerckjaert, N: De Rechtvaardige rechters gestolen. Gent 1968.
Munro-Hay, S.C.: Excavations at Axum. British Institute in Eastern Africa. London 1989.
The Nag Hammadi Library in English. Trans. by members of the Coptic Gnostic Library Project of the Institute for Antiquity and Christianity, dir. James M. Robinson. Leiden 1977.
Philby, H. St. John: The Queen of Sheba. London 1981.
Picknett, Lynn/Prince, Clive: The Turin shroud - in whose image? The shocking truth unveiled. London 1994
Porten, Bezalel: Archives from Elephantine. The Life of an Ancient Jewish Military Colony. Berkeley/Los Angeles 1968.
Quispel, Gilles: Gnosis als Weltreligion. Die Bedeutung der Gnosis in der Antike. 2. über. Auflage. Bern 1972.
Rahn, Otto: Kreuzzug gegen den Gral. Freiburg 1933.
Rahn, Otto. Luzifers Hofgesind. L. Schwarzhäupter-Verlag 1937.
Ranke-Graves, Robert von/Patai, Raphael: Hebräische Mythologie. Über die Schöpfungsgeschichte und andere Mythen aus dem Alten Testament. Reinbek bei Hamburg 1986.
Robert de Boron: Die Geschichte des Heiligen Gral. Übers. v. Konrad Sandkühler. 3. Aufl. Stuttgart 1979.
Rocquebert, Michael: Les Cathares et le Graal. Toulouse 1994.
Runciman, Steven: Geschichte der Kreuzzüge. München 1968.
Runciman, Steven: Häresie und Christentum. Der mittelalterliche Manichäismus. München 1988.
Saint-Hilaire, Paul de: La Belgique mystérieuse. Brüssel 1973.
Saint-Hilaire, Paul de: La Flandre mystérieuse. Brüssel 1976.
Saint-Hilaire, Paul de: Bruges, le Temple et le Graal. Brüssel 1993.
Saint-Hilaire, Paul de: Les sceaux templiers et leurs symboles. Puiseaux 1991.
Saint-Hilarie, Paul de: L'univers secret du Labyrinthe. Paris 1991.
Schneider, Norbert: Jan van Eyck. Der Genter Altar. Frankfurt a. M. 1993.
Segal, J.B.: Edessa, the Blessed City. Oxford 1970.
Seton-Williams, M.V.: Egyptian Legends and Stories. London 1990.
Stern, Henry A.: Wandering Among the Falashas in Abyssinia. London 1862 (Reprint: London 1968).
Ullendorff, Edward: The Queen of Sheba in Ehtiopian Tradition: In: James B. Pritchard (Hg.): Solomon and Sheba, London 1974.
Van Puyvelde, Léo: L'Agneau mystique. Brüssel 1964.
de Vaux, Roland: Archeology and the Dead Sea Scrolls. Überarbeitete Auflage. Oxford 1977.
Vermès, Geza: Les manuscrits du Désert de Juda. Paris 1955.
Vignon, Paul: Le Saint Suaire de Turin devant la Science. L'Archéologie, l'Histore, L'Iconographie, La Logique. Paris 1939.
Walsh, John: Das Linnen. Frankfurt a. M. 1963.
Wibbing, Siegfried: Die Tugend- und Lasterkataloge im Neuen Testament. Berlin 1959.
Wilson, Ian: Holy Faces, Secret Places. New York/Sydney/London 1991.
Wilson, Ian: The Mysterious Shroud. New York 1986.
Wilson, Ian: Eine Spur von Jesus. Herkunft und Echtheit des Turiner Grabtuchs. Wien 1980.
Wolfram von Eschenbach: Parzival. Nach der Ausgabe von Karl Lachmann, übers. v. W. Spiewok. Stuttgart 1992.
Wollschläger, Hans: Die bewaffneten Wallfahrten gen Jerusalem. Geschichte der Kreuzzüge. Zürich 1973.
Wondemagegnehu, Aymro/Motovu, Joachim: The Ethiopian Orthodox Church. Addis Abeba 1970.
Yadin, Yigael: The Message of the Scrolls. London 1957.
Yadin, Yigael: The Scroll of the War of the Sons of Light against the Sons of Darkness. Oxford 1962.

Register

Die halbfett gesetzten Ziffern verweisen auf Bildunterschriften

BILDNACHWEIS

Bayerische Staatsbibliothek, München: 123 links
Christian Bernadac: 133 unten
The British Museum, London: 77 oben links, 80 unten, 82 oben
C. G. T. – Bijtebier: 138, 153
CNEC / Centre National des Etudes Cathares, Ville Gly; Foto Jean-Louis Gasc: 9, 109 rechts, 114 (2 ×), 115 (2 ×), 116 oben rechts, 117 oben links, 127, 128, 129
CSULB Judean Desert / Jordan River Exploration Project: 6, 36, 37 oben, 38 rechts, 59 oben
Domkapitel Santiago de Compostela: 88
Robert Eisenman: 39 links, 41 rechts, 42 oben, 51 unten (2 ×), 58
EBM, Luzern: 111 links. Archiv: 150 rechts, 151 rechts
Mary Evans Picture Library, London: 109 links, 121 oben links, 135
Estate Dr. Max Frei, Thalwil: 81 oben
Santha Faiia: 10 unten, 14 rechts, 15 unten rechts, 20 oben, 22 rechts, 28 unten, 29, 30–31, 32 (3 ×), 33 (2 ×)
Film Fundus Robert Fischer: 15 oben rechts
Werner Göttler: 89, 90 oben, 101 oben, 102 oben, 105 links. Archiv: 86 unten, 107
Hanan Isachar: 46 oben
Israel Department of Antiquities and Museums; Foto David Harris: 43 rechts, Foto John C. Tevor: 49 links

Max Jacoby: 11, 12 rechts, 48
Lennox Manton: 76 rechts
Metropolitan Museum of Art, New York: 54 links
Vernon Miller: 68 unten links, 69 unten (2 ×), 70
Musée d'Art et d'Histoire, Fribourg: 92 unten
National Széchenyi Library, Budapest: 72 oben rechts
Thomas Nebbia: 44
Roel Oostra: 8, 37 unten, 39 rechts, 41 oben links, 43 links, 60 unten, 66 unten, 82 unten, 84 unten, 103 unten links, 106 rechts, 116 oben links, 134, 136 unten, 141 links, 142 oben, 144, 145, 147, 156
Hannes Opitz: Karten 21 oben, 45
Palestine Archeological Museum, Jerusalem, 42 unten
Isabel Piczek: 65 (2 ×)
Juthna Rona: 4, 85 oben, 90 unten, 91, 92 oben, 93 (2 ×), 94, 95, 96, 97 (2 ×), 100, 101 unten, 103 oben, 104, 105 rechts
Salesian Publication: 61 unten links, 67 Mitte & unten rechts
Service de documentation photographique de La Réunion des Musées Nationaux, Paris: 71
Barrie Schwortz: 61 oben, 68 unten rechts, 69 oben, 80 oben
St. Gallen Museum: 78 oben links
St. Katharinakloster, Sinai: 77 rechts
Alan Whanger: 78 oben rechts
Robert Wilcox: 72 unten
Duncan Willetts: 23, 26, 34, 35, Umschlag
Ian Wilson: 73 (2 ×), 74 (5 ×), 75 (2 ×), 76 links, 78 unten, 79 oben links & rechts
Hed Wimmer: 18 rechts
Zentralbibliothek, Luzern: 2–3, 13 (2 ×), 14 oben links, 15 oben & unten links, 16 oben & unten links, 17 oben, 18 links, 19 links, 24, 25 (2 ×), 27, 40, 46 unten, 50 links, 52, 53, 54 rechts, 55 (2 ×), 56 (2 ×), 84 oben, 85 unten, 86 Mitte & oben rechts, 87 (2 ×), 98 (2 ×), 99, 102 unten, 103 unten rechts, 110 links, 111 rechts, 117 rechts, 118 Mitte & unten, 121 unten rechts, 123 rechts, 124
Archiv MVG: 10 oben, 12 oben bis unten links, 14 unten links, 16 rechts, 17 Mitte & unten, 19 rechts (2 ×), 20–21, 22 links, 38 unten rechts (2 ×), 41 unten links (2 ×), 47 (2 ×), 49 rechts, 51 oben, 57 (2 ×), 59 unten, 66 oben, 72 oben & Mitte links, 106 links, 108 oben, 121 oben rechts, 122 (2 ×), 125, 132 (2 ×)
Archiv Roel Oostra: 108 unten, 110 rechts, 112, 113 (2 ×), 116 unten, 117 unten, 118 oben, 119, 120, 126 (2 ×), 130, 131 (2 ×), 133 oben, links & rechts, 136 oben, 137, 139 (2 ×), 143 rechts, 158
Archiv Paul de Saint-Hilaire: 140 (2 ×), 141 rechts, 142 unten, 143 links, 146, 148, 149 (2 ×), 150 (2 ×) links, 151 links, 152 (2 ×), 154, 155, 157 (2 ×), 159
Archiv Ian Wilson: 60 oben, 61 rechts, 62 (2 ×), 63 (2 ×), 64, 67 oben & Mitte rechts, 68 oben, 77 unten, 79 unten, 81 unten, 83

Die Autoren

GRAHAM HANCOCK, geboren 1950 in Edinburgh, studierte Soziologie und war als freier Journalist unter anderem für *Guardian, Times, Sunday Times, Observer, The Economist* und *Daily Express* tätig. Seit 1987 arbeitet er als freier Schriftsteller und hat eine Reihe von Büchern veröffentlicht, unter anderem *Händler der Armut; Die Wächter des heiligen Siegels*. Graham Hancock lebt in Okehampton.

WILHELM ZIEHR, geboren 1938 in Berlin. Er studierte Geschichte und Kunstgeschichte, Promotion 1969. Als Chefredakteur gab er die Buchserie *Weltreise* heraus und veröffentlichte eine Reihe von kulturgeschichtlichen Werken, unter anderem *Göttervögel, Reise in die Alte Welt; Schwarze Königreiche* (zusammen mit E. Beucholt); *Hölle im Paradies; Maria Muttergottes; Schach – 2 000 Jahre Spiel-Geschichte* (zusammen mit Roswin Finkenzeller und Emil M. Bührer); *Seidenstraße der Meere; Arktis*. Ziehr ist Herausgeber und Chefredakteur des sechsbändigen *Schweizer Lexikons*. Zur Zeit arbeitet er an einer Darstellung der Europäischen Fürstenhäuser. Wilhelm Ziehr lebt in Udligenswil bei Luzern.

IAN WILSON, 1941 in London geboren, studierte am Magdalen College in Oxford Geschichte. 1978 veröffentlichte er *The Turin Shroud (Eine Spur von Jesus. Herkunft und Echtheit des Turiner Grabtuchs)*, das in zehn Sprachen übersetzt wurde, und schrieb auch das Skript zu der gleichnamigen BBC-Dokumentation. Darüber hinaus ist er Verfasser zahlreicher Bücher, u.a. *Jesus, the Evidence; Holy Faces, Secret Places; The Columbus Myth; Shakespeare, the Evidence*. Ian Wilson lebt in Bristol.

HERMAN VUIJSJE, geboren 1946 in Amsterdam, studierte Soziologie und war Verfasser zahlreicher Beiträge sowie Herausgeber des Bereichs Soziologie für *Spectrum Encyclopaedia*. Darüber hinaus arbeitete er als Redakteur bei dem Wochenmagazin *Haagse Post* und schrieb regelmäßig Beiträge zu soziologischen Fragen im *NRC Handelsblad*. Seit 1989 ist er als freier Journalist und Autor tätig und hat eine Reihe von Büchern veröffentlicht, darunter *Pelgrim zonder god; Dilemma's rondom Aids; Drees, wethouder van Nederland; De brave revolutie; Een bedelaar op een bank van goud*. Herman Vuijsje lebt in Amsterdam.

ROEL OOSTRA, geboren 1946, arbeitete über fünfzehn Jahre für das holländische Fernsehen und produzierte mehr als hundert Dokumentarsendungen. 1990 gründete er die international arbeitende TV-Produktionsgesellschaft CTC, Cresset Communication und produzierte unter anderem *Many Voices, One World*, das in zwölf Ländern ausgestrahlt wurde, die Serie *Myths and Mysteries (Die großen Rätsel)* und zahlreiche andere Dokumentarsendungen. In Monte Carlo erhielt er die »Goldene Nymphe« für Fernsehdokumentationen. Roel Oostra lebt in Hilversum.

PAUL DE SAINT-HILAIRE, geboren 1926 in Casteau, ist Professor für Geschichte und freier Schriftsteller. Zu seinen Buchpublikationen gehören *Histoire secrète de Bruxelles; Ainsi parle Nostradamus; Atlas du Mystère; Bruges, le Temple et le Graal; Les Sceaux templier et leurs symboles; L'univers secret du Labyrinthe*. Mehrere seiner Werke bildeten die Grundlage für Fernsehdokumentationen. 1976 wurde ihm der Adrien-de-Prémorel-Preis, 1987 der Preis der Ethnie française verliehen. Paul de Saint-Hilaire lebt in Casteau in Belgien.